Knut Wenzel

Kleine Geschichte des Zweiten Vatikanischen Konzils

HERDER
FREIBURG · BASEL · WIEN

Meiner Familie, sie hat die Arbeit an diesem Buch ertragen und mit getragen, danke ich herzlich.

www.herder.de
Einbandgestaltung: Finken & Bumiller, Stuttgart
Satz: Barbara Herrmann, Freiburg
Druck und Bindung: Těšínská tiskárna a.s., Český Těšín 2005
Gedruckt auf umweltfreundlichem, chlorfrei gebleichtem Papier
Printed in the Czech Republic
ISBN 3-451-28612-2

Inhalt

Einleitung: Vorgeschichte und Rahmendaten

Eine »Kleine Geschichte des Zweiten Vatikanischen Konzils« kann wohl geschrieben, aber eigentlich gar nicht verantwortet werden. Der Gegenstand sprengt den Rahmen einer solchen Darstellung. Das hiermit vorgelegte Büchlein will seine grundsätzliche Unhaltbarkeit nicht verschleiern. Es ist freilich dennoch geschrieben worden, zunächst für die, die sich überhaupt erst einmal orientieren wollen. Gerade wer aber Erstinformationen sucht, wird wissen, dass das, was sie oder er liest, sicher nicht das letzte, erschöpfende Wort zur Sache ist. Dann aber beansprucht dieses Buch auch mehr, nämlich eine synthetisierende Lektüre der Dokumente des II. Vatikanums auf dem Hintergrund ihrer und des Konzils Geschichte zu sein, als könnte man das tun: sie so zu lesen, wie sie da stehen. Eine solche Haltung ist die einer zweiten, künstlichen Naivität. Eine erste, natürliche Naivität hilft niemandem, weil sie nicht mehr, sondern weniger sagen kann, als jeder unbefangene Leser selbst liest. Die zweite Naivität weiß nicht alles, aber genug, um durchgängig mit der Brüchigkeit, Mehrdeutigkeit, diachronen Schichtung, kurz: mit der Interpretationsbedürftigkeit der Konzilstexte zu rechnen. Sie bietet aber dennoch einen auf Konsistenz bedachten, zusammenhängenden Text über einen brüchigen und an manchen Stellen auch dunklen Gegenstand. Ein solcher Kurzkommentar möchte eine Vergewisserung des Ausgangsmaterials bieten, eine Plattform der kritischen Debatte. In dieser zweiten Hinsicht rechnet das Buch mit Lesern, die sich durch die gebotene Darstellung nicht bevormundet, sondern ermuntert sehen, sich ein eigenes Urteil zu bilden. Dazu wird es nötig sein, sich mit den Texten selbst zu befassen und Studien zur Geschichte des Konzils heranzuziehen. Auch hierzu möchte das Buch ermuntern.

Man kann eine so knappe Darstellung eines so komplexen Gegenstands wie das II. Vatikanum eigentlich nur in Erinnerung an den Optimismus wagen, mit dem Johannes XXIII. sein Projekt eines Konzils auf den Weg gebracht hat: jenes Konzil, das in dem Maß ein Werk dieses Papsts ist, wie er es vertrauensvoll in die Verantwortung und Kreativität der beteiligten Menschen frei und losgelassen hat. Welcher Papst hat schon je etwas *verantwortet*, indem er es *frei* gegeben hat?

1. Ein Konzil der Erneuerung

»Nach Auffassung des Papstes sollte die Erneuerung der Kirche ihrer Aufgabe dienen, erlösende Bedeutung in der modernen Welt zu haben.« Der Papst spricht in diesem Zusammenhang »von der Vitalität der Kirche *ad intra* und *ad extra* … Dieser Ausdrucksweise wurde von späteren Autoren oft eine zu formale Bedeutung gegeben, so, als ob man ohne Schwierigkeiten kircheninterne Fragen trennen könnte von solchen, die ihr Verhältnis zur Welt betreffen. In der Sicht des Papstes waren jedoch beide eng miteinander verbunden, es war gerade wegen ihrer erlösenden Wirkung in der modernen Welt, daß er die Erneuerung der Kirche forderte. Das ist es, was dem Appell von Johannes XXIII. an den hauptsächlich pastoralen Charakter des Konzils seine Stärke und Weite gibt. Das Konzil sollte eine enge Verbindung der Kirche mit einem bestimmten Augenblick der Geschichte sein, und ein Überdenken der kirchlichen Lehre und Praxis durch das Konzil sollte damit zu einer Übung werden in dem, was genauer *›pastorale Theologie als die geschichtliche Hermeneutik der christlichen Wahrheit‹* genannt wurde.«[1]

Eine enge Verbindung der Kirche mit einem bestimmten Augenblick der Geschichte: Das Zweite Vatikanische Konzil ist ein geschichtliches Ereignis, weil es sich einer Konstellation von Spontaneität und Angebahntheit, von personaler Initiative und historisch-institutionellen Entwicklungen, verdankt. Diese Konstellation seiner Ermöglichung prägt das Konzil auch in seinem Verlauf und in seinen Ergebnissen. Weder während dieses Verlaufs noch in der Geschichte seiner Rezeption hat die Zerbrechlichkeit dieser Ursprungskonstellation je das Stadium einer stabilen Erfüllung erreicht. Das sollte unter den Bedingungen der Geschichtlichkeit vielleicht auch gar nicht erwartet werden. Aus demselben Grund, der Geschichtlichkeit, kann aber auch die Verlierbarkeit des von diesem Konzil Bezeichneten prinzipiell nicht ausgeschlossen werden. Auch darin ist das II. Vatikanum geschichtliches Ereignis, dass es nicht gleich einem Naturprozess nach bestimmten Gesetzmäßigkeiten abläuft, die es entweder erhalten oder vergehen lassen, sondern dass es eine Aufforderung darstellt, aktiv überliefert – je neu angeeignet und interpretiert – zu werden. Im Grund hat Johannes XXIII. dem Konzil diese Zukunft eröffnende Ereignisstruktur von Anfang an mit gegeben, indem er es zu sich selbst entließ.

Die Konzilsidee des Papsts ist zugleich spontan und hat eine Vorgeschichte. Beides muss knapp dargestellt werden. Wie er selbst berichtet, hat der Papst die Idee zu einem Konzil am 20.1.1959 während eines routinemäßigen Gesprächs mit Domenico Tardini, der unter Papst Pius XII. gemeinsam mit Giovanni Battista Montini, dem nachmaligen Erzbischof von Mailand und Papst Paul VI., Unterstaatssekretär gewesen ist und den Johannes zum Kardinalstaatssekretär ernennt. In diesem Gespräch also hat er die Idee gewonnen oder zum ersten Mal jemand anderem mitgeteilt. Worauf geht sie aber dann zurück? Wenn man den Zusammenhang einer allmorgendlichen Lagebesprechung in Rechnung stellt, dann auf nichts anderes als auf die in einem solchen Gespräch thematisierte und analysierte Alltagssituation der Kirche. Keine außergewöhnlichen kirchenpolitischen Konflikte, Lehrstreitigkeiten, Kirchenspaltungen etc. drängen auf eine schnelle und gründliche Klärung, sondern: Die Kirche in ihrer alltäglichen Verfassung ist so, dass der Papst auf die Idee eines Konzils verfällt.

2. Das Konzil: Eine päpstliche ›Intuition‹ mit Vorgeschichte

Am 9.10.1958 stirbt Papst Pius XII. Damit geht nicht nur ein einflussreiches Pontifikat zu Ende, das von der bis heute nicht eindeutig beurteilbaren Auseinandersetzung mit den Totalitarismen des 20. Jahrhunderts geprägt ist, sondern es geht auch zu Ende, was man die pianische Epoche nennt (die neben den Päpsten Pius IX. – Pius XII. auch Leo XIII. und Benedikt XV. umfasst).

Sie beginnt am Vorabend der achtundvierziger Revolutionen 1846 mit einem liberalen Pius IX., dessen langes Pontifikat bald zur Restauration umschwenkt, von der Dogmatisierung der Unbefleckten Empfängnis Mariens (1854), der Verurteilung der »Irrtümer der Moderne« (Enzyklika *Quanta cura*, 1864, mit dem *Syllabus errorum*) und dem I. Vatikanischen Konzil (1869/70) geprägt ist; die ablehnende Auseinandersetzung mit der Moderne setzt sich einerseits in der kirchlichen Teilnahme an der Entdeckung der sozialen Frage und ihrer Ausformulierung im genuin katholischen Beitrag der Soziallehre fort (die Sozialenzykliken: Leo XIII., *Rerum novarum*, 1891; Pius XI., *Quadragesimo anno*, 1931; Johannes XXIII., *Mater et Magistra*, 1961; *Pacem in terris*, 1963; Paul VI., *Populorum progressio*, 1967; Johannes Paul II, *Laborem exercens*, 1981; *Sollicitudo rei socialis*, 1987; *Centesimus annus*, 1991), andererseits in der Auseinandersetzung mit dem so genannten Modernismus (Pius X., Enzyklika *Pascendi*, 1907, mit dem »Modernisteneid«). Sie endet eben mit Pius XII., der noch als Kardinalstaatssekretär unter seinem Vorgänger das Reichskonkordat mit dem nationalsozialistischen Regime aushandelt (1933), der durch Enzykliken in Ausübung des Lehramts Theologie treibt – die Enzyklika *Divino afflante Spiritu* (1943) setzt einen Anfangspunkt zur kirchlichen Würdigung der historisch-kritischen Bibelexegese; die Enzyklika *Mystici corporis* (1943) bestätigt neuere Entwicklungen in der Ekklesiologie; die Enzyklika *Humani generis* (1950) richtet sich gegen die *Nouvelle Théologie* – und der durch die Dogmatisierung der leiblichen Aufnahme Mariens in den Himmel (1950) die marianische Dimension der pianischen Epoche bestätigt.

Und nun also: Angelo Roncalli, Patriarch von Venedig, zuvor als vatikanischer Diplomat Delegat in Bulgarien und der Türkei sowie Nuntius in Frankreich. Er wird am 28.10.1958 in einem Konklave ohne Favoriten gewählt, ist mit knapp 77 Jahren nicht mehr jung, ein Übergangspapst. Was man von einem solchen erwartet: dass er die Abläufe nicht irritiert, und vor allem nichts weniger als die Ankündigung eines Konzils. Genau das aber geschieht. Johannes XXIII. hat die kurze ihm verbleibende Zeit seines Pontifikats genutzt – nicht um der Kirche seinen Stempel aufzudrücken, das entspricht eher den pianischen Päpsten, sondern – um die Tore der Kirche für eine gemeinsame Zukunft mit der Welt aufzustoßen.

Viele Darstellungen seines Lebens und seiner Person vermitteln den Eindruck, dass Angelo Roncalli, Papst Johannes XXIII., kein Intellektueller, kein skrupulöser Theologe gewesen ist. Mag das auch so sein, wird man dennoch nicht unterschätzen dürfen, dass er fundamentale theologische Optionen hat, die in seine Konzilsidee einfließen: Als ausgebildeter Patrologe wird ihm die Wiederentdeckung der Vätertheologie, in Frankreich durch die *Nouvelle Théologie*, in Deutschland etwa durch die Liturgische Bewegung, sympathisch gewesen sein. Das Anliegen einer Aussöhnung mit den Juden gründet bei ihm in unmittelbarem Erleben der Judenverfolgung und tätigem Eingreifen für Flüchtlinge in seiner Zeit als Apostolischer Delegat in der Türkei und in Griechenland. Die Zukunft der Kirche im Zeitalter des Atheismus und des religiösen Indifferentismus sieht er nicht in einer Einschärfung des Unterscheidenden bis hin zur Abschottung, sondern in der Öffnung der Kirche auf die Welt zu – und darin, dass jeder Katholik sich seinerseits als »Bürger der ganzen Welt« verstehe.[2] Es gibt keinen Hinweis darauf, dass Johannes XXIII. unter einer Bedrohtheit (von innen oder von außen) der wahren kirchlichen Lehre gelitten hätte. Dies ist auch nicht sein Weg zum Konzil. Worauf er abzielt, ist eben kein doktrinales Konzil, das Lehren festlegt und andere verurteilt, sondern das, was im Rückblick auf seine Intention ein pastorales, also ein ›hirtliches‹ Konzil genannt wird, das sich kümmert um die, welche den Hirten anvertraut sind, und das sind nach Überzeugung des Papsts wohl nicht nur die Glieder einer verfassten Kirche, sondern alle Menschen.

Von all dem ist in der eigentlichen Ankündigung – die nicht die formelle Einberufung ist – noch wenig, allenfalls in den Nuancen der vom Papst gewählten Formulierungen zu hören. Sie findet am 25.1.1959 vor siebzehn in Rom anwesenden Kurienkardinälen in *San Paolo fuori le mura* statt. Das Bemerkenswerteste an dieser Ankündigung ist wohl die Ankündigung selbst, zumal die Initiative des Papsts in den Kardinälen auf die obersten Beamten und Repräsentanten der Kurie, also eines über Jahrhunderte eingespielten, selbstbewussten Verwaltungsapparats trifft: Die Grundkonstellation des Konzils hat ihre Initialzündung erlebt. Von nun an wird das Konzil im Widerstreit zwischen konziliarer Erneuerungsdynamik und kurialem Beharrungsstreben Gestalt gewinnen müssen.

Zwischen der Wahl Angelo Roncallis zum Papst und der Ankündigung des Konzils vergehen gerade einmal drei Monate. Der Papst überrascht und überrumpelt. Als langjähriger vatikanischer Diplomat ist seine Wahrnehmung der Kurie nicht naiv. Wenn es auch stimmt, dass er ein Konzil will, das frei genug ist, sich selbst zu finden, so ist doch auch richtig, dass er es in der Kurie mit der ganzen Autorität des päpstlichen Amts durchgesetzt hat. So hat Johannes XXIII. auch nur einmal in den Konzilsverlauf eingegriffen, nämlich als er in der ersten großen Krise des Konzils nach einer verunglückten oder bewusst in eine Sackgasse manövrierten Abstimmung über das Schema zur Offenbarungskonstitution dieses schlicht zurückzieht, um ein neues Schema ausarbeiten zu lassen. Aber auch hier wirft der Papst seine Vollmacht in die Waagschale, nicht »um *sich* die Entscheidung vorzubehalten, sondern damit das *Konzil* … weiter diskutieren konnte«.[3]

Das Erstaunliche ist allerdings, dass Johannes überhaupt kein Programm eines Reform- oder gar eines Unionskonzils formuliert hat, wie es beispielsweise der junge Theologe Hans Küng dem Papst gewissermaßen zu soufflieren versucht hat.[4]

Dieser aber verlässt nicht auf programmatische Weise die traditionellen Bahnen. Wenn er von einem ökumenischen Konzil spricht, meint er selbstverständlich nicht die Ökumene der Christenheit schlechthin, sondern die katholische Kirche. Und dennoch hat er in der Art und Weise, wie er sich in den traditionellen katholischen Bahnen bewegt hat, dem Konzil einen Impuls der Erneuerung mitgegeben, der es ermöglicht und bewirkt hat, dass das Konzil selbst sich – thematisch vielfältig konkretisiert – die Frage nach der Erneuerung der Kirche hat zueigen machen können. Die Konzilsväter (in ihrer großen Mehrheit) zu Akteuren der Erneuerung zu inspirieren, vergegenwärtigt den Geist der Erneuerung doch wesentlich präziser als wenn das Konzil zum Vollstreckungsorgan eines vorgesetzten Erneuerungsprogramms gemacht worden wäre. Um es mit einer geglückten Formulierung Otto Hermann Peschs zu sagen: Johannes »war bereit, sich von dem überraschen zu lassen, woran er noch nie gedacht hatte.«[5]

Bevor nun das Werden des Konzils und seine geschichtlichen Rahmendaten kurz dargestellt werden können, muss noch ein Blick auf den zweiten Pol jener Grundkonstellation geworfen werden, auf die Vorgeschichte. Paradoxerweise gibt es nämlich eine solche Entwicklung auf das II. Vatikanische Konzil zu, an die Johannes *nicht* anknüpft.

Das erwähnte I. Vatikanische Konzil wird nicht beendet, sondern abgebrochen (präzise: vertagt *sine die*), weil im Zug des deutsch-französischen Kriegs die französische Schutztruppe aus Rom abgezogen wird, woraufhin im Kontext der italienischen Einigungskämpfe am 20.9.1870 piemontesisch-savoyische Truppen in Rom einziehen. Der Kirchenstaat hat, wenigstens in seiner bisherigen Form, aufgehört zu bestehen. Im Zusammenspiel mit diesen äußeren historischen Ereignissen führen Vorgänge auf dem Konzil selbst und in seinem Umfeld zu einer gravierenden inhaltlichen Unabgeschlossenheit der Konzilsergebnisse: Zwar findet in einem eigenen Text, der ursprünglich gar nicht vorgesehen ist, *Pastor aeternus*, die Dogmatisierung der Unfehlbarkeit des Papsts statt; zu einer Verabschiedung des geplanten Schemas über die Kirche kommt es aber nicht mehr. Seitdem steht die Fortsetzung und Abrundung dieses Konzils im Raum. Inzwischen ist bekannt, dass bereits Papst Pius XI. die Abhaltung eines solchen den Torso des Konzils von 1869/70 vollendenden Konzils erwogen und dass Papst Pius XII. Vorarbeiten in Auftrag gegeben hat. Es wäre zwangsläufig ein doktrinales Konzil geworden, das in der Lehre von der Kirche den erratischen Block der päpstlichen Infallibilität gewissermaßen um die weltkirchliche oder episkopale Dimension ergänzt hätte. Johannes XXIII. hat diese Vorarbeiten studiert – und eben nicht an sie angeknüpft. Das II. Vatikanische Konzil ist weder als Ganzes noch in seiner Kirchenkonstitution wesentlich bloß die Komplettierung eines dann eigentlich bedeutenderen I. Vatikanischen Konzils. Das wird anhand der Radiobotschaft vom 11.9.1962 und der Rede zur Eröffnung des Konzils deutlich werden.

3. Die unmittelbaren Vorbereitungen

Am 17.5.1959 setzt Johannes XXIII. die *Antepraeparatoria* ein, die ›vor-vorbereitende‹ Kommission. Sie ist vor allem dafür zuständig, die 2821 »Postulate« – das heißt: die aus der gesamten Weltkirche einlaufenden Vorschläge für Themen, die auf dem Konzil zu behandeln wären – zu sammeln, zu ordnen und an die zuständigen Kommissionen weiterzuleiten. Diese sind die Vorbereitenden Kommissionen. Sie werden am 5.6.1960 durch das Motu proprio *Superno Dei nutu* des Papsts gebildet. Von den zehn Kommissionen sind neun den zu bearbeitenden Themenbereichen zugeordnet: Fragen der Lehre, Bischöfe, Disziplin von Klerus und Laien, Sakramente, Studien und Schulen, Orden, Liturgie, Orientalische Kirchen, Mission. Sie sind überwiegend in Anlehnung an die kurialen Kongregationen organisiert; deren Präfekten sind zugleich die Vorsitzenden der entsprechenden Vorbereitenden Kommissionen. Dies führt zu einem massiven, unmittelbaren Einfluss der Kurie auf die Vorbereitung des Konzils. Die zehnte Vorbereitende Kommission ist die Zentralkommission. Sie setzt sich aus den Vorsitzenden der Einzelkommissionen und den Vorsitzenden der regionalen oder nationalen Bischofskonferenzen zusammen. Hierdurch ist erstmals die Weltkirche an der Vorbereitung eines Konzils direkt beteiligt. Für viele der weltkirchlichen Mitglieder dieser Kommission, die dann als Väter am Konzil teilnehmen werden, wird sich in der Vorbereitungszeit schon abgezeichnet haben, was dann eintreten wird: dass kaum eines der unter solchem kurialen Übergewicht erarbeiteten Schemata die Beratungen durch das Konzil überstehen wird. Die Vorbereitenden Kommissionen bereiten 69 Schemata vor. ›Schematisch‹ gedacht, müssten dem am Ende 69 diskutierte und verabschiedete Konzilsdokumente entsprechen! Eine solche Zahl kann nur für realistisch halten, wer davon ausgeht, dass es im Grund nichts zu diskutieren gibt. Zumal alle, auch der sich über die ihm verbleibende Lebenszeit keinen Illusionen hingebende Papst, mit einem kurzen Konzil rechnen. Das Konzil selbst wird aber einen schier unbefriedigbaren Bedarf an Diskussion entwickeln – und damit wie nebenbei die Richtigkeit der in ihrer Artikulierung unklar scheinenden Konzilsidee Johannes' demonstrieren. Angesichts der Ernsthaftigkeit und Ausführlichkeit der faktisch geführten Konzilsdebatten ist die Zahl 69 völlig irreal. Es kommt zu mehrfacher Reduktion, zunächst auf siebzehn, dann auf dreizehn Schemata. Und das Konzil wird immer länger: Erst überschreitet es die eine Sitzungsperiode, die Johannes XXIII. noch erleben kann, dann muss Paul VI. die Notwendigkeit sogar einer vierten Sitzungsperiode erkennen. Doch zurück zum Konzilsanfang.

Mit dem selben Datum der Bildung der Vorbereitenden Kommissionen errichtet Johannes auch das Sekretariat zur Förderung der Einheit der Christen (5.6.1960). Die Bildung dieses Sekretariats geht auf die Initiative des Kurienkardinals Augustin Bea und des Paderborner Erzbischofs Kardinal Lorenz Jaeger zurück, der gemeinsam mit dem evangelischen Landesbischof Wilhelm Stählin einen bis heute fortbestehenden »Ökumenischen Arbeitskreis evangelischer und katholischer Theologen« gebildet und 1957 das »Johann-Adam-Möhler Institut für Ökumenik« gegründet hat. Als erster Leiter des Sekretariats gewinnt Kardinal Bea eine zentrale Bedeutung auf dem Konzil; es wird gar gesagt, dass Johannes XXIII. ohne ihn nicht das Konzil bekommen hätte, das er gewollt habe.[6]

Es kommt zur offiziellen Einberufung des Konzils durch die Apostolische Konstitution *Humanae salutis* vom 25.12.1961, die Festlegung des genauen Eröffnungstermins erfolgt später: Es wird der 11.10.1962 sein. Exakt einen Monat vor Konzilsbeginn wendet der Papst sich am 11.9.1962 in einer Radiobotschaft »an die Katholiken der Welt«. Wenn er hier Elemente eines Konzilsprogramms entfaltet, so nimmt er mit keinem Wort Bezug auf einen Komplettierungszusammenhang dieses Konzils zum I. Vatikanum. Dasselbe gilt für die Einberufungsbulle. Bestimmt er schon in ihr die Notwendigkeit der Erneuerung der Kirche darin, »die Kirche für die Lösung der gegenwärtigen Probleme geeigneter zu machen«,[7] so formuliert er in der Radiobotschaft als Aufgabe des Konzils, den inneren Zusammenhang zwischen der »inneren Struktur« der Kirche und ihren »Lebensäußerungen nach außen *(ad extra)*« deutlich zur Geltung zu bringen. Der Kirche »Lebenskraft nach innen *(ad intra)*« ist nicht trennbar von ihrem »Bezug auf die Bedürfnisse und Nöte der Völker«.[8] Diese Bezogenheit der Kirche auf die Welt ist für den Papst so konstitutiv, dass er sagen kann, die Kirche ist angesichts der Armut vieler Völker und des sozialen Elends unter den Menschen »vornehmlich die Kirche der Armen«.[9] Auch in der Einberufungsbulle spricht Johannes von der konstitutiven Anteilnahme der Kirche am Geschick der Welt: Das Konzil, so seine Hoffnung, wird eine Kirche zeigen, »die alle menschlichen Ereignisse aus der Nähe verfolgt« und die aufgrund dieser ihr wesentlichen Anteilnahme an der Welt »sich selbst im Ablauf der Jahrhunderte immer neu gestaltet«.[10] In allen diesen Äußerungen wird deutlich, in welchem Verständnis Johannes XXIII. nicht ein doktrinales, sondern ein pastorales Konzil anstrebt.

Es ist wohl an dieser Stelle zu bemerken, dass die Gegenüberstellung doktrinal – pastoral (lehrmäßig – seelsorglich) nicht einer gewissen Hilflosigkeit entbehrt, ja irreführend, wenn nicht schlicht falsch sein kann: Wenn die Konzilsintention Johannes' XXIII. und das Konzil selbst als wesentlich pastoral ausgerichtet – also nicht im Sinn des

Konzilsprojekts Pius' XII. doktrinal – bezeichnet wird, ist damit gerade nicht gesagt, dass ein solches pastorales Konzil nicht maßgebliche ›lehrmäßige‹ Aussagen treffen würde – wenn auch nicht in ausdrücklich lehrender Weise. Findet sich etwa von den vorkonziliaren Äußerungen des Papsts bis hinein in zentrale Dokumente des Konzils die Aussage über eine wesentliche Bezogenheit der Kirche auf die Welt, dann liegt damit eine entscheidende ekklesiologische Aussage vor. Wenn Papst und Konzil auch keinen Wert auf eine formale Ausrüstung dieser Aussage mit einem entsprechenden Verbindlichkeitsgrad legen, so würde man der pastoralen Dimension des Konzils doch etwas Wesentliches nehmen, wenn man übersähe, dass hier eine lehrhafte Aussage über die Kirche getroffen wird.

Zurück zum Ereignisverlauf: Am 6.8.1962 erlässt der Papst eine Geschäftsordnung für das Konzil, die in seinem Verlauf mehrere Änderungen erfährt. Am 11.10.1962 tritt das Konzil zusammen. In seiner Eröffnungsrede, *Gaudet Mater Ecclesia*, setzt der Papst die eben anhand der Einberufungsbulle und der Radiobotschaft gezeichnete Gedankenlinie fort; er widerspricht vehement den »Unglückspropheten«, die in den Zeitläuften nur Negatives entdecken können (weswegen in ihren Augen die Kirche sich nicht auf sie einlassen darf), sie leugnen damit aber die Gegenwart Gottes – die göttliche Vorhersehung – in unserer Gegenwart. Diese Verteidigung »unserer Zeit« entspricht dem Verständnis des Lesens der »Zeichen der Zeit«, das Johannes XXIII. in *Humanae salutis* andeutet.[11] Der Papst bezieht sich nun ausdrücklich auf die Erwartung eines doktrinalen Konzils und weist, nicht ohne freundliche Ironie, darauf hin, dass die Lehre der Kirche allen bekannt ist, zu ihrer Bekräftigung also sicher kein Konzil nötig wäre.[12] Was er stattdessen fordert, ist ein nach vorn orientiertes Handeln der Kirche in der Welt, im Vertrauen auf die ihr zugesprochene Botschaft. In diesem Zusammenhang (Nr. 15) fällt das berühmte Wort vom »Sprung nach vorwärts«. Zur doktrinalen Dimension eines Konzils gehört auch die Verurteilung abweichender oder widerstreitender Lehren. In diesem Konzil wird, so sagt der Papst, die Kirche »eher das Heilmittel der Barmherzigkeit … gebrauchen als das der Strenge«.[13]

4. Die Verlaufsgeschichte

Zu den ersten Amthandlungen des Konzils gehört die Konstituierung der Konziliaren Kommissionen. Diese bestehen zu zwei Dritteln aus vom Konzil zu wählenden Mitgliedern; ein Drittel ernennt der Papst. Die Generalkongregationen tagen im Hauptschiff des Petersdoms. Rechts vom Präsidium, dessen Platz unter der Kuppel ist, befindet sich eine besondere Tribüne: Hier sitzen die Beobachter der nicht mit der römisch-katholischen Kirche vereinten Kirchen und kirchlichen Gemeinschaften, die Johannes XXIII. durch das Einheitssekretariat hat einladen lassen. Sie haben kein Stimmrecht, erhalten aber alle Schemata und Einsicht in alle Bearbeitungsschritte und können über das Einheitssekretariat Vorschläge zu den Entwürfen einbringen. Nur zum Teil nimmt die Gruppe der *Periti* an den Generalversammlungen in der Aula teil. Dabei handelt es sich um theologische Sachverständige, die teils vom Papst eingeladen sind, teils als Berater der Bischöfe aus ihren Ortskirchen kommen. Jene nehmen an den Generalversammlungen teil, diese nicht. So kommt Karl Rahner mit dem Erzbischof von Wien, Kardinal Franz König; Joseph Ratzinger kommt mit dem Erzbischof von Köln, Kardinal Josef Frings; Yves Congar ist *Peritus* auf ausdrücklichen Wunsch des Papsts.

In der ersten Sitzungsperiode, die vom 11.10. bis 8.12.1962 dauert, werden die Texte über die Liturgie, die Offenbarung, die Kommunikationsmittel, die Ostkirchen und die Kirche beraten. Zu einer Verabschiedung kommt es nicht. Nicht nur ist man damit beschäftigt, sich kennen zu lernen, auch zeigt sich sehr bald, dass die Väter nicht gewillt sind, die Vorlagen ›durchzuwinken‹. Man will gründliche Auseinandersetzungen mit den vorgelegten Texten, und zunehmend entdeckt und konstituiert sich das Konzil als Autor seiner Texte. Dies wirkt sich auch so aus, dass erst während der ersten Sitzungsperiode Kurie, Papst und Konzilsleitung sich damit auseinandersetzen, dass – entgegen der Erwartung der beteiligten Autoritäten – das Konzil erheblich mehr Zeit in Anspruch nehmen würde. Wichtige Anregungen zur inhaltlichen Entwicklung der weiteren Konzilsarbeit kommen vom Erzbischof von Brüssel, Kardinal Léon-Joseph Suenens, und vom Erzbischof von Mailand, Kardinal Giovanni Battista Montini. Für beide steht die Kirche selbst im Zentrum der Konzilsarbeit. Der Vorschlag Kardinal Suenens' liegt auf der Linie der verbindenden Unterscheidung zwischen der inneren Lebendigkeit der Kirche (*ad intra*) und ihren Lebensäußerungen (*ad extra*) die Johannes XXIII. in seiner Radiobotschaft formuliert hat; Kardinal Montini nimmt zu diesen Dimensionen – Mysterium der Kirche (*ad intra*) und Sendung der Kirche (*ad extra*) – noch die im weitesten Sinn ökumenische Dimension der Beziehung der Kirche zu den nicht zu ihr gehörenden Menschengruppen hinzu.

Die Fortsetzung des Konzils wird auf den 8.9.1963 bestimmt. Dann stirbt Johannes XXIII. (3.6.1963). Mit dem Tod des einberufenden Papsts ist aber ein Konzil suspendiert (can. 229 CIC/1917). Am 21.6., nach nur zweitägigem Konklave, wird der Erzbischof von Mailand zum Papst gewählt. Am Tag nach seiner Wahl kündigt Paul VI. die Fortsetzung des Konzils an. Die zweite Sitzungsperiode beginnt am 29.9. und endet am 4.12.1963. In seiner Eröffnungsansprache bekräftigt der Papst jenes eben zitierte Programm; der Schwerpunkt dieser Sitzungsperiode soll auf der Kirchenkonstitution liegen. Debattiert werden neben der Vorlage zu dieser Konstitution auch die Texte über die Bischöfe und den Ökumenismus; verabschiedet werden aber nur die Liturgiekonstitution und das Dekret über die sozialen Kommunikationsmittel.

Die dritte Sitzungsperiode, sie dauert vom 14.9. bis 21.11.1964, zeitigt die Verabschiedung der Konstitution über die Kirche und der Dekrete über die orientalischen Kirchen und den Ökumenismus. In dieser Periode werden alle vierzehn nicht schon zuvor verabschiedeten Texte debattiert. Man könnte meinen, das Konzil habe sich gefunden und arbeite geschäftsmäßig. Es kommt aber zu einer großen Krise; in ihrem Zentrum steht der Papst; sie entzündet sich an der ihm so wichtigen Kirchenkonstitution. Am 14.11. als die Beratung und die Abstimmungen über den Text schon weit fortgeschritten sind und etwa auch das III. Kapitel, das die Lehre über das Bischofskollegium enthält, mit der hohen Zahl von 300 Gegenstimmen angenommen ist, lässt der Papst den Konzilsvätern eine *Nota praevia explicativa*, eine *Erklärende Vorbemerkung*, zukommen. Mit ihr soll ausdrücklich gemacht werden, dass die Lehre über das Bischofskollegium den päpstlichen Primat in keiner Weise beeinträchtigt. Zugleich wird durch den Generalsekretär des Konzils, Kardinal Pericle Felici, der Status dieser *Nota* deutlich gemacht: Sie ist nicht Teil der Konstitution (also auch nicht Gegenstand der Konzilsberatungen), aber die Konstitution wird durch sie (gültig) interpretiert. Die gängige Auslegung dieses Vorgangs geht dahin, dass der Papst, selber dem Gedanken einer stärkeren Gewichtung des Bischofskollegiums zugeneigt, die konservative Minorität, die nicht zuletzt in der Kurie – mit ihr muss der Papst zusammenarbeiten – eine starke Plattform hat, in einen (allerdings herbei gezwungenen) Konzilskonsens einbinden will. Dass der gesamte Vorgang tatsächlich eher als performativer Akt zu verstehen ist (nur: in welche Richtung?) und sich nicht von der Sache her erklärt, wird daran deutlich, dass die Kirchenkonstitution ohnehin weder in diesem Stadium der Bearbeitung noch im Endtext in irgendeiner Weise den päpstlichen Primat beschneidet.[14]

Nach Abschluss der dritten Sitzungsperiode sind erst fünf von nunmehr sechzehn projektierten Dokumenten verabschiedet. In der vierten Periode, sie dauert vom 14.9. bis 8.12. 1965, wird es deswegen nicht einen, sondern drei Termine der feierlichen Verabschiedung und Promulgierung der Texte geben. 28.10.: Die Dekrete über die Hirtenaufgabe der Bischöfe, über die Ausbildung der Priester und über die zeitgemäße Erneuerung des Ordenslebens, die Erklärungen über die christliche Erziehung und über das Verhältnis der Kirche zu den nichtchristlichen Religionen. – 18.11.: Die Konstitution über die Offenbarung, das Dekret über das Apostolat der Laien. – 7.12.: Die Pastoralkonstitution über die Kirche in der Welt von heute, die Dekrete über Dienst und Leben der Priester und über die Missionstätigkeit der Kirche, die Erklärung über die Religionsfreiheit. In dieser letzten Sitzung kommt es schließlich noch zu einem bedeutenden ökumenischen Akt, in dem sicher auf irgendeine Weise der Bogen zurückgeschlagen wird zu Johannes, der nicht nur dieses Konzil auf den Weg gebracht hat, sondern der als Delegat in der Türkei und in Griechenland auch im Weinberg der Ökumene gearbeitet hat: Paul VI. und der als Konzilsbeobachter anwesende Vertreter des Ökumenischen Patriarchen von Konstantinopel, Athenagoras I. (den Paul 1967 besuchen wird), heben gemeinsam die seit 1054 geltende wechselseitige Exkommunikation auf.

Am 8.12.1965 findet im Rahmen eines großen Gottesdiensts auf dem Petersplatz die feierliche Beschließung des Konzils statt.

Die Konstitution über die heilige Liturgie *Sacrosanctum Concilium*

1. Zur Textgeschichte

Die Liturgiekonstitution ist das erste konziliare Lehrdokument über den Gottesdienst überhaupt, und sie ist zugleich das erste Dokument, das auf dem Zweiten Vatikanischen Konzil verabschiedet worden ist. Womöglich in Entsprechung eines Wunsches von Erzbischof Giacomo Lercaro, eines der Väter der Konstitution, ist der Termin der Verabschiedung des Dokuments auf den 22.11.1963 gelegt worden, auf den Festtag der heiligen Cäcilia, der Patronin der Kirchenmusik. Einer Mehrheit von 2158 Stimmen stehen 19 Gegenstimmen und eine ungültige Stimme gegenüber. Die Promulgation findet in der dritten öffentlichen Sitzung des Konzils am 4.12.1963, dem 400. Jahrestag des Abschlusses des Konzils von Trient, statt; 2147 Väter stimmen mit *Placet* (Zustimmung), während vier weiterhin ihre Zustimmung verweigern *(Non placet)*.

Der folgende Überblick über den Weg des Konstitutionstexts bis hin zur endgültigen Annahme durch die Konzilsväter ist stark gerafft und doch ausführlich genug, um einmal exemplarisch nachvollziehbar werden zu lassen, welch kompliziertes Erarbeitungs- und Entscheidungsverfahren dem Endtext, den wir heute lesen können, vorausgeht und ihn hervorbringt. Die Darstellung der Genese der weiteren Konzilstexte wird diese differenzierten Prozesse generell übergehen und nur dort andeuten, wo dies zur verstehenden Einordnung des in Rede stehenden Texts dringend notwendig ist.

In der Zeit der Vorbereitung des Konzils gehen aus der Weltkirche sehr viele Wünsche und Vorschläge ein, welche die Liturgie betreffen. Johannes XXIII. entschließt sich, unter den insgesamt zehn Vorbereitenden Kommissionen auch eine solche für die Liturgie (*Commissio de sacra Liturgia*) einzurichten. Dies geschieht am 5.6.1960. Einen Tag später wird der Präfekt der Ritenkongregation, Kardinal Gaetano Cicognani, zu ihrem Leiter bestimmt. Sekretär der Liturgischen Vorbereitungskommission wird der Sekretär der bisherigen Reformkommission, Annibale Bugnini. Die Kommission wird am Ende 23 Mitglieder und 36 Konsultatoren haben; sie konstituiert sich am 12.11.1960. Es werden 13 Subkommissionen gebildet, die Einzelthemen bearbeiten und für das abzufassende Schema vorbereiten. Sie nehmen ihre Arbeit bereits im November auf und legen ihre Ergebnisse im April 1961 vor. Ein solches Thema ist Latein als Sprache der Liturgie. An ihm entzündet sich ein erster Streit; aus der Ritenkongregation (sie hat nichts mit dem Konzil zu tun, sondern gehört zur Kurie) wird der Vorbereitungskommission ›Lateinfeindschaft‹ vorgeworfen. Dies wird nach bewährter Manier auch publizistisch begleitet. Bugnini schlägt darauf hin eine Entschärfung durch Unterflug vor: Im Schema soll überhaupt kein eigenes Kapitel zur Sprachenfrage ausgearbeitet werden, sie soll vielmehr jeweils dort behandelt werden, wo es nötig ist. Im weiteren Verlauf des Jahres werden verschiedene Entwürfe zu einem Schema erarbeitet; strittig ist unter anderem, ob in der theologischen Begründung die Liturgie auf das Pascha-Mysterium oder auf die Inkarnation zurückzuführen ist.

Auf der dritten Vollversammlung der Vorbereitenden Kommission (11.–13.1.1962) wird ein dritter Schema-Entwurf einstimmig verabschiedet, der an die Vorbereitende Zentralkommission weitergeleitet wird. Nicht ohne Debatten und Änderungsversuche, die naturgemäß auf eben die Aspekte zielen, an denen die Erneuerung der Liturgie am sinnfälligsten wird – Verwendung der Volkssprache im Gottesdienst, Kommunion unter beiderlei Gestalt, Konzelebration, Stärkung der Entscheidungskompetenz der Bischofskonferenzen – wird das Schema schließlich approbiert und in die Konzilsaula gegeben. Bevor es im Herbst 1962 von den Konzilsvätern debattiert werden kann, müssen diese zunächst in neu zu bildende konziliare Kommissionen Mitglieder entsenden.[15] Eine ablehnende Minderheit bildet sich heraus, Mitglieder der Kurie, Bischöfe aus England, Italien und Spanien. Ihre Änderungsforderungen würden jede Erneuerungsintention aus dem Text herausradieren. Am 14.11.1962 wird das Schema mit einer Mehrheit von 2162 von 2215 Stimmen als Grundlage für die Weiterarbeit angenommen. Diese geschieht zunächst in der Konziliaren Liturgiekommission. Es ist nicht ohne Bedeutung für das weitere Schicksal des Texts, dass der Relator (Berichterstatter) der Kommission im Konzilsplenum Erzbischof Lercaro ist[16], der die Erneuerungsintention des Schemas unterstützt, während der Präsident der Kommission, Kardinal Arcadio M. Larraona, aus seiner Gegnerschaft zum Schema keinen Hehl gemacht hat.

Die Konzilsväter stimmen über die Verbesserungen zunächst einzeln ab und dann über den integralen Text eines jeden Kapitels. Dieser Abstimmungsprozess beginnt am 17.11.1962 und zieht sich in die zweite Sitzungsperiode bis zum 31.10.1963. Dabei wird nicht einfach das in der Kommission Erarbeitete rezipiert, vielmehr bringen die Väter ihrerseits Verbesserungsvorschläge (*modi*) ein, die von der Kommission eingearbeitet und wiederum zur Abstimmung vorgelegt werden müssen. Als es schließlich zur eingangs dieses Kapitels vorausgreifend genannten Promulgation der *Constitutio de sacra Liturgia* am 4.12.1963 kommt, findet darin eine mehr als dreijährige Arbeit ihren Abschluss.

2. Die Liturgiekonstitution als Dokument der Erneuerung

Die Erneuerung und Pflege der Liturgie wird aus der Grundaufgabe, die das Konzil sich gesetzt hat, heraus begründet, das »christliche Leben unter den Gläubigen ... zu vertiefen«, die dem geschichtlichen Wandel unterworfenen Einrichtungen »den Notwendigkeiten unseres Zeitalters besser anzupassen«, die Einheit der Christen zu fördern und »zu stärken«, was die Menschen »in den Schoß der Kirche ruft« (SC 1).

Das Konzil präsentiert sich bereits in diesen ersten Sätzen der ersten Konstitution, die überhaupt feierlich verkündet worden ist, als »Konzil der Kirche über die Kirche«[17]. Es ist deswegen nahe liegend, wenn es seine Erörterung der Liturgie in den Horizont einer Besinnung auf die Kirche stellt. Die Liturgie, und besonders die Eucharistie, ist nämlich die Vergegenwärtigung des Heilshandelns Jesu. Wie die Kirche insgesamt auf das Leben der Menschen, so ist die Liturgie (im unmittelbaren Bezug) auf das Leben der Gläubigen ausgerichtet. Den Gläubigen (und allen Menschen) gilt das in der Liturgie vergegenwärtigte Heilshandeln Jesu Christi; in dieser Ausrichtung soll, vermittelt durch die Liturgie, das Leben der Gläubigen zum Ausdrucksort der »Offenbarung des Mysteriums Christi und des eigentlichen Wesens der wahren Kirche« werden (SC 2). Eine Erneuerung der Liturgie hat demnach ihr letztes Ziel in der besseren Vergegenwärtigung und der unverstellten Zugänglichkeit dieses Wesens der Kirche. Und sie ist eigentlich eine Arbeit an der Erneuerung der Kirche selbst.

Von Christus her hat dieses Wesen der Kirche seine Bestimmung als göttlich und menschlich zugleich, als sichtbar und mit unsichtbaren Gütern ausgestattet, als der Welttätigkeit und der Kontemplation verpflichtet, als »in der Welt zugegen und doch unterwegs«. Diese Reihe der Doppelbestimmungen ist ganz von Christus her, der gleichermaßen einschränkungslos Mensch und Gott ist, entworfen und entrollt die inkarnatorische Struktur, die der Kirche von Christus her zukommt. An dieser Stelle kann das Konzil sich jedoch nicht zu einer theologisch vertretbaren, ausgewogenen, wechselseitig verweisenden, dabei aber keineswegs schlicht symmetrischen Verhältnisbestimmung der jeweiligen Pole durchringen; wie das Menschliche ganz aufs Göttliche, so ist die Tätigkeit ganz auf die Kontemplation, das Sichtbare aufs Unsichtbare, das Gegenwärtige aufs Zukünftige hingeordnet. Demgegenüber wäre aber die im Text ja verankerte theologische *Wertschätzung des Kreatürlichen*, wie sie durch das Prinzip der Inkarnation zum Ausdruck gebracht wird (das Menschliche als Ort der Selbstvergegenwärtigung des Göttlichen), gerade in der Darlegung des dynamischen Charakters des Heilsgeschehens zur Geltung zu bringen.

Die Liturgie wird nun – unter den Leitbegriffen der Auferbauung und Stärkung (der Christen) und der zeichenhaften Vergegenwärtigung (in Bezug auf alle Menschen) – in eben diese heilsgeschichtliche Dynamik eingeordnet. Das Konzil begründet seinen Beschluss zur Förderung und Erneuerung der Liturgie damit, dass diese einen Dienst an den Christen in ihrer Gegenwart für ihre Heilszukunft leistet. Die einzelnen, auf das einleitende folgenden Kapitel der Liturgiekonstitution sind demnach als Entfaltung von Grundregeln für eine Erneuerung der Liturgie zu verstehen, und zwar in jeweiliger Hinordnung zu unterschiedlichen Sachbereichen: Das erste Kapitel behandelt allgemeine Grundsätze, das zweite die Eucharistie, das dritte die übrigen Sakramente und die Sakramentalien, das vierte das Stundengebet, das fünfte das liturgische Jahr, das sechste die Kirchenmusik, das siebte die sakrale Kunst. Angefügt ist eine kurze Erklärung zur Kalenderreform.

3. Liturgie als heilsgeschichtliche Praxis der Kirche

Das gesamte Unterfangen einer Förderung und Erneuerung der Liturgie wird vom Konzil unter den allgemeinen Heilswillen Gottes gestellt, der »will, dass alle Menschen gerettet werden«, wie die Konstitution mit einem Zitat aus dem ersten Timotheusbrief sagt (1Tim 2,4). Die Liturgie als Feier der Kirche hat diese Ausrichtung; das Projekt einer Erneuerung, das ja mit der Konstitution erst auf den Weg gebracht ist, hat den allgemeinen, von Gott her einschränkungslosen Heilswillen Gottes zum Horizont und Kriterium. Die Allgemeinheit des göttlichen Heilswillens und die Konkretheit, Geformtheit und Menschlichkeit von Kirche und Liturgie finden ihre Vermittlung in der Inkarnation und insbesondere im »Pascha-Mysterium«: im Leiden, in der Auferstehung und in der Himmelfahrt Jesu Christi. In Aufnahme eines bedeutungsvollen Bilds, mit dem etwa die scholastische Theologie die Einsetzung der Sakramente durch Christus umschrieben hat[18] und das vielfältigen ikonographischen Niederschlag gefunden hat, führt das Konzil die Kirche auf das Geschehen des Pascha-Mysteriums zurück: »Denn aus der Seite des am Kreuz entschlafenen Christus ist das wunderbare Geheimnis der ganzen Kirche hervorgegangen.« (SC 5)

Das Pascha-Mysterium gibt nun das Deutungsparadigma vor, mit dem der Text immer wieder die liturgischen Handlungen der Kirche und diese selbst mit Christus verbindet.[19] So wird (unter Verwendung paulinischer Tauftheologie) die Taufe als Einfügung der Menschen in das Pascha-Mysterium Christi bezeichnet (SC 6). Es liegt nicht auf der Linie dieser Deutungsfigur, dokumentiert aber gerade deswegen eine gewisse Aufmerksamkeit für die Gefahr der Geistvergessenheit einer solchen exklusiv passiologischen Redeweise, wenn das Thema der Taufe zum Anlass genommen wird, von der Mitteilung des Geists, vom kirchengründenden (heilsgeschichtlichen) Pfingstereignis und von der Kraft des Geists, in der alles geschieht, was in der Kirche geschieht, zu handeln (SC 6).

Schlüssig bereitet die Thematisierung des in der Kirche wirkenden Geists die Rede von der Gegenwart Christi in der Kirche vor (SC 7). In der Reihe der liturgischen Handlungsorte seiner Gegenwart steht entsprechend dem Deutungsparadigma des Pascha-Mysteriums das eucharistische Opfer an erster Stelle. Die Konstitution erinnert an die Eucharistielehre des Konzils von Trient, derzufolge Christus selbst »durch den Dienst der Priester« das eine Opfer darbringt, das in jedem eucharistischen Akt kein anderes ist als das, welches er am Kreuz dargebracht hat. Des weiteren ist Christus gegenwärtig in den Sakramenten und in der Lesung des Worts, »da er selbst spricht, wenn die heiligen Schriften in der Kirche gelesen werden«. Und er ist schließlich gegenwärtig, wenn »die Kirche betet und singt«, wenn sie also als ganze und als Gemeinschaft sich in lobpreisender Hinwendung zu Gott selbst vollzieht.

Christi Gegenwart wird aber durch keine menschlich-kirchlichen Handlungen quasi magisch herbeigezaubert. Folglich ist der liturgietheologisch und ekklesiologisch zentrale Gedanke von der geistvermittelten Gegenwart Christi in der Kirche erst dann vollständig zur Geltung gebracht, wenn all die Handlungen der Kirche, in denen dieses sich ereignet (die Gegenwart Christi ereignet sich in allen Handlungen, in denen die Kirche sich ihrem Wesen gemäß vollzieht), als Handlungen Christi zur Geltung gebracht werden, in denen und durch die er sich selbst vergegenwärtigt. Das Konzil tut dies, indem es die Liturgie insgesamt als »Vollzug des Priesteramts Jesu Christi« (SC 7) bezeichnet. Zugleich wird mit dieser Zuordnung der Liturgie als solcher – also nicht nur der priesterlichen Handlungen, sondern des gesamten liturgischen Geschehens, an dem die Kirche in allen ihren Gliedern Teil hat – vorausgedeutet auf die Thematisierung des *allgemeinen Priestertums* in der Kirchenkonstitution (LG 10). Noch erscheint der Begriff nicht, in der Sache ist hier aber bereits der Gedanke vom *Volk Gottes* angelegt.

Die gemeinschaftliche Dimension der Kirche kommt auch in der Art und Weise, wie der Text von der Vergegenwärtigung Christi in der Kirche spricht, zum Ausdruck. Denn nicht nur in den Vollzügen der Sakramentenspendung und der Wortverkündigung ist Christus gegenwärtig, sondern auch, wenn »die Kirche betet und singt« (SC 7). Den beiden ersten, sozusagen amtlichen (Selbst-)Vollzügen der Kirche (Sakramente und Verkündigung) wird jeweils die Erinnerung hinzugefügt, dass in ihnen Christus selbst der Handelnde ist. Dieser Zusatz fehlt für die betende und singende Kirche. Wenn der Konzilstext die im stattdessen zitierten Schriftvers enthaltene Zusage Jesu – »Wo zwei oder drei in meinem Namen versammelt sind, da bin ich mitten unter ihnen« (Mt 18,20) – auf die betende und singende Kirche bezieht, dann gibt er darin eine Würdigung der Kirche in jener Praxis zu verstehen, in der sie sich gemeinschaftlich und selbsttätig vollzieht. Anders als bei Sakramentenspendung und Wortverkündigung fehlt nämlich bei der betenden und singenden Kirche der amtliche und damit auch stellvertretende Charakter des kirchlichen Selbstvollzugs, demgemäß eine beauftragte Person in der jeweils feiernden Gemeinde und doch ihr gegenüber den kirchlichen Selbstvollzug praktiziert. In der Praxis des Gebets und des Gesangs, die übrigens an dieser Stelle der Konstitution eine besondere Würdigung erfahren, sind unterschiedslos alle Glieder der Kirche Träger des kirchlichen Selbstvollzugs, der zugleich die Gegenwärtigsetzung Jesu Christi ist.

Die aus all dem sich ergebende Bestimmung der Liturgie als ein *Werk Christi und der Kirche* (SC 7) erhält im folgenden Abschnitt eine eschatologische Ausformulierung (SC 8): In der Feier der irdischen Liturgie nimmt die Kirche antizipatorisch (also im Vorgriff aus dem jetzt noch Unvollkommenen auf die einst vollkommene Verwirklichung) an der himmlischen

Liturgie Teil. Diese Teilnahme wird als Pilgerschaft der Kirche ausgelegt. Pilgernd vollzieht die Kirche sich in der Zeit im (auch liturgischen) Lobpreis Gottes. Dieser umfasst das Gedächtnis der Heiligen (anamnetische Dimension) und die Erwartung der Wiederkunft Jesu Christi (Hoffnungsdimension). Die Erfüllung der eschatologischen Dimension der Kirche beschreibt die Konstitution als einen Vorgang der doppelten Gegenwärtigsetzung Christi und der Menschen »in Herrlichkeit«, also uneingeschränkt, unrevidierbar, endgültig. Alles Tun der Kirche strebt auf die in Christus sich verwirklichende »Heiligung der Menschen und die Verherrlichung Gottes« zu (SC 10). In dieser dreifachen, zusammengehörenden Orientierung vollzieht die Kirche sich, nicht nur in der Liturgie: auf Christus, von dem her sie sich bestimmt weiß; auf die Verherrlichung Gottes; auf das Heil der Menschen. Wenn in diesem Zusammenhang die Liturgie als »Quelle« und »Höhepunkt« kirchlichen Tuns gefeiert wird, so ist dies nicht exkludierend zu verstehen: Die Liturgie soll vielmehr der Vermittlung des Glaubens in die konkreten Lebensvollzüge hinein dienen; auch durch die Liturgie, wie durch das Handeln der Kirche insgesamt, sollen die Menschen dazu befähigt werden, dass sie »im Leben festhalten, was sie im Glauben empfangen haben«[20].

Bereits jetzt ist deutlich geworden, dass die Konstitution die Liturgie im Grundverständnis nicht als Kult oder Ritus auffasst, sondern als *heilsgeschichtliche Praxis der Kirche*, die auf den eigentlich Handelnden, Jesus Christus, hin transparent sein muss. Diese Christustransparenz kirchlichen Handelns, die als Gegenwart des Geists in der Kirche bestimmt werden kann, ist aber zugleich gewissermaßen aus dem Stoff der Handlungen der Menschen gemacht. Bei der Frage des Selbstvollzugs der Kirche geht es also um eine *stoffliche Transparenz*, um das Ineinander des Handelns Christi und der Menschen. Auch hier zeigt sich wieder die inkarnatorische Struktur der Kirche, von der eingangs die Rede war. Es ist nun diese Auffassung der Liturgie als heilsgeschichtliche Praxis, durch welche die Konstitution zu ihrem eigentlichen Thema findet.

4. Das Anliegen der Konstitution: Die tätige Teilnahme der Gläubigen an der Liturgie

Insofern nämlich diese Praxis inkarnatorisch strukturiert ist, bedarf es nicht nur der Betonung der Aktivität Christi in allen kirchlichen Vollzügen, sondern eben auch der entsprechenden Gewichtung der Aktivität der Kirche selbst. Diese aber kann nicht auf das amtliche Tun der zum liturgischen Dienst Beauftragten begrenzt werden; vielmehr muss das Handeln der gesamten Kirche in Blick genommen werden. Deswegen spricht die Konstitution an dieser Stelle zum ersten Mal und von nun an durchgehend von der aktiven Teilnahme (*actuosa participatio*) der Gläubigen an der Liturgie. Die Gläubigen sollen »bewußt, tätig und mit geistlichem Gewinn« an der Liturgie teilnehmen (SC 11).

Hieraus ergibt sich folgerichtig, dass etwa auch die Ausführungen zur liturgischen Ausbildung (Artikel 14–20), die in der Linie des Grundinteresses der Konstitution an einer Erneuerung der Liturgie zu sehen sind, ganz unter das Leitthema der tätigen Teilnahme gestellt werden: »Die Mutter Kirche wünscht sehr, alle Gläubigen möchten der vollen, bewussten und tätigen Teilnahme an den liturgischen Feiern geführt werden (… *ad plenam …, consciam atque actuosam liturgicarum celebrationum participationem ducantur*), wie sie das Wesen der Liturgie selbst verlangt« (SC 14). Alle Erneuerung, auch die der liturgischen Ausbildung, dient der je besseren Ermöglichung einer tätigen Teilnahme der Gläubigen am liturgischen Geschehen, oder wenigstens dem besseren Zugang der Gläubigen zu den liturgisch vermittelten Gnadengaben: »Damit das christliche Volk in der heiligen Liturgie die Fülle der Gaben mit größerer Sicherheit erlange, ist es der Wunsch der heiligen Mutter Kirche, eine allgemeine Erneuerung der Liturgie sorgfältig in die Wege zu leiten.« (SC 21) Wenn in dieser den zwanzig Artikel umfassenden Abschnitt über die »Erneuerung der heiligen Liturgie« (SC 21–40) einleitenden Passage das Erneuerungsvorhaben mit einer zu erlangenden »größeren Sicherheit« (*securius*) begründet wird, dann hat diese offensichtlich zuvor gefehlt oder ist verloren gegangen. Die Erneuerung der Liturgie ist also, das sagt diese Formulierung aus, notwendig.

Dass die Erneuerung überhaupt möglich ist, begründet die Konstitution unter Verwendung einer Unterscheidung, vermittels derer bereits Johannes XXIII. nicht nur eine differenzierte Wahrnehmung der christlichen Überlieferungsgeschichte ermöglicht, sondern auch die Grundlagen seiner Konzilsvision näher bestimmt hat: »Denn eines ist die Substanz der tradierten Lehre, d. h. des *depositum fidei*; etwas anderes ist die Formulierung, in der sie dargelegt wird.«[21] In der Liturgiekonstitution wird dieser Grundgedanke des Papsts aufgegriffen und auf die Liturgie angewendet: »Denn die Liturgie enthält einen kraft göttlicher Einsetzung unveränderlichen Teil und Teile, die dem Wandel unterworfen sind.« (SC 21) Die Formulierung der Konstitution ist einerseits plumper als die des Papsts, da sie die Dimensionen der Unveränderlichkeit und der Veränderlichkeit wie verschiedene Teile summativ nebeneinander stellt, während der Papst mit seiner Unterscheidung ein flexibles Werkzeug zur Bearbeitung der Tradition geschaffen hat. Sie ist aber auch härter, da sie aus der Geschichtsunterworfenheit des veränderlichen Teils der Liturgie nicht nur die Möglichkeit, sondern die Notwendigkeit seiner Erneuerung folgert: »Diese Teile können sich im Lauf der Zeit ändern, oder sie müssen es sogar«. Was hier allerdings nicht realisiert ist und was Johannes XXIII. aber meint, ist eine andere Notwendigkeit: die nämlich, dass der in sich unveränderliche Kern der christlichen Überlieferung (dessen Unveränderlichkeit nicht in einem Dogma, sondern in der Treue Gottes gründet) in der veränderlichen Konkretion menschlicher Geschichte real werden muss. Solche Differenzen bewegen sich freilich im Rahmen einer gemeinsamen Grundintention.

Der grundlegende Maßstab, dass durch die Erneuerung »Texte und Riten so geordnet werden, dass sie das Heilige, dem sie als Zeichen dienen, deutlicher zum Ausdruck bringen, und so, dass das christliche Volk sie möglichst leicht erfassen und in voller, tätiger und gemeinschaftlicher Teilnahme mitfeiern kann« (*atque plena, actuosa et communitatis propria celebratione participare possit*; SC 21), bestimmt nun die im weiteren Verlauf formulierten Regeln. Sie bezeichnen die Notwendigkeit einer wissenschaftlichen (theologischen, historischen, pastoralen) Vorbereitung der Erneuerung der Liturgie (SC 23); sie verpflichten diese auf die Heilige Schrift (SC 24); sie betonen den nicht-privaten, sondern kirchlich-gemeinschaftlichen, auf die tätige Teilnahme der Gläubigen ausgerichteten Charakter der Liturgie (SC 26f); zur Förderung dieser für die Liturgie wesentlichen aktiven Teilnahme der Gläubigen soll bei der Liturgieerneuerung den Gestalten dieser Teilnahme, von Gesang und Gebet bis zur Gestik und Körperhaltung, besondere Aufmerksamkeit gelten, sowie der Anteil der Gläubigen in den Rubriken der liturgischen Bücher vorgesehen werden (SC 30f).

Aus dem Zueinander des Handelns Christi und des kirchlichen Handelns in der Liturgie, deren vermittelnder Charakter deswegen eine heilsgeschichtliche Dimension hat, ergibt sich erst die eigentliche Begründung für die Hochschätzung der *actuosa participatio* der Gläubigen durch die Konstitution. Denn »in der Liturgie spricht Gott zu seinem Volk; in ihr verkündet Christus noch immer die Frohe Botschaft. Das Volk aber antwortet mit Gesang und Gebet« (SC 33). Die Gläubigen – das Volk, wie der Text sagt, wobei hier vielleicht schon ein Vorverständnis des eigentlich erst in der Kirchenkonstitution entfalteten Begriffs von der Kirche als Volk Gottes unterstellt werden darf – sind die in der (bzw. durch die) Liturgie von Gott Angesprochenen und zu freier Antwort Gerufenen. Wird die Liturgie vom offenbarenden Geschehen göttlicher Selbstmitteilung her verstanden, wie dies in der Konstitution geschieht, dann kann die Rolle der Gläubigen gar nicht anders denn als tätige Teilnahme bestimmt werden, weil sonst der freie und die freie Glaubenszustimmung wollende Gott bei den Menschen gar nicht ankommen kann. Erst in der freien Antwort des Glaubens hat die Selbstmitteilung Gottes (die auch die Antwort des Menschen noch ermöglicht) sich ganz beim Menschen vergegenwärtigt. Dies alles bedeutet aber, dass die Liturgie kein isoliertes oder exklusives Geschehen sein kann. Sie ist ja in der beschriebenen Weise heilsgeschichtliches Vermittlungsgeschehen nur als kirchliche Praxis. Sie ist, was sie ist, weil die Kirche ist, was sie ist. Deswegen spricht die Konstitution in diesem Zusammenhang auch vom »lehrhaften und pastoralen Charakter der Liturgie« (in der Überschrift zu den Artikeln 33–36). Die Formulierung spielt auf die neben dem Priesteramt weiteren, nämlich hirtlichen und prophetischen, Ämter Christi an, an denen die Kirche Anteil hat.[22] In dieser Anteilhabe an den Ämtern des Priesters, des Propheten und des Hirten vollzieht aber die Kirche sich selbst. Die Liturgie ist also eine wichtige Dimension des kirchlichen Selbstvollzugs, umfasst aber keineswegs dessen gesamtes Spektrum. Aufs Ganze gesehen, kann der Selbstvollzug der Kirche gar nicht anders denn als tätige Teilnahme der Gläubigen bestimmt werden. Teilnahme woran? Letztlich am göttlichen Gnadengeschehen, das nichts anderes ist, als die vorbehalt- und reuelose Selbst-Gabe Gottes, in Christus, durch den Heiligen Geist. *Dieser* tätigen Teilnahme der Gläubigen hat die Liturgie zu dienen. Sie soll deswegen »den Glanz edler Einfachheit an sich tragen und knapp, durchschaubar und frei von unnötigen Wiederholungen sein« (SC 34). Dieses Lob der liturgischen Nüchternheit stellt nun keineswegs, wie manche in konfessionalistischem Überschwang meinen könnten, ein ›protestantisches Missverständnis‹ in der Konstitution dar. Es erklärt sich ganz aus dem Grundinteresse an einer die Offenheit der Gläubigen für die göttliche Selbstmitteilung fördernden Liturgie heraus. Der Gedanke der (Selbst-)Vergegenwärtigung Gottes in der kirchlichen Handlung ist aber gut katholisch. Wenn er auch evangelisch ist – um so besser.

Dass die Konstitution im soeben behandelten thematischen Kontext keineswegs ökumenisch unempfindlich ist, zeigt sich daran, dass sie ganz unausdrücklich genuin evangelische Optionen in durchaus katholischer Herleitung geltend macht. Die fruchtbare Begegnung mit den anderen Konfessionen befördert den Erkenntnis- und Heilungsprozess hinsichtlich der eigenen, selbstverschuldeten Verkürzungen. So auch hier, wenn die Konstitution die Bedeutung des *Worts* innerhalb der Liturgie gegenüber dem Ritus betont. Wort und Ritus sind »aufs engste miteinander verbunden«; weil aber ersteres offensichtlich in katholischer Tradition zu sehr hintan gestellt ist, soll es nun, wie an der Schriftlesung exemplifiziert wird, »reicher, mannigfaltiger und passender ausgestaltet werden« (SC 35). Auch die Predigt wird der entsprechenden Wertschätzung anempfohlen; sie ist Teil der liturgischen Handlung. Ihre

Quelle ist, wie es ja auch für die Liturgie insgesamt gilt, die Heilige Schrift. In die Linie der Würdigung des Worts gehört auch die Aufwertung der Wortgottesdienste, wenn sich auch hier bereits die Verzweckung einer liturgischen Form für die Kompensation des Priestermangels ankündigt (SC 35,4).

Die Thematisierung des Worts im Zusammenhang der Liturgie mündet schließlich in eine der folgenreichsten Passagen der Liturgiekonstitution, jene nämlich über die Sprache der Liturgie (SC 36). Gewissermaßen als Obersatz aller späteren Ausführungen wird zunächst der Erhalt der lateinischen Sprache in den lateinischen Riten bestimmt. Dem wird dann die Öffnung der Liturgie für den Gebrauch der Mutter- bzw. Volkssprache zugeordnet. Dies gilt zunächst nur für bestimmte Bereiche der Liturgie (für die Lesungen, für einige Orationen, für die Gesänge); in SC 101 erfolgt diese Öffnung für die Tageszeitenliturgie; im *Decretum Typicum* von 1965 für die Messfeier und in der Instruktion *Tres Abhinc Annos* vom 4. Mai 1967 schließlich für den *Canon Missae*. Schon SC 54 konkretisiert das in SC 36 Formulierte für die Messfeier; wenn hier gewisse Elemente der Liturgie als für die Volkssprache offen genannt werden (Lesungen, Fürbitten), so ist dies nicht exklusiv gemeint, sondern vorzugsweise. Die Erstellung und Approbierung von Übersetzungen in die Volkssprache wird in die Autorität der Bischofskonferenzen gestellt; die approbierten Übersetzungen bedürfen der Billigung und Bestätigung durch den Apostolischen Stuhl (*probatis seu confirmatis*; SC 36,3). Wenn nun die Öffnung der Liturgie für die Volkssprache eher als die Ausnahme gegenüber der Regel der lateinischen Sprache erscheint, so gewinnt diese Öffnung ihre volle Bedeutung doch erst auf der Linie der Grundintention von *Sacrosanctum Concilium*, nämlich eine Erneuerung der Liturgie zu initiieren, die der *actuosa participatio* der Gläubigen dient. Im Sinn dieser Grundintention heißt es nüchtern, dass »nicht selten der Gebrauch der Muttersprache für das Volk sehr nützlich sein kann«. Dass man so pragmatisch von der Liturgie reden kann, hat nichts mit einer Geringschätzung derselben zu tun, sondern mit der richtigen Einschätzung ihrer Dienstfunktion: Sie dient den Menschen, oder genauer: Sie dient, wie die Kirche insgesamt, der vermittelnden Vergegenwärtigung des Heils, das Gott selbst ist, unter den Menschen.

Ebenfalls wird man der beschriebenen Grundintention zuordnen können, wenn die Konstitution die Liturgie (des römischen Ritus) der »Anpassung an die Eigenart und Überlieferungen der Völker« öffnet (SC 37–40). Die Kirche wünscht nicht, so die deutliche Feststellung, »eine starre Einheitlichkeit der Form zur Pflicht zu machen, nicht einmal in ihrem Gottesdienst; im Gegenteil pflegt und fördert sie das glanzvolle geistige Erbe der verschiedenen Stämme und Völker; was im Brauchtum der Völker nicht unlöslich mit Aberglauben und Irrtum verflochten ist, das wägt sie wohlwollend ab, und wenn sie kann, sucht sie es voll und ganz zu erhalten. Ja, zuweilen gewährt sie ihm Einlass in die Liturgie selbst, sofern es grundsätzlich mit dem wahren und echten Geist der Liturgie vereinbar ist.« (SC 37) Beide Öffnungen der Liturgie, hin zur Volkssprache und zu den Kulturen, dienen der Aufschließung des liturgischen Geschehens für die aktive Teilnahme der Gläubigen.

Die Konzilsväter fassen ihre all dem zugrunde liegende Intention noch einmal präzise zusammen, wenn sie sagen, dass »die Kirche auf eine vorzügliche Weise dann sichtbar wird, wenn das ganze heilige Gottesvolk voll und tätig an denselben liturgischen Feiern, besonders an derselben Eucharistiefeier, teilnimmt« (SC 41). Die Ermöglichung oder Erleichterung eines verständigen und tätigen Zugangs zur Liturgie kann demnach nicht verzichtbares Beiwerk kirchlichen Selbstvollzugs sein, sondern ist ekklesiologische Notwendigkeit.

5. Christi Gegenwart in der Geschichte: Die Eucharistie

Nach diesen grundlegenden Ausführungen zur Liturgie, ihrer christologischen und (deutlich im Hintergrund) pneumatologischen Bestimmung, ihrer ekklesiologischen Bedeutung, sowie den daraus sich ergebenden Aufbrüchen zu ihrer Erneuerung, wendet sich die Konstitution im weiteren Verlauf einzelnen Fragestellungen zu, die sie in einer absteigenden Bedeutungsordnung behandelt, beginnend mit der Eucharistie als dem wesentlichen liturgischen Vollzug.

Der gleich eingangs hervorgehobene Opfercharakter der Eucharistie wird vermittels des Einsetzungsgedankens unablösbar mit dem Kreuzesopfer Christi verbunden: Das eucharistische Opfer ist nichts anderes als das Opfer Christi am Kreuz; es ist seine Vergegenwärtigung, als welches es »durch die Zeiten hindurch bis zu seiner [Christi] Wiederkunft fortdauern« soll. Als dieses eine (und nicht als je neues) ist das eucharistische Opfer von Christus der Kirche anvertraut, und zwar als »Gedächtnisfeier seines Todes und seiner Auferstehung« (SC 47). Opfer- und Gedächtnischarakter der Eucharistie werden nicht nur als zusammen gehörend vorgestellt, sondern es wird auch die Opfer- der Erinnerungsdimension der Eucharistie zugeordnet. Theologisch lässt sich diese Zuordnung so darlegen: *Jesus Christus selbst setzt sich und sein im Kreuzesopfer vollzogenes Erlösungshandeln in der Eucharistie gegenwärtig*, und zwar *als ein* nicht nur in der Kirche (und die Kirche begründendes), sondern *in der Zeit und zu den Bedingungen menschlicher Geschichte gesetztes Geschehen*. Christus, und vermittels seiner der Heilswille Gottes, will fortdauernd gegenwärtig sein in Zeit und Geschichte, bis diese versammelt sein wird in der ›Fülle der Zeit‹. Insofern die Kirche selbst sich in der Zeit vollzieht, ist das hierauf antwortende und den Heilswillen Gottes aufnehmende Handeln der Kirche ebenfalls zeitlich verfasst, ist Reflexion auf die Zeit, nämlich als eingedenkendes Vergegenwärtigen des Kreuzesopfers Christi in der Feier der Eucharistie.

Analog zur allgemeinen Reflexion auf die Liturgie wird auch im Kontext der Eucharistie die Bedeutung der tätigen Teilnahme der Gläubigen hervorgehoben (SC 48), aus der sich wiederum die entsprechenden Konsequenzen hinsichtlich einer Erneuerung der Riten herleiten: Vereinfachung; Wegfall mit der Zeit hinzu gekommener Überwucherungen; Wiederherstellung ursprünglicher Formen, die »der althergebrachten Norm der Väter« entsprechen (SC 50). Die Erschließung der *participatio actuosa* geht auch im Fall der Eucharistie mit einer Erinnerung der Wortdimension der Liturgie einher; erst hier wird übrigens deutlich, dass die Konstitution die Messfeier insgesamt im Blick hat und nicht nur das Sakrament der Eucharistie im engeren Sinn: Die Lesungen sollen reicher ausgestaltet werden, so dass die biblischen Schriften vollständiger präsent sind (SC 51); die Bedeutung der Homilie (der Predigt) wird unterstrichen, sie ist genuiner Bestandteil der Liturgie (SC 52); es wird bestimmt die Wiedereinführung der Fürbitten, der *oratio universalis* (allgemeines Gebet) bzw. *fidelium* (Gebet der Gläubigen), die im römischen Ritus verloren gegangen waren (in Deutschland aber im Zug der Liturgischen Bewegung mancherorts schon vor dem Konzil wieder praktiziert) (SC 53).

Die Konstitution erlaubt schließlich (in vom Heiligen Stuhl erst noch zu bestimmenden Fällen und entsprechend dem Ermessen des Ortsbischofs) die Kommunion unter beiderlei Gestalten (SC 55);[23] und sie stellt die ungebrochene Praxis der Konzelebration auch für die Kirche des Westens fest, was angesichts ihrer Vergessenheit im Westen einer Wiedereinführung gleichkommt; in der zweiten Hälfte des 19. Jahrhunderts hat sich im lateinischen Westen die Privat- oder Einzelmesse als die Regelform durchgesetzt, in der die Priester an der Eucharistiefeier teilnehmen. Erst die Liturgische Bewegung hat wieder das Bewusstsein dafür geweckt, dass die Eucharistiefeier eine communiale Feier der Kirche ist. Die Konstitution lässt nun die Konzelebration unter bestimmten Bedingungen zu; es bleibt dem Ortsbischof vorbehalten, ihre Praxis zu gestalten (SC 57).

6. Die Heiligung der Menschen: Die Sakramente

Auch im dritten, den Sakramenten gewidmeten Kapitel setzt die Konstitution mit einer grundlegenden theologischen Besinnung ein (SC 59): Die Sakramente verknüpfen Mensch, Kirche und Gott, indem in ihnen die Verehrung Gottes, die Auferbauung der Kirche und die Heiligung der Menschen gegenwärtig gesetzt und bewirkt wird, so aber, dass die Heiligung der Menschen die erstgenannte Orientierung der Sakramente ist und damit gewissermaßen die theologische Überschrift dieses Kapitels. Katholische Standardpositionen zum Sakramentsverständnis werden wiederholt: Die Sakramente setzen den Glauben nicht nur voraus, sondern nähren, stärken und zeigen ihn auch an; »deshalb heißen sie Sakramente des Glaubens«.[24] Sie vermitteln Gnade, aber auch die Befähigung, diese Gnade »mit Frucht« *fructuose*) zu empfangen. Bedeutsam ist aber, dass in diesem Artikel die Zeichenfunktion der Sakramente so ausgelegt wird, dass diese auch der Unterweisung dienen. Die Feier des Glaubensgeheimnisses und sein vernünftiges Erfassen gehören auch liturgisch zusammen! Auch dies eine Markierung auf der Linie des Grundinteresses an einer tätigen Teilnahme der Gläubigen.

Der Wirkung der Sakramente und Sakramentalien, also der Be-Gnadung oder der Heiligung des Menschen, gibt die Konstitution eine Deutung, die ganz von jenem Geist des Konzils getragen ist, der es zu einer wahrhaft weltoffenen Selbstvergewisserung der Kirche hat werden lassen: Sie lässt nämlich die Wirkung der Sakramente auf das gesamte Leben der Gläubigen in allen seinen Ereignissen und auf alle Dinge der materiellen Welt, sofern sie in Gebrauch der Menschen stehen, ausströmen (SC 61). Mit dieser Deutung macht die Konstitution jene zentrale Wesensbestimmung des Sakraments fruchtbar, der zufolge es schon in sich Anteil an der Materie – der Welt, des menschlichen Lebens – hat. Wenn sich also durch das materielle Zeichen des Sakraments Heil von Gott her vergegenwärtigt, so ist damit die Welt in ihrer Materialität und das menschliche Leben in seiner Stofflichkeit von der Intention des Sakraments her schon immer mitgemeint – freilich muss diese Intention bewusst ergriffen und ins eigene Leben und Handeln eingelassen werden. Es gibt kein Ankommen des göttlichen Heilsangebots im menschlichen Leben ohne die aktive Zustimmung des Menschen (die sich dann noch einmal als gnadengewirkt erweist, was aber den hier virulenten menschlichen Anteil nicht auslöscht).

Die weiteren Artikel des Kapitels zu den Sakramenten (SC 62–82) enthalten Einzelvorschriften für die auch hier durchzuführende Erneuerung, die teils konkretisieren, was im Einleitungskapitel allgemein gesagt worden ist, teils die jeweiligen Sakramente einzeln behandeln. Durchgehend zielt die Intention auf die Ermöglichung eines leichten Zugangs zur Liturgie der Sakramente.

Dabei werden etwa Korrekturen in den Taufriten bestimmt, durch die ein rechtes Verständnis der Tauftheologie besser erkennbar werden soll. So im Fall der Nottaufe eines Kinds, die nicht (wie bis dahin) bei einer späteren Gelegenheit (so diese sich ergibt) gewissermaßen um die nicht vollzogenen Teile komplettiert werden soll, als wäre ein Not getauftes Kind nur teilweise in die Kirche aufgenommen, sondern die bei einer solchen späteren Gelegenheit durch einen entsprechenden Ritus in ihrer schon erfolgten Wirkung – der Aufnahme des Kinds in die Kirche – bekräftigt werden soll (SC 69). – Hinsichtlich der Firmung wird ausgeführt, dass sie in ihrem inneren Zusammenhang zum gesamten Initiationsgeschehen deutlicher fassbar werden soll, weswegen dem Empfang des Firmsakraments die Erneuerung des Taufversprechens vorausgehen soll (SC 71). – Was die Ehe anbetrifft, soll der Brautsegen in der Weise überarbeitet werden, »dass er die gleiche gegenseitige Treuepflicht beider Brautleute betont« (SC 78). – Die Sakramentalien wiederum sollen die tätige Teilnahme der Gläubigen besser ermöglichen und auf die Erfordernisse der jeweiligen Zeit eingehen (SC 79).

7. Die christologische Grundsprache der Liturgie

Nach einem Kapitel über das Stundengebet (SC 83–101), das hier übergangen werden muss – sein erster Artikel rechnet das Stundengebet zu jenen neben der Eucharistie »anderen Formen«, von denen gilt: In ihnen lobt die Kirche »den Herrn ohne Unterlaß und tritt für das Heil der ganzen Welt ein« (SC 83) –, wendet die Konstitution sich dem liturgischen Jahr zu (5. Kapitel; SC 102–111).

Nachdrücklich wird dessen christologische Grundstruktur herausgestellt: Die Kirche feiert »das Heilswerk ihres göttlichen Bräutigams an bestimmten Tagen das Jahr hindurch in heiligem Gedenken«, und sie erschließt bzw. vergegenwärtigt auch das Heilshandeln Jesu Christi den Gläubigen in jenem Jahreskreis der Feiern, unter denen die Konstitution den Sonntag und die Osterfestwoche besondern hervorhebt (SC 102). Ihre eigentliche theologische Bedeutung lässt diese Betonung der christologischen Grundstruktur des liturgischen Jahrs dort sichtbar werden, wo sie auf die Marien- und Heiligenverehrung bezogen wird: Die Grundsprache des liturgischen Selbstvollzugs der Kirche ist die Christologie; die Verehrung Mariens ist »der Feier dieses Jahreskreises der Mysterien Christi« beigeordnet (SC 103), die Heiligenverehrung in den Jahreskreis »eingefügt« (SC 104). Das höchste der Kirche mögliche Marienlob bietet die Konstitution auf, wenn sie sagt, dass Maria »die erhabenste Frucht der Erlösung« und auf diese Weise »durch ein unzerreißbares Band mit dem Heilswerk ihres Sohns verbunden« ist. Nicht außerhalb des Erlösungswerks Christi steht also Maria; das rechte Lob Mariens wird *innerhalb* oder *mit* der Sprache der Christologie gesprochen. In der so verehrten Maria schaut die Kirche »wie in einem reinen Bild mit Freuden, was sie ganz zu sein wünscht und hofft«; sie sieht mithin in Maria sich selbst als die, die sie noch nicht ist. In Christus also findet ein möglicher Überschwang der Marienverehrung seine Grenze; in Maria aber findet eine allzu präsentische Selbstgewissheit der Kirche ihre Grenze und Korrektur. – Was die Heiligenverehrung anbetrifft, so ist auch sie in das liturgische Gedächtnis Christi eingebettet: Das Heiligengedenken der Kirche ist letztlich Verkündigung des Pascha-Mysteriums Christi in den Heiligen: Die »Feste der Heiligen künden die Wunder Christi in seinen Knechten« (SC 111). Die Verehrung der Heiligen ist ohne Hinordnung auf die *memoria Iesu Christi* nicht denkbar und auch nicht legitimer Weise praktizierbar.

Vor der endgültigen Konstitution einmal als Teil des Kapitels über das liturgische Jahr vorgesehen, dann aber, weil nicht unmittelbar mit der Liturgiereform verknüpft, ausgegliedert, wird die Konstitution durch einen Anhang zur Kalenderreform ergänzt, in der das Konzil die Bereitschaft der Kirche sowohl zur Festlegung eines, insbesondere mit den getrennten Kirchen des Ostens, gemeinsamen Ostertermins auf einen bestimmten Sonntag erklärt, als auch zur Einführung eines immerwährenden Kalenders durch die bürgerliche Gesellschaft, sofern dieser nur die Siebentagewoche, den Sonntag und die Wochenfolge insgesamt unangetastet lässt.

8. Die Liturgie: Kirchen-Raum der Kunstbegegnung

In ihren beiden letzten Kapiteln behandelt die Konstitution die Bedeutung der Kunst für die Liturgie (und für die Kirche insgesamt), namentlich die der Musik (sechstes Kapitel; SC 112–121) und die der sakralen Kunst samt der liturgischen Geratschaften (siebtes Kapitel; SC 122–130).

Die Bedeutung der Gottesdienstgesänge wird mit biblischen Hinweisen und solchen (sehr kursorisch gehaltenen) auf die kirchliche Tradition sowie auf päpstliche Äußerungen herausgestellt. Es ist aber »der mit dem Wort verbundene gottesdienstliche Gesang«, der »einen notwendigen und integrierenden Bestandteil der feierlichen Liturgie ausmacht«. Kirchenmusik (die einigermaßen umstandslos mit Vokalmusik identifiziert wird) ist notwendig, wird darin aber durch ein Verhältnis der Zugeordnetheit und Abhängigkeit zum Wortgeschehen bestimmt. Von der Musik, der eine solchermaßen »dienende Aufgabe« zugesprochen wird, kann die Konstitution nun in sehr freier Weise sagen, dass »die Kirche alle Formen wahrer Kunst [billigt], welche die erforderlichen Eigenschaften besitzen«; die Kirche lässt sie zur Liturgie zu. Wenn auch das Kriterium der wahren Kunst schwer mit Gehalt zu füllen sein wird, so ist doch bemerkenswert, wie das Konzil an dieser Stelle keinerlei Vorabbewertung für (etwa hinsichtlich der Gregorianik) oder gegen (etwa die zeitgenössische Musik) eine bestimmte Musikform oder -epoche ausspricht, sondern alle Musik als grundsätzlich liturgisch zulassungsfähig betrachtet, allenfalls mit der näheren Bestimmung, dass die jeweilige Musik gewisse, nicht näher beschriebene, Funktionen zu erfüllen bereit oder in der Lage sein muss (SC 112). Auch fehlt nicht, wie um den Dienstcharakter der Musik in liturgischen Kontexten noch einmal zu betonen, der Hinweis auf die tätige Teilnahme des Volks als eines der Kriterien für den rechten Gebrauch der Kirchenmusik (SC 113f).

Wenn nun, wohl im Sinn eines ›kompensatorischen Kompromisses‹, in Artikel 116f dann doch einer besonderen Wertschätzung des gregorianischen Gesangs Ausdruck verliehen wird – die Kirche betrachtet ihn »als den der römischen Liturgie eigenen Gesang« –, so steht dies ausdrücklich nicht für den Ausschluss anderer Musiken; auch soll hierdurch nicht die Wertschätzung der je eigenen Musiktradition der Völker durch die Kirche gehindert sein.

Die Thematisierung der Sakralkunst im siebten und letzen Kapitel der Konstitution bietet zunächst Gelegenheit für eine anthropologische Besinnung auf die Kreativität des Menschen. Zwar wird man nicht sagen können, dass eine solche Grundsatzüberlegung sich organisch aus dem Kontext ergeben würde, es ist aber schön, wenn die Kunst auch in ihrer sakralen Indienstnahme nicht sogleich auf die Pflicht des Geschöpfs Mensch zum Gotteslob zurückgeführt wird, sondern auf seine schöpferische Veranlagung, also als menschliche Tätigkeit und Hervorbringung gewürdigt wird, als kreativer Ausdruck menschlichen Selbstvollzugs, der sich freilich, zumal in künstlerischer Verwirklichung, vollendet in seiner Ausrichtung »auf die unendliche Schönheit Gottes« (SC 122). Diese anthropologisch-ästhetische Reflexion hat unmittelbare theologische Implikationen: Zum einen steht mit ihr die ausdrückliche Wertschätzung der Bilderverehrung (SC 125) in einem Begründungszusammenhang. Zum anderen gilt: Wenn der Kunst im sakralen Raum zugetraut wird, »durch ihre Werke den Sinn der Menschen in heiliger Verehrung auf Gott zu wenden«, so ruht dieses Vertrauen in sie ja auf der (zuvor benannten) fundamental-anthropologischen Fähigkeit des Menschen zur Kreativität auf; in der sakralen Kunst wird letztlich ein Basisvermögen des Menschen und damit der Mensch selbst gewürdigt: Er ist fähig, sich vermittels seiner (Kunst-)Werke Gott zuzuwenden. Sicher ist hier eine gnadentheologische Interpolierung zu ergänzen; der Konstitutionstext setzt die theologische Aussage voraus, dass diese Fähigkeit des Menschen sich wiederum der Gnade verdankt – und dennoch steckt in der *theologischen* Wertschätzung des Menschen in seiner Kreativität eine katholische Herausforderung der evangelischen Rechtfertigungslehre, sofern diese so vorgetragen wird, dass sie den Werken der Menschen *jeglichen* rechtfertigungsrelevanten Stellenwert abspricht.

Wie schon im Fall der Kirchenmusik, erklärt die Konstitution zunächst in großer Freiheit, dass die Kirche, die »immer eine Freundin der schönen Künste« war, keinem Stil (keiner Epoche und keiner Schule, so kann wohl ergänzt werden) den Vorzug gibt. Mehr noch, es gibt keinen kirchlichen Stil, sondern je unterschiedliche Kontexte der Kultur, Geschichte und Lebensbedingungen, in denen die Kirche ihre Freundschaft zu den Künsten je anders verwirklicht. Ausdrücklich wird eine Einladung an die »Kunst unserer Zeit und aller Völker und Länder« ausgesprochen. Jedoch wird die Chance der Selbstherausforderung, die sich der Kirche hierdurch eröffnet, gleich wieder zurückgenommen, indem die Kunst, die Eingang in die Kirchen finden kann, hauptsächlich unprovokativ sein soll. Sie wird dadurch (negativ) gekennzeichnet, dass sie weder der

Frömmigkeit widersprechen noch religiöses Empfinden verletzen darf (SC 124); sie soll »in mäßiger Zahl und rechter Ordnung« aufgestellt werden und weder Verwunderung erregen noch einer »weniger gesunden Frömmigkeit Vorschub leisten« (SC 125). Nicht unbedeutende Exempel jener Geschichte sakraler Kunst, die von der Konstitution als durch die Jahrhunderte zusammengetragener »Schatz« der Kirche, den sie »mit aller Sorge zu hüten« habe, bezeichnet wird, wären durch solche Kriterien sicher ausgeschlossen gewesen.

Insgesamt möchte man aber, dass der Umgang der Kirche mit der Kunst durch mehr Kompetenz getragen ist. Die kunstgeschichtliche Ausbildung der Kleriker (und heute: der Laien?) soll einen Stellenwert im Philosophie- und Theologiestudium haben (SC 129); die Einrichtung eigener Institute für sakrale Kunst wird empfohlen (SC 127); kunstrelevante Entscheidungen im Kompetenzbereich der Bischöfe sollen durch eigenen Sachverstand oder durch hinzugezogene Sachverständige (»geeignete Priester«) getragen sein.

9. Schlussreflexion

Die Liturgiekonstitution präsentiert sich als Dokument der Erneuerung. Es hieße aber den darin enthaltenen Anspruch unterschätzen, würde man in ihr lediglich Anstöße zur Reform einzelner Riten oder gewisser liturgischer Elemente sehen. Sicher, *Sacrosanctum Concilium* begibt sich auch in die Regelung von Detailfragen, die zuweilen ein zu großes Gewicht erhalten mögen. Aufs Ganze gesehen ist diese Vorgehensweise aber höchst sinnvoll, ja notwendig. Denn auf der Agenda der Konstitution steht die Erneuerung der katholischen Kirche in ihrem liturgischen Selbstvollzug. Dieser hat aber nicht nur seinen Ausdruck, sondern geschieht in den Konkreta der liturgischen Handlungsvollzüge. Für die Liturgiekonstitution heißt das: Die Arbeit am Grundsätzlichen ereignet sich in der Sphäre des Konkreten. So entsteht ein Mischtext, der grundsätzliche theologische Erwägungen – zur Kirche, zur christologischen Grundstruktur der Liturgie, etc. – mit sehr konkreten Erneuerungsanweisungen und Bestimmungen verbindet.

Diese Verbindung von Grundsatz und Konkretum spiegelt sich auch in dem erwähnten Umstand, dass mit diesem Text die erste lehrmäßige Behandlung der Liturgie durch ein Konzil vorliegt. Vielleicht wird man sagen können, dass hier bereits die bedeutendste Leistung des Konzils präludiert wird, nämlich die Verknüpfung von Pastoral und Dogmatik in der Konstitution *Gaudium et spes*. Während aber *Sacrosanctum Concilium* ganz *ad intra* spricht, stellt *Gaudium et spes* gewissermaßen ein Dokument der Schwelle dar, das die Perspektive *ad intra* mit der *ad extra* verbindet. *Sacrosanctum Concilium* ist damit, im Dreiklang mit *Gaudium et spes* und *Lumen Gentium*, eine genuin ekklesiologische Stellungsnahme des Konzils. Die Liturgie, wie auch die ihr gewidmete Konstitution, stellen sozusagen den Ausgangspunkt für den notwendigen Aufbruch der Kirche in die und in der Welt dar, sei es im kirchlichen der liturgischen Feier, sei es in der lehrmäßigen, konziliaren Reflexion.

Wenn also *Sacrosanctum Concilium* stets das Grundsätzliche im Konkreten erörtert, dann bedeutet das auch, dass die Lehren der Konstitution sich keineswegs in der Abarbeitung an konkret-partikularen Thematiken erschöpfen kann. Man soll deswegen auch nicht von diesem Text erwarten, dass er alle konkreten Änderungs- oder Reformdesiderate und -wünsche behandelt, so wie man auch nicht sagen soll, dass alles, was er nicht ausdrücklich thematisiert, auch keinen Platz in seiner Erneuerungsperspektive habe. Man wird aber sagen müssen, dass das Grundsätzliche – die Erneuerung der Kirche – anhand von hinreichend aussagekräftigen Bedeutungsfeldern exemplarisch erörtert wird. Auf diese Weise entstehen Erneuerungsgestalten mit paradigmatischem Charakter. Die in der Konstitution auf den Weg gebrachte und in Folgedokumenten immer weiter zugleich generalisierte und konkretisierte Einführung der Volkssprache in die Liturgie ist hier eine solche paradigmatische Erneuerungsgestalt von erheblicher Aussagekraft. Sie erinnert nochmals an den im Lauf dieser Darstellung mehrfach zitierten hermeneutischen Schlüssel der Erneuerungsintention dieser Konstitution: Die tätige Teilnahme des Gottesvolks an der Liturgie.

Die ekklesiologischen Implikationen dieses Grundgedankens können nicht überschätzt werden und sind keineswegs durch den Text der Konstitution ausgeschöpft worden. Was auch immer noch unternommen werden mag, um das hierin einmal in die Welt Gesetzte wieder einzufangen und zu zähmen: Das Prinzip der *actuosa participatio* erklärt in seiner Deutung durch *Sacrosanctum Concilium* das feiernde Gottesvolk zum Träger des liturgischen Selbstvollzugs der Kirche. Insofern die Kirche jedoch in jedem ihrer Selbstvollzüge[25] als sie selbst und nicht irgendwie partikular gegenwärtig ist, kann die Reichweite und das unausgeschöpfte Zukunftspotential dieses Grundgedankens von *Sacrosanctum Concilium* einigermaßen ermessen werden.

Das Dekret über die sozialen Kommunikationsmittel *Inter mirifica*

1. Wie die Kirche die Medien entdeckt

Dieses Dekret geht auf die Arbeit des zu Pfingsten 1960 errichteten »Sekretariats für Presse und Schauspiel« zurück. Zwar ist dieses Sekretariat mit Beginn des Konzils in der Konziliaren Kommission für das Laienapostolat aufgegangen, dennoch lassen sich im schließlich, nämlich am 4.12.1963, nach der feierlichen Schlussabstimmung, die 1960 *Placet* und 164 *Non placet* ergeben hat, promulgierten Text Spuren jener aus heutiger Sicht merkwürdigen Kombination »Presse und Theater« finden. Im Wesentlichen wendet sich der Text aber den modernen Massenmedien zu – wohlgemerkt jenen der frühen sechziger Jahre; Kabel- und Satellitenfernsehen, Computer und Internet und die mit allem vernetzten Mobiltelephone sind naturgemäß außer Sicht. Die Frage drängt sich deswegen von Beginn an auf, ob diese neu hinzu gekommenen Medien lediglich Tendenzen, die vom Dekret schon gekannt werden können und auch bedacht werden, verstärken, oder ob mit ihnen nicht doch eine neue Qualität in den Bereich der Kommunikationsmittel gekommen ist, wodurch freilich *Inter mirifica* historisiert, wenn nicht obsolet werden würde.

Wenigstens in einer Hinsicht muss die Vermutung auf Letzteres gehen: Während nämlich das Dekret recht selbstverständlich voraussetzt, dass die sozialen Kommunikationsmittel in einem produktiven und gestaltenden Sinn auf gesellschaftliche *Öffentlichkeit* bezogen sind, geht mit den sog. Neuen Medien (nicht ausschließlich, aber auch) eine Rückbildung des öffentlichen Raums zugunsten einer *Privatisierung* der Lebenswelt einher. Dies wird im Dekret nicht gesehen und aufgenommen.[26] Es ist schwer zu entscheiden, ob eine Institution, die in der

Lage ist, weltweite Geistes- und Herzensbildung, Weitblick, Informiertheit und Spiritualität so zu konzentrieren wie dieses Konzil, diese Entwicklung schon Anfang der sechziger Jahre hat ahnen müssen. Die Abstimmungsergebnisse in der Konzilsaula zeigen jedenfalls ein wachsendes Unbehagen mit dem Text, allerdings erst nach der Akzeptierung des Schemas als Diskussionsgrundlage, was der Geschäftsordnung des Konzils gemäß keine substantiellen Eingriffe in den Text mehr erlaubt. Ein kritischer Voraus-Blick auf solche sozial höchst relevanten Wirkungen von Medien hat aber für das Konzil wohl auch deswegen nicht nahe gelegen, weil dieses Dekret von einer drängenden und in ihrer Dynamik optimistischen Nachholbewegung der katholischen Kirche im Gebrauch der sozialen Kommunikationsmedien Zeugnis ablegt. Im Zusammenhang des Modernismusstreits um die Jahrhundertwende denkt man allenfalls an die Einrichtung einer eigenen Medienversorgung innerhalb des katholischen Milieus, gewissermaßen als Parallelveranstaltung zu den Medien der Bürgergesellschaft. Eine Teilnahme an der medial vermittelten öffentlichen Kommunikation der Zivilgesellschaft ist nicht erwünscht, eher ausgeschlossen.[27] Nun aber, im Dekret *Inter mirifica*, anerkennt man die Medienwirklichkeit in ihrer säkularen Gestalt und will als katholische Kirche in dem Kommunikations- und Informationsprozess der Gesellschaft präsent sein und in ihn eingreifen. Das ist – auf dem Sektor der Medien – die amtliche Beendigung des Milieukatholizismus, womit übrigens das Dekret einigermaßen auf der Höhe seiner Zeit ist, da dieser (wenigstens in den westlichen Gesellschaften) in den fünfziger Jahren sein teils verzögertes Ende gefunden hat.[28]

Aber mehr noch, man lässt die Medien der Gesellschaft nicht nur grundsätzlich gelten, man erkennt in ihnen auch zu nutzende Mittel der Glaubensverkündigung: »Die Katholische Kirche ist von Christus, dem Herrn, gegründet, um allen Menschen das Heil zu bringen, und darum der Verkündigung des Evangeliums unbedingt verpflichtet. Deshalb hält sie es für ihre Pflicht, die Heilsbotschaft auch mit Hilfe der sozialen Kommunikationsmittel zu verkündigen und Grundsätze über deren richtige Anwendung aufzustellen« (IM 3). Diese Entscheidung zu einer affirmativen Haltung zu den sozialen Kommunikationsmitteln ist mit der Einschätzung zusammen zu sehen, die das Dekret im ersten Artikel von ihnen trifft: In ihrer Eigenart liegt es nämlich, »nicht nur den einzelnen Menschen, sondern die Masse und die ganze menschliche Gesellschaft erreichen und beeinflussen zu können« (IM 1). Es scheint als wollte *Inter mirifica* eben dies empfehlen: Die Kirche soll sich den Effekt der sozialen Kommunikationsmittel, die Menschen nicht als Individuen, sondern als Masse zu erreichen, zunutze machen. Auf die Massengesellschaft muss die Kirche sich einlassen, die Masse muss sie erreichen, das probate Mittel sind die Medien. Der Rückkoppelungseffekt der Medien, dass sie Massen nicht nur erreichen, sondern auch produzieren, nämlich als Summe vereinzelter und in dieser Vereinzelung beliebiger Individuen, wird hingegen nicht wahrgenommen. Überhaupt nicht erörtert wird die Frage, ob eine solche Masse überhaupt Adressat der christlichen Glaubensbotschaft sein kann, und ob nicht auch im medialen Zeitalter (*Inter mirifica* steht, ohne es zu wissen, an seiner Schwelle) Glaubensverkündigung die Befreiungsdimension der ihr aufgegebenen Botschaft geltend machen muss: Befreiung, die in den Stand setzt, die Botschaft des Glaubens überhaupt hören zu können. Das Angebot des Glaubens bejaht den Menschen, es affirmiert aber keineswegs alle Situationen, zu deren Bedingungen Menschen leben. Das Angebot des Glaubens befreit den Menschen zu jenem Stand, in dem er in der Lage ist, es anzunehmen: zu dem Subjekt, das sich frei im öffentlichen Raum auf den Anderen zu und in Beanspruchung gerechter gesellschaftlicher Institutionen vollzieht, jenen öffentlichen Raum dabei je neu konstituierend. – Wie aber könnte dieses Subjekt, das durch den Glauben zu sich selbst befreit wird, ausgerechnet von den Massenmedien erreicht werden? Und wo wird dieses des Glaubens fähige Subjekt gewürdigt in den massenmedialen Selbstinszenierungen der katholischen Kirche, wie sie in den vergangenen fünfundzwanzig Jahren den Erdkreis mit einer Landkarte der *event*-Kultur überzogen haben? Ein Massenspektakel kann das Gegenteil von Öffentlichkeit sein. – Es ist übrigens ein damaliger Weihbischof von Krakau, Karol Wojtyla, gewesen, der als Konzilsvater in einer schriftlichen Bemerkung, sich der Sprache des Personalismus bedienend, eben dies fordert: Die Thematisierung der Medien unter dem Aspekt der »Förderung der menschlichen Person«.[29]

2. Woran der Text scheitert

Der Hinweis ist sicher zutreffend, dass dieses Dokument gar nicht die Chance gehabt hat, von jenem erst auf dem Konzil in Gang gekommenen Prozess der erneuernden Selbstbesinnung der Kirche mitgenommen zu werden, wie er insbesondere in der Pastoralkonstitution *Gaudium et spes* seinen authentischen Ausdruck gefunden hat. Es bestand ein starker, auch von dem neuen Papst Paul VI. getragener Wille, die zweite Sitzungsperiode nicht nur mit der Liturgiekonstitution zu beenden, sondern auch *Inter mirifica* noch zu verabschieden. So ist es dazu gekommen, dass etwa *Gaudium et spes* zu den gleichen oder benachbarten Themen wesentlich Weitergehendes zu sagen hat als *Inter mirifica* (vgl. etwa GS 59, 73–75). Mit einer gelungenen Formulierung lässt sich *Inter mirifica* als »Wegzeichen für den Übergang zur Kirche des Konzils« bezeichnen,[30] wenn diese Formulierung auch gewissermaßen einen Abgrund der Frage bis auf das Fundament des Konzils aufreißt, denn: Was ist die Kirche des Konzils, wenn dieses, wie manche sagen, doch ein Konzil des Übergangs ist? Im Licht einer Geschichte der Medientheorie stellt *Inter mirifica* eine Mediogenese im Zeitraffer dar: Im selben Text werden die Medien überhaupt erst akzeptiert und ernst genommen, und zugleich bereits in die Perspektive der Massenlenkung gerückt, eine Perspektive, deren Unvertretbarkeit vor dem Anspruch der christlichen Botschaft im 20. Jahrhundert evident geworden ist, und darum zur Zeit der Abfassung des Dekrets definitiv nicht mehr einnehmbar ist. *Inter mirifica* stellt eine Kapitulation vor den Medien dar – nicht weil *Gaudium et spes* noch nicht geschrieben ist, sondern weil in diesem Text auf eklatante Weise die *essentials* des christlichen Menschenbilds verfehlt worden sind.

3. Schlussreflexion

Der Umstand, dass das Schema am 27.11.1962 mit 2318 Stimmen bei nur 15 Ablehnungen nur deswegen als Diskussionsgrundlage angenommen worden ist, weil mit beschlossen wird, dass eine Pastoralinstruktion erstellt werden soll, ist kein Zeichen für ein Bewusstsein der Konzilsväter vom Übergangscharakter dieses Texts, sondern ein schlicht einmaliger Vorgang auf diesem und womöglich jedem Konzil: Ein Text wird akzeptiert, unter dem von vornherein artikulierten Vorbehalt seiner späteren Revision. So ist man in der Bewertung von *Inter mirifica* stets hin und her gerissen: Das Thema ist zentral, der Text unbedeutend, seine Entstehungsgeschichte singulär. Will man wissen, was die Kirche im Geist des Konzils zu den Medien und der Öffentlichkeit sagen will, wird man sich kaum an diesen Text halten dürfen; heranzuziehen wären wohl *Gaudium et spes* und die erwähnte Pastoralinstruktion, deren Abfassung bereits die schließlich promulgierte Fassung des Dekrets fordert (IM 23) und die 1971 unter dem Titel *Communio et progressio* erscheinen wird. Diese Instruktion wird eine Wirkungsgeschichte haben, *Inter mirifica* hingegen nicht.

Der Text hat jedoch der theologischen Wahrnehmung die Dimension der Öffentlichkeit erschlossen, wenn auch auf unglückliche, sogleich verzweckende Weise. Dass der Text jedoch in einer gewissen Schicht seines Bedeutungsgewebes tatsächlich die Dimension der Öffentlichkeit zu erreichen sucht, zeigt sich an der eingangs erwähnten Merkwürdigkeit einer wie von früher gebliebenen Aufmerksamkeit für das Theater, die nun freilich im Kontext einer Thematisierung der modernen Medien zu stehen kommt (IM 14). Vielleicht hat das Dekret ausgerechnet mit diesem vermeintlichen Anachronismus recht, denn es erinnert mit dem Theater an einen kreativen, gestalteten Ort der Öffentlichkeit, von dem immer wieder Anstöße zur Erneuerung der Gesellschaft ausgegangen sind. Aufs Ganze gesehen ist aber der Zugang zur Öffentlichkeit durch *Inter mirifica* misslungen. Womöglich können Theologie und Kirche aber gerade deswegen, belehrt in mehrfacher Hinsicht durch dieses Dekret, die Öffentlichkeit, den öffentlichen Raum als notwendige Grunddimension von Gesellschaft besser erkennen und anerkennen. Eine lebendige Gesellschaft ist von ihrem Zentrum der Öffentlichkeit her strukturiert, in dem sich individuelle und soziale Bedürfnisse und Interessen, institutionelle Erfordernisse und Entlastungen, die Forderungen und Angebote der gesellschaftlichen Teilbereiche, etc. treffen und besprech-, verhandel- und entscheidbar sind. Die Entfaltung des Menschen in seiner Personalität vollzieht sich in der Raum gebenden Atmosphäre der Öffentlichkeit, welche die Intimität des Privaten schützt. Die theologische Entdeckung der Öffentlichkeit kann dann nicht als Bestreitung des christlichen Menschenbilds missverstanden werden, sondern ist dessen weitere Entfaltung. In einer gewissen Konzentrik der Heilswirklichkeit ist der von Gott angesprochene Mensch als mit der Kirche in einem ersten Öffentlichkeitsraum stehend zu sehen (keine *communio* ohne Öffentlichkeit). Die Kirche als Öffentlichkeit wiederum ist nicht verschlossen zur, sondern aufgrund ihres Sendungsauftrags gerade offen auf die Öffentlichkeit der Welt, auf die säkulare Öffentlichkeit zu.

Inter mirifica hat unter der Thematik der sozialen Kommunikationsmittel den Bereich der Öffentlichkeit in den Fokus theologischer und kirchlicher Aufmerksamkeit gerückt. Die falsche, weil theologisch verkürzte Einfädelung – Öffentlichkeit als Objekt kirchlicher Glaubenspropaganda – lässt nun allerdings in einer dialektischen Rückkoppelung die Öffentlichkeit im Zustand ihres (auch durch die neuen Medien beförderten) Verlusts zugunsten einer Privatisierung der Gesellschaft auch und gerade für Kirche und Theologie als indispensablen Wert erkennbar werden: Wo Menschen sich frei begegnen können, ist der Ort für die Verkündigung der Botschaft von der Freiheit. Wird dieser Ort missbraucht, zerstört oder wegrationalisiert, wird die Identität der Frohbotschaft geltend gemacht, indem ihre Verkündigung sich zum Einspruch gegen die Zerstörung der sozialen Grundlagen menschlichen Selbstvollzugs wandelt.

Die Dogmatische Konstitution über die Kirche *Lumen Gentium*

1. Zur Textgeschichte

Die Vorbereitungskommission entwirft ein Schema, mit dem sie das nicht behandelte Kirchenschema des I. Vatikanischen Konzils aufgreift. Das Kirchenschema des I. Vatikanums stellt den ekklesiologischen Bildbegriff des (mystischen) Leibs an den Anfang. Der weitere Textverlauf enthält eine zweifache Auslegung des Leibbegriffs: einmal in Richtung auf die *Sichtbarkeit als Wesensprinzip der Kirche*; zum anderen in Richtung auf die *Kirche als Gesellschaft*. Beide Ausdeutungen konvergieren darin, den Leibbegriff vor allem in Richtung auf seine unterschiedlich gestufte Struktur zu lesen, also auf die Hierarchie als innere Struktur der sichtbaren Körperschaft (*societas et corpus*) Kirche. Die ersten Schemata übernehmen diese vorrangige Behandlung der Kirche unter dem Gesichtspunkt der Hierarchie. Eine erste Veränderung zeigt sich im zweiten Schema mit der Vorschaltung des Abschnitts über das Geheimnis der Kirche. Die weitere Grundstruktur bleibt aber im wesentlichen erhalten. Dies ist auch genau der Grund, warum beide Schemata schließlich endgültig vom Konzil verworfen werden und die Ausarbeitung eines Neuentwurfs beschlossen wird. Die Väter des II. Vatikanischen Konzils nehmen Abschied von einer Praxis, der zufolge auf einem Konzil letztlich nur das beschlossen wird, was zuvor schon von kurialen Kommissionen erarbeitet worden ist. Schon in der Geschichte der Kirchenkonstitution, aber noch mehr in der Geschichte der Pastoralkonstitution *Gaudium et spes* und der Erklärung über die Religionsfreiheit *Dignitatis humanae* wird zum Ereignis, dass auf dem Konzil selbst Theologie getrieben wird. Es entsteht tatsächlich eine eigene *Theologie des Konzils*. Am 21.11.1964 wird die dogmatische Konstitution über die Kirche *Lumen Gentium* bei der feierlichen Schlussabstimmung mit 2151 *Placet* bei fünf *Non placet* angenommen und am selben Tag promulgiert.

Weitere wichtige Stationen der Textgeschichte sind in die folgende Darstellung der wesentlichen ekklesiologischen Aussagen der Kirchenkonstitution eingearbeitet.

2. Kirche als Mysterium

Das Konzil greift mit dem Begriff des Mysteriums auf einen frühchristlichen Zentralbegriff zurück, dessen weites und reiches Bedeutungsfeld eine deutlich heilsgeschichtliche Akzentuierung umschließt. Hieraus schält sich im Lauf der Zeit der Begriff Sakrament als Bezeichnung für eine sichtbare Wirklichkeit heraus, die eine unsichtbare Wirklichkeit repräsentiert, das heißt bezeichnet, aber auch vergegenwärtigt. Das Konzil macht sich diese sakramententheologische Zuspitzung des weiten Mysteriumverständnisses zueigen, indem nämlich am Anfang dieses ersten Kapitels der Kirchenkonstitution jene bekannte Bestimmung der Kirche ihren Ort hat:

»Christus ist das Licht der Völker. Darum ist es der dringende Wunsch dieser im Heiligen Geist versammelten Synode, alle Menschen durch seine Herrlichkeit, die auf dem Antlitz der Kirche widerscheint, zu erleuchten, indem sie das Evangelium allen Geschöpfen verkündet. Die Kirche ist ja in Christus gleichsam das Sakrament, das heißt Zeichen und Werkzeug für die innigste Vereinigung mit Gott wie für die Einheit der ganzen Menschheit« (LG 1)

Mit der Bezeichnung der Kirche als Sakrament wird gesagt, dass sie in ihrer sichtbaren Gestalt, also in der strukturierten, institutionalisierten Zusammenschließung von Menschen, wirklich in Richtung der Realisierung des Heilswillens Gottes wirkt. Die Kirche ist in ihrer sichtbaren Gestalt nicht um ihrer selbst willen da, sondern eben als »Zeichen und Werkzeug« der Vergegenwärtigung des Heilswillens Gottes. Damit findet in der Formulierung des Gedankens von der Sakramentalität der Kirche zugleich eine Würdigung ihrer sichtbaren Gestalt statt und die Formulierung eines Vorbehalts ihr gegenüber.

Im weiteren Verlauf des Texts wird dieser sakramental-ekklesiologische Grundgedanke christologisch und pneumatologisch verankert. Die *christologische* Verankerung erfolgt so, dass das Verhältnis zwischen der Kirche und dem sie belebenden Geist Christi in Analogie zum Verhältnis zwischen der menschlichen Natur und dem göttlichen Logos in Christus gedacht wird: »Deshalb wird sie in einer nicht unbedeutenden Analogie mit dem Geheimnis des fleischgewordenen Worts verglichen. Wie nämlich die angenommene Natur dem göttlichen Wort als lebendiges, ihm unlöslich geeintes Heilsorgan dient, so dient auf eine ganz ähnliche Weise das gesellschaftliche Gefüge der Kirche dem Geist Christi, der es belebt, zum Wachstum seines Leibs.« (LG 8) Mit der *pneumatologischen* Verankerung ruft das Konzil in Erinnerung, dass die Kirche eine nachösterliche Wirklichkeit ist, mehr noch, dass sie in der Geistsendung des Auferstandenen gründet, also Ostern und Pfingsten zu ihrer Voraussetzung hat: »Auferstehend von den Toten, hat er seinen lebendig machenden Geist zu den Jüngern gesandt und durch ihn seinen Leib, der die Kirche ist, als allgemeines Sakrament des Heils eingesetzt.« (LG 48) Als ihr Lebensprinzip ist der Geist Christi in der Kirche in Unmittelbarkeit bei jedem Gläubigen.

Auch wenn die sakramentale Denkform eine deutlich katholische Prägung hat, gelingt es dem Konzil gerade vermittels dieser Denkform, sozusagen aus der Mitte der katholischen Position heraus ein berechtigtes Anliegen der protestantischen Position zu würdigen: Die Unterscheidung der reformatorischen Theologie zwischen sichtbarer und unsichtbarer (oder verborgener) Kirche erfährt der Sache nach durch das Konzil darin eine Aufnahme, dass eine sakramental aufgefasste Kirche nie als in ihren sichtbaren Vollzügen erschöpfend verwirklicht gedacht werden kann, denn das würde ihre geistvermittelte Christusgegründetheit verleugnen. Zugleich aber wird man aufgrund der Logik der Inkarnation sagen müssen, dass der inkarnierte Logos sich in einer geschichtlich greifbaren Größe – der Kirche in ihrer Sichtbarkeit – wirklich und zuverlässig gegenwärtig macht. Das verbindende Kriterium zwischen der protestantischen Unterscheidung in sichtbare und unsichtbare Kirche und dem katholischem Verständnis von der Kirche als Sakrament könnte in der chalzedonensischen Logik des »unvermischt« und »ungetrennt« gesehen werden: Es muss zwischen dem *verborgenen Vollgehalt* der Kirche und ihrer *sichtbaren Gestalt* eine Kontinuität angenommen werden, soll nicht die Denkbarkeit eines Ankommens Christi in der Geschichte aufgegeben werden. Zugleich aber muss diese Betonung des »ungetrennt« ausbalanciert werden durch den Einspruch des »unvermischt«: Es ist eben nicht die sichtbare Kirche in ihrer Materialität

(Hierarchie, Institution), die den christusvermittelten göttlichen Heilswillen produziert oder mit ihm identisch gesetzt werden könnte; sie zeigt sich aber in ihrer Heiligkeit in dem Maß, wie sie sein Ankommen in der Welt nicht negiert, sondern befördert.

Vor diesem Hintergrund zeigt sich noch einmal die Bedeutung dessen klarer, dass das vom ersten Schema vorgesehene Eingangskapitel über »Das Wesen der streitenden Kirche« in der endgültig angenommenen Konstitution durch das Kapitel über »Die Kirche als Mysterium« ersetzt worden ist. Die Unterscheidung zwischen der triumphierenden, der streitenden und der leidenden Kirche bezeichnet nicht drei in einem heilsgeschichtlichen Nacheinander auftretende Seinsweisen der Kirche, sondern drei Dimensionen derselben Kirche. Dabei steht die triumphierende Kirche für die Gemeinschaft der Vollendeten, die schon bei Gott sind, die leidende Kirche für jene, die noch im Reinigungsort des Fegfeuers der Vollendung entgegenwarten, und die streitende Kirche für die hier auf Erden gegen ihre inneren (die Sünde) und äußeren Feinde (ihre Gegner) kämpfende Kirche. Leitet man also das Schema einer Kirchenkonstitution mit einem Kapitel über die streitende Kirche ein, gibt man nicht nur ein extrem defensives, gegen die Zeit gestelltes Kirchenbild zu verstehen. Gravierender ist, dass die streitende Kirche eindeutig für die sichtbare Kirche steht. Das erste Schema versteht folglich die Kirche ganz von der sichtbaren Kirche her. Schon mit dem zweiten Schema, das an dieser Stelle das Kapitel über das Geheimnis der Kirche einfügt, ist also eine entscheidende Perspektivänderung vorgenommen worden, insofern jetzt die Kirche heilsgeschichtlich fundamental von Gott her und nicht von ihrer hiesigen, sichtbaren Eigenaktivität her gedacht wird. Alles, was berechtigter- und notwendigerweise über die sichtbare Kirche, über sie als Institution und über ihre (hierarchische) Struktur zu sagen ist, muss sich in diese Fundamentalperspektive einordnen lassen, soll es mit dem Geist von *Lumen Gentium* konform gehen.

Diese Perspektive wird auch für die Schlussabschnitte des ersten Kapitels als leitend angenommen werden können. Zunächst wird die sichtbare Kirche gewürdigt. Der Text spricht von der einzigen Kirche Christi, die als die eine, heilige, katholische und apostolische Kirche bekannt wird, entsprechend dem apostolischen Glaubensbekenntnis. Diese Kirche zu weiden hat, so sagt das Konzil, »unser Erlöser dem Petrus übertragen (Joh 21,17), ihm und den übrigen Aposteln hat er ihre Ausbreitung und Leitung anvertraut (vgl. Mt 28,28ff)« (LG 8). In dieser Formulierung findet sich eine erste Inbezugsetzung der einzigen Kirche Christi mit jener Kirche, die mit dem Papst verbunden ist. Die Linie wird nun in einem sehr dichten Text von nur zwei Sätzen weitergeführt und auf die ökumenischen Konsequenzen hin zur Sprache gebracht: »Diese Kirche, in dieser Welt als Gesellschaft verfasst und geordnet, ist verwirklicht in der katholischen Kirche, die vom Nachfolger Petri und von den Bischöfen in Gemeinschaft mit ihm geleitet wird. Das schließt nicht aus, dass außerhalb ihres Gefüges vielfältige Elemente der Heiligung und der Wahrheit zu finden sind, die als der Kirche Christi eigene Gaben auf die katholische Einheit hindrängen.« (LG 8)

Diese zwei Sätze sind kommentierungsbedürftig. Dabei ist nicht nur darauf zu achten, was in ihnen gesagt wird, sondern auch darauf, was *nicht* gesagt wird, wofür es der Kenntnisnahme der Geschichte des Texts bedarf, um sehen zu können, welche Formulierungen verworfen worden sind; was verworfen worden ist, ist eben in einem präzisen Sinn *nicht* gesagt. Es ist schließlich darauf zu achten, welches Gewicht einer Aussage beigemessen wird. Der Text betont die sichtbare Struktur der Kirche, indem er ihre hierarchische Verfasstheit hervorhebt; er spricht in diesem Zusammenhang vom Leitungsamt des Papsts, bestimmt dieses aber in größter Selbstverständlichkeit als in Gemeinschaft des Papsts und der Bischöfe ausgeübt. Zur begrifflichen Bezeichnung der sichtbaren Kirche greift der Text auf den Begriff der Gesellschaft zurück, der Anklänge an den aus dem Zeitalter des Absolutismus stammenden ekklesiologischen Begriff der *societas perfecta* enthält. Hier allerdings ist ganz klar, dass nicht die Kirche an und für sich Gesellschaft ist, sondern insofern sie eben in der Welt ist. Sie wird in ihrer Sichtbarkeit und Weltlichkeit als Gesellschaft bezeichnet; sie geht aber nicht in ihrer Sichtbarkeit und Weltlichkeit auf. Indem der Text der Konstitution in einer Fußnote zum ersten der beiden zitierten Sätze auf die im Tridentinum eingefügte (und im I. Vatikanum zitierte) *romanitas* hinweist,[31] verleugnet er eine bestimmte katholische Lehrtradition nicht, und nimmt sie zugleich ausdrücklich nicht in die Hauptlinie seiner Aussage auf. In demselben ersten Satz steht die viel diskutierte Aussage, dass die einzige Kirche Christi »verwirklicht ist in der katholischen Kirche«.[32]

Diese Formulierung hat einen exkludierenden Oberton; man meint ein »nur« oder »ausschließlich« mitzuhören, das aber gar nicht da steht. Insbesondere an dieser Stelle ist darauf zu achten, was nicht gesagt ist: Nicht gesagt ist, dass die einzige Kirche Christi die katholische Kirche *ist*. Es heißt: *subsistit in Ecclesia catholica*, und nicht: *est Ecclesia catholica*. Eine Identischsetzung der Kirche Christi mit der katholischen Kirche findet nicht statt.[33] Das würde auch die sakramentale Grundperspektive, welche die Konstitution wählt, nicht zulassen, da mit ihr wohl eine Einheit, aber nicht eine Identität zwischen ›unsichtbarer‹ und ›sichtbarer‹ Wirklichkeitsdimension der Kirche zum Ausdruck gebracht wird. Umgekehrt lässt es dieselbe Grundperspektive nicht nur zu, sondern erfordert es, dass die ›unsichtbare‹ Dimension der Kirche in der ›Sphäre der Sichtbarkeit‹ wirklich realisiert ist. Es muss das sagbar sein, was die Konstitution von der katholischen Kirche aussagt, nämlich dass in ihr die Kirche Christi subsistiert, verwirklicht ist. Warum? Nicht zum Lobe der katholischen Kirche, nicht aufgrund einer triumphalistischen Selbsteinschätzung der katholischen Kirche. Man könnte sogar sagen, dass es in dieser Aussage über die katholische Kirche gar nicht in erster Linie um die katholische Kirche geht. Vielleicht wird man sogar sagen müssen, dass hier schon, in dieser so triumphal klingenden Aussage, die Rede von der Armut der Kirche beginnt, die das Thema der beiden folgenden Absätze dieses Kapitels der Konstitution sein wird. Denn diese Aussage hat den Heilswillen Gottes zu ihrem eigentlichen Gegenstand: Kraft seines Heilswillens will Gott in der Menschenwelt ankommen, er will in ihr sich verwirklichen, in ihr sein Heil konkretisieren, greifbar werden lassen: und zwar in der Gemeinschaftsgestalt menschlichen Lebens.

Dieser raum-zeitliche, geschichtliche, von Menschen getragene oder aus ihnen bestehende Ort der Gegenwart Gottes ist die Kirche, nicht ein *abstractum*, nicht eine Idee von Kirche, sondern eine konkrete, real existierende Gemeinschaft: die katholische Kirche. Die Problematizität dieses Gedankens besteht darin, dass einerseits der Begriff des Heilswillens Gottes selbst es erfordert, den Ort seiner Verwirklichung zu benennen, ihn als ortbar zu denken, dass andererseits aber das Vollziehen dieser Notwendigkeit, nämlich zu sagen, diese eine katholische Kirche ist der Ort der Selbstvergegenwärtigung Gottes in Christus, durch den Heiligen Geist, eine Überforderung der katholischen Kirche in Hinsicht auf die Dimension ihrer menschlichen Veranstaltung bedeutet.

Zwei (am Ende wohl unzureichende) Milderungen dieser Zumutung können angeführt werden, die letztere aus dem Text der Konstitution selbst:

(1) Aufgrund der sakramentalen Grundstruktur der Ekklesiologie des II. Vatikanischen Konzils, die das Verhältnis von göttlichem Heilswillen und menschlicher Vergegenwärtigungsweise als *Einheit ohne Identität* denkt, ist *jede Aussage über das Wesen der Kirche zugleich als Aufforderung an sie* zu lesen: *Was sie von Gott her ist, was ihr von Gott her zugesagt ist, soll sie vom Menschen her stets erst noch werden: Vergegenwärtigung des Heilswillens Gottes in der geschichtlichen Konkretheit menschlicher Wirklichkeit.*

(2) *Lumen Gentium* anerkennt (wie gesehen) ausdrücklich, dass außerhalb der katholischen Kirche »vielfältige Elemente der Heiligung und der Wahrheit zu finden sind, die als der Kirche Christi eigene Gaben auf die katholische Einheit hindrängen«. Dieser Satz, der den Sphären außerhalb der verfassten Kirche eine nur eingeschränkte Verwirklichungsrelevanz des göttlichen Heilswillens zuzubilligen scheint, ist eigentlich zu verstärken: Dort, wo solche »Elemente der Heiligung und der Wahrheit« sich verwirklichen, kommt die Kirche in gewisser Weise selbst zur Wirklichkeit, insofern sie eben weltlich-geschicht-

licher Verwirklichungsort des Heilswillens Gottes ist. Die Formulierung des auf die katholische Einheit Hindrängens dieser Elemente muss kein Grund für Vereinnahmungsangst sein; in dieser Bewegung des Hindrängens zu Einheit werden jene Elemente schon ihre eigenen Gestalten mit einbringen in die katholische Kirche und diese dadurch überhaupt erst zu der einen Kirche Christi hin verändern, bereichern, verwirklichen.

In einer Reihe von Analogisierungen der Sendung der Kirche mit dem Heilshandeln Christi wird zum Abschluss dieses Kapitel nachdrücklich eine nicht-triumphalistische Perspektive auf die Kirche zur Geltung gebracht: Wie Christus selbst sich in die Welt hinein entäußert und Knechtsgestalt angenommen hat (Phil 2,6), wie er um unsertwillen »arm geworden ist, obgleich er doch reich war« (2Kor 8,9), so »ist die Kirche, auch wenn sie zur Erfüllung ihrer Sendung menschlicher Mittel bedarf, nicht gegründet, um irdische Herrlichkeit zu suchen, sondern um Demut und Selbstverleugnung auch durch ihr Beispiel auszubreiten.« Das hiermit angeschlagene Motiv der armen Kirche wird durch eine weitere Analogisierung ausgebaut; so wie Jesus sich gesandt weiß, den »Armen eine gute Nachricht zu bringen, den Gefangenen die Entlassung zu verkünden, die Zerschlagenen in Freiheit zu setzen« (Lk 4,18) und »zu suchen und zu retten, was verloren ist« (Lk 19,10), so erkennt die Kirche »in den Armen und Leidenden … das Bild dessen, der sie gegründet hat und selbst ein Armer und Leidender war. Sie müht sich, deren Not zu erleichtern, und sucht Christus in ihnen zu dienen.« Das Motiv von der Armut der Kirche wird schließlich noch um eine weitere Dimension radikalisiert, die nun in Kontrastierung zu Jesus entfaltet wird. Die Kirche-Christus-Analogie öffnet sich von der Ähnlichkeit zur Unähnlichkeit: Während Christus schuldlos ist, gekommen, die Sünden der Menschen auf sich zu nehmen, »umfasst die Kirche Sünder in ihrem eigenen Schoß. Sie ist zugleich heilig und stets der Reinigung bedürftig, sie geht immerfort den Weg der Buße und Erneuerung« (LG 8).

3. Kirche als Volk Gottes

Mit dem zweiten Schema für eine Kirchenkonstitution von 1963 kommt ein ekklesiologischer Begriff ins Spiel, der zum Schlüsselbegriff der Ekklesiologie des II. Vatikanischen Konzils avancieren wird: Volk Gottes. Das Schema fügt ihn noch nach der Behandlung der hierarchischen Verfassung der Kirche ein, nämlich so, dass mit der hierarchischen Struktur in besonderer Weise das Amt des Bischofs verknüpft und dem Volk-Gottes-Begriff der Stand der Laien beigeordnet wird. Die Logik dieser Zuordnung transportiert immer noch die Grundlinie eines Verständnisses von der Kirche als *societas perfecta*, bzw. als *societas inaequalis*; in der Kirche als einer »Gesellschaft von Ungleichen« sind die Laien das Volk, das von der Hierarchie regiert und beseelsorgt wird. Sie sind nicht aktive Glieder der einen Kirche, wenn nur die Hierarchie aktiv ist. Die Änderung dieser Grundlinie wird schlicht durch einen Ortswechsel des Gedankens von der Kirche als Volk Gottes im Aufbau der Konstitution herbeigeführt.

Im von den Konzilsvätern angenommenen Text ist die Zuordnung von Volk-Gottes-Begriff und Laien aufgelöst; die Volk-Gottes-Thematik wird vorgezogen und in einem eigenen, zweiten Kapitel behandelt: unmittelbar *nach* dem grundlegenden ersten Kapitel über die Kirche als (sakramentales und heilsgeschichtliches) Mysterium und noch *vor* der Thematisierung der Kirche als differenziert strukturierte Institution.

Lumen Gentium kennt und nennt eine Fülle von Bildbegriffen zur Bezeichnung dessen, was die Kirche ist; im Wesentlichen sind sie biblischen Ursprungs: Die Kirche ist der *Schafstall*, »dessen einzige und notwendige Tür Christus ist« (LG 6, mit Bezug auf Joh 10,1–10). Sie ist die *Pflanzung* oder der *Acker Gottes* (1Kor 3,9), auf dem schon der alte Ölbaum der Patriarchen wächst, »und in dem die Versöhnung von Juden und Heiden geschehen ist und geschehen wird (Röm 11,13–26)«, und dessen wahrer Weinstock Christus selbst ist. Sie ist der *Bau Gottes* (1Kor 3,9). Dem Bild des Baus werden weitere Bilder zugeordnet: *Haus Gottes* (1Tim 3,15), *Familie Gottes*, (Eph 2,19–22), sodann die Kirche als »Zelt Gottes unter den Menschen« (Offb 21,3) und schließlich betont als heiliger *Tempel*. Die Kirche ist die *Braut*, welche die Johannesoffenbarung als das neue Jerusalem herabsteigen sieht, und die die Braut des Lamms, die Braut Christi ist (Offb 21,9). Alle diese metaphorischen Begriffe werden genannt, kurz charakterisiert und zusammengefasst innerhalb eines einzigen Artikels (LG 6) der insgesamt neunundsechzig Artikel umfassenden Konstitution. In einem weiteren Artikel wendet sich das Konzil dem Bildbegriff von der Kirche als *Leib Christi* zu (LG 7). In dieser Proportionierung würdigt die Konstitution die reiche, neutestamentlich begründete Tradition der Rede von der Kirche, und sie hebt insbesondere den Leib-Begriff hervor, dessen Wiederentdeckung durch die damalige neuere Theologie von Pius XII. in *Mystici corporis* lehramtlich rezipiert worden ist. Zugleich ist aber unzweifelhaft nicht in diesen Begriffen die Theologie des Konzils aufzusuchen, sondern im Volk-Gottes-Begriff.

Der Leib-Christi-Begriff hat schon eine Fortentwicklung der Ekklesiologie bedeutet, weg von der Auffassung der Kirche als einer *societas perfecta*, die in ihrer Gründung von ihrem Stifter alles erhalten hat, dessen sie zu ihrem Bestand und zur Ausübung ihrer Sendung bedarf – und deswegen von ihrer Stiftung an Gottes und Christi eigentlich nicht mehr bedarf –, hin zum Verständnis der Kirche als jener Leib, dessen Haupt Christus ist, der zugleich im Geist stets in der Kirche gegenwärtig ist. Derselbe Begriff kann aber, wiewohl er das Kirchenverständnis bereits zu öffnen geholfen hat, manches eben doch nicht sagen, was über die Kirche gesagt werden muss. Er kann den Selbstvollzug der Kirche in Geschichte nicht aussagen, weil er nicht dynamisch, sondern statisch ist. Zudem ist er durch seine gesamte Karriere als Gesellschaftsmetapher hindurch von einem hierarchischen Gesellschaftskonzept bestimmt. Er markiert die Kirche primär als eine Gesellschaft der Ungleichen. Am Anfang eines konziliaren Redens von der Kirche kann aber nicht stehen, was in dieser Kirche unterscheidet und auch trennt, sondern es muss das zuerst ausgesagt werden, was die Kirche in ihren unterschiedlichen sichtbaren Dimensionen eint. Und dieses sie Einende muss an ihr selbst ausgesagt werden können, soll nicht in gravierender Weise unvollständig von der Kirche gesprochen werden.

Der Aspekt der *Einheit* ist deswegen unmittelbar verbunden mit einem weiteren Bedeutungsgehalt des Volk-Gottes-Begriffs, den die Konstitution ausdrücklich entfaltet: die *Gleichheit der Glieder der Kirche*, die ihrer Unterschiedenheit vorausgeht. Wenn *Lumen Gentium* im Kapitel über die Laien die Einheit der Kirche thematisiert, so genau mit dieser Zielrichtung, die Einheit in der Gleichheit der Glieder zur Sprache zu bringen: »Eines ist also das auserwählte Volk Gottes: ›Ein Herr, ein Glaube, eine Taufe‹ (Eph 4,5); gemeinsam die Würde der Glieder aus ihrer Wiedergeburt in Christus, gemeinsam die Gnade der Kindschaft, gemeinsam die Berufung zur Vollkommenheit, eines ist das Heil, eine die Hoffnung und ungeteilt die Liebe … Wenn auch einige nach Gottes Willen als Lehrer, Ausspender der Geheimnisse und Hirten für die anderen bestellt sind, so waltet doch unter allen eine wahre Gleichheit in der allen Gläubigen gemeinsamen Würde und Tätigkeit zum Aufbau des Leibs Christi.« (LG 32)

Die Konstitution entfaltet die Gleichheit der Glieder der Kirche insbesondere in Hinsicht auf das *gemeinsame Priestertum aller Gläubigen* und auf den *Glaubenssinn der Gläubigen*. Durch die Taufe werden »die Getauften zu einem … heiligen Priestertum geweiht.« Dieses gemeinsame Priestertum aller Getauften besteht darin, dass »sie in allen Werken eines christlichen Menschen geistige Opfer darbringen und die Machttaten dessen verkünden, der sie aus der Finsternis in sein wunderbares Licht berufen hat (vgl. 1Petr 2,4–10)« (LG 10), dass sie also im Alltag ihres Lebens- und Selbstvollzugs Zeugnis geben für die an ihnen geschehene, rettende Heilstat Christi.

Das gemeinsame Priestertum der Gläubigen wird aus der Teilhabe am *priesterlichen Amt Christi* begründet. Analog hat das Volk Gottes auch Teil am *prophetischen Amt Christi*. Im Hintergrund steht die Lehre von den drei Ämtern Jesu Christi (*Prophet*, i.e.: Lehrer, Offenbarer; *Priester*; *Hirt*, i.e.: König, Herr), in denen Christi Heilsmittlerschaft sich vollzieht. Es ist nicht ohne Bedeutung, dass die Konstitution die Teilhabe der Gläubigen am prophetischen, also am Lehr-Amt Christi zunächst als lebenspraktische und verkündigende Zeugnisgabe auffasst (LG 12); das Lehrmäßige des prophetischen Amts ist hier primär als ekklesialer Akt des Selbstvollzugs der Gläubigen aufgefasst: In ihrem Handeln, durch das sie sich selbst vollziehen, bezeugen sie die Wahrheit Jesu Christi, den heilshaft nahe gekommenen Gott. Dass es sich hierbei um einen ekklesialen Akt handelt, wird auch darin deutlich, dass die Teilhabe der Gläubigen am prophetischen Amt Christi auf den *sensus fidelium* bezogen wird: »Die Gesamtheit der Gläubigen … kann im Glauben nicht irren.« (LG 12) Dieses »vom Geist der Wahrheit« geleitete Im-Glauben-Bleiben der Gläubigen in ihrer Gesamtheit als Kirche ist der Glaubenssinn der Gläubigen, der *sensus fidelium*.

Das Kapitel über die Kirche als Volk Gottes führt einen wichtigen Aspekt der Einheitsthematik noch weiter aus: den der *Gemeinschaft*. Hier ergreift das Konzil die Gelegenheit, den Blick über die Kirche hinaus zu öffnen, indem es an die Behandlung der Gemeinschaft *in* der Kirche zwanglos einige Ausführungen über die Gemeinschaft *mit* der Kirche anschließt. Was die Gemeinschaft in der Kirche anbetrifft, verdient der Hinweis Beachtung, dass die volle Eingliederung in die Kirche – also die Taufe, die Annahme der sichtbaren Ordnung der Kirche samt der Leitung, die Christus durch Papst und Bischöfe ausübt, sowie der Sakramente – nicht ausreicht sozusagen als Garantie für die Rettung, sondern dass auch dann noch der seine Rettung verfehlen kann, der »in der Liebe nicht verharrt und im Schoße der Kirche zwar ›dem Leib‹, aber nicht ›dem Herzen‹ nach verbleibt« (LG 14).

Im Blick über die Grenzen der sichtbaren, katholischen Kirche hinaus kennt das Konzil vielfältige Formen einer *gestuften Gemeinschaft mit der Kirche*. Innerhalb des christlichen Spektrums gibt es eine Verbundenheit auch mit jenen, die keine Gemeinschaft mit dem Papst halten, nämlich auf der Basis der anerkannten Taufe. Kriterien dieser Verbundenheit sind: das Ehren der Heiligen Schrift, der Glaube an Gott, den allmächtigen Vater und an Christus, den Sohn und Erlöser. Die folgenden Kriterien oder Elemente einer solchen Verbundenheit christlicher Kirchen oder kirchlicher Gemeinschaften mit der katholischen Kirche werden nicht ohne Einschränkungen genannt; der Konzilstext hält dadurch in Erinnerung, dass diese im Unterschied zu den zuvor genannten eben nur von (je anderen) Teilen der christlichen Gemeinschaften anerkannt werden: die Feier von Sakramenten, der Episkopat, die Eucharistie, die Marienverehrung. Hinzu gezählt werden aber auch nicht-dogmatische Kriterien oder Elemente der Verbundenheit: die Gemeinschaft im Gebet, »ja sogar eine wahre Verbindung im Heiligen Geiste, der in Gaben und Gnaden auch in ihnen mit seiner heiligenden Kraft wirksam ist und manche von ihnen bis zur Vergießung des Bluts gestärkt hat« (LG 15).

Der Blick öffnet sich ein weiteres Mal, so dass nun auch die nichtchristlichen Religionen gewürdigt werden. In Bezug auf sie von einer Gemeinschaft mit der katholischen Kirche zu sprechen, setzt eine bestimmte Theologie der Religionen voraus. Die des Konzils ist inklusivistisch: Sie geht von der Einzigkeit und Universalität der Heilsmittlerschaft Christi aus und leitet hieraus die Möglichkeit wenigstens spurenhafter oder unthematischer oder nicht erkannter Verwirklichungen des Heils Christi auch außerhalb der sichtbaren Kirche ab, weil Christus den allgemeinen und nicht partikularen Heilswillen Gottes allen Menschen zugewendet hat und nicht nur der einen Kirche – so aber, dass überall dort, wo auch nur spurenhaft das Heil Gottes in Christus durch den Geist ankommt, auch spurenhaft (oder defizitär) Kirche Wirklichkeit wird, und kein solcher Ort eines Ankommens des Heils ohne Hinordnung auf Christus identifiziert werden kann. In besonderer Gemeinschaft sieht sich die Kirche mit dem Volk Israel, »dem der Bund und die Verheißungen gegeben worden sind und aus dem Christus dem Fleisch nach geboren ist« (LG 16). Ausdrücklich und unmissverständlich heißt es (mit Bezug auf Röm 11,28f) in Hinsicht auf Israel, dass die Gaben Gottes »ohne Reue« sind, was nichts anderes als die Ungekündigtheit des Bunds Gottes mit seinem Volk Israel meint. In einer weiteren Abstufung wird der Islam als ein abrahamitisches, monotheistisches Bekenntnis gewürdigt. All den anderen, die den Gott suchen, den sie nicht kennen, wird dessen allgemeine Schöpfer- und Rettungsmacht zugesagt. In Bezug auf sie kommt es zu Formulierung jenes wichtigen Satzes des II. Vatikanums: »Wer nämlich das Evangelium Christi und seine Kirche ohne Schuld nicht kennt, Gott aber aus ehrlichem Herzen sucht, seinen im Anruf des Gewissens erkannten Willen unter dem Einfluss der Gnade in der Tat zu erfüllen trachtet, kann das ewige Heil erlangen«. Hinsichtlich der Menschen, die ohne Schuld nicht in der Kirche eingegliedert ein rechtes Leben zu führen sich bemühen, anerkennt die Kirche, dass sie dieses Streben »nicht ohne die göttliche Gnade« unternehmen. »Was sich nämlich an Gutem und Wahren bei ihnen findet, wird von der Kirche als Vorbereitung für die Frohbotschaft und als Gabe dessen geschätzt, der jeden Menschen erleuchtet, damit er schließlich das Leben habe«. Auch hier wieder wird die kirchliche Würdigung außerkirchlicher Elemente der Heilsrealisation, und geschehe dies auch im Modus der *praeparatio*, mit dem allgemeinen Heilswillen Gottes begründet, den die Kirche nicht eingrenzt, von dem sie vielmehr selber getragen ist.

Unter dem Begriff des Gottesvolks wird die Kirche nicht mehr überzeitlich und unveränderlich gedacht; als Volk Gottes bewegt sie sich durch die Geschichte; sie »schreitet zwischen den Verfolgungen der Welt und den Tröstungen Gottes auf ihrem Pilgerweg dahin«, wie das Konzil mit Augustinus sagt (LG 8).[34] Vorbild dieses geschichtsdynamischen Kirchenverständnisses ist das wandernde Volk Israel, das auf seinem Weg durch die Wüste keine Heimstatt hat, wo es sich niederlassen könnte als sei es schon am Ziel, und das sich auf seiner Wanderung immer wieder als auf die heilshafte Nähe Gottes angewiesen erfährt. Die Kirche ist als das pilgernde Gottesvolk in keiner ihrer geschichtlichen Verwirklichungen schon ganz bei sich, bei dem also, was sie von Christus her sein soll, angekommen, sondern sie ist *Ecclesia semper reformanda*. Auch handelt sie auf keiner Etappe ihres Wegs aus eigener Kraft, sondern stets aus der Kraft jenes Gottes, der sich vermittels der Kirche (sie als Zeichen und Werkzeug benutzend) in der Welt gegenwärtig setzen will.

4. Hierarchie und Amt als kirchliche Wirklichkeiten

Die Behandlung der Hierarchie ist, wie gesagt in der Vorgeschichte der Konstitution hinter die Thematisierung der Kirche als Volk Gottes gerückt worden. Dieser Vorgang ist als Fundamentalaussage über die Kirche zu werten: In jener Debattengeschichte ist der Kirche in so zuvor nicht gekannter Deutlichkeit bewusst geworden, dass sie (Geheimnis und) Volk Gottes ist. Dieses Prädikat kommt ihr als Gesamtwirklichkeit und in allen ihren einzelnen Wirklichkeitsdimensionen zu. Alles, was das Konzil sonst noch über die Kirche sagen will und muss, beinhaltet gewissermaßen schon diese Grundaussage.

Hinsichtlich der Hierarchie knüpft der Konzilstext ausdrücklich an das I. Vatikanische Konzil an; dessen Unvollendetheit wird vorausgesetzt, wenn zunächst dessen Lehre über Primat und Unfehlbarkeit des Papsts bestätigt und dann die Lehre von den Bischöfen als Fortführung des I. Vatikanums angekündigt wird (LG 18). Es wird allerdings in der theologischen Forschung debattiert, ob das Konzil tatsächlich nur wiederholt »und abermals allen Gläubigen fest zu glauben vorlegt«, was schon Lehre des I. Vatikanums ist, oder ob die Konstitution nicht wenigstens an einer Stelle über diese Lehre hinausgeht. Wenn es nämlich heißt: »Die einzelnen Bischöfe besitzen zwar nicht den Vorzug der Unfehlbarkeit; wenn sie aber, in der Welt räumlich getrennt, jedoch in Wahrung des Gemeinschaftsbandes untereinander und mit dem Nachfolger Petri, authentisch in Glaubens- und Sittensachen lehren und eine bestimmte Lehre übereinstimmend als endgültig verpflichtend vortragen, so verkündigen sie auf unfehlbare Weise die Lehre Christi.« (LG 25) – dann besteht die Frage darin, ob diese Übereinstimmung, als welche die Bischöfe mit dem Papst unfehlbar lehren, schon dann gegeben ist, wenn eine vom Papst unter Berufung auf den Konsens der Bischöfe vorgetragene Lehre weltweit faktisch auf keinen Widerspruch seitens der Bischöfe stößt. Unmittelbarer Anlass für die hier nur angedeutete Debatte war und ist die Enzyklika *Humanae vitae* Pauls VI. von 1968 und deren Rezeptionsgeschichte.[35]

Das Kollegium der Bischöfe wird auf das Kollegium der Apostel zurückgeführt, welches von Jesus selbst berufen worden ist. Die Bischöfe besitzen »kraft der auf den Ursprung zurückreichenden Nachfolge Ableger apostolischer Pflanzung« (LG 20). Das Bischofsamt wird in seiner Grundlegung also nicht vom Petrusamt abhängig gemacht. Unter Verweis auf Irenäus von Lyon erinnert der Text daran, dass der Gedanke der ununterbrochenen Nachfolge, die *successio apostolorum*, der Gewährleistung einer authentischen Vergegenwärtigung der apostolischen Überlieferung dient:[36] Was jetzt wesentlich in der Kirche geschieht oder *als* Kirche geschieht, steht in einem aktualisierenden und legitimen Zusammenhang mit dem Ursprung. An dieser Stelle wird deutlich, dass Theologie und Wirklichkeit des Amts die Dimension der *Geschichtlichkeit* (nicht: Historizität) der Kirche reflektiert. In dem Maß, wie Gott seinen Heilswillen durch die Mittlerschaft Jesu Christi in die Geschichte der Menschen gibt, ja, ihr anvertraut, bedarf es der verfassten und auf Dauer gestellten Strukturen, in denen der Heilswille Gottes aufgesucht werden kann, Gestalten und Strukturen, die eigentlich für die geschichtliche Antreffbarkeit des göttlichen Heilswillens ›haftbar‹ gemacht werden können. Insofern der in Christus zum geschichtlichen Ereignis gewordene Heilswille Gottes die Geschichte der Menschen bis zu ihrer Vollendung durchdringen will, soll auch die Kirche als jener Geschichts-Ort der Antreffbarkeit des Heils von Gott her und mit ihr das Amt fortdauern.

Wird die Aufgabe der Kirche und die Funktion des Amts in dieser Perspektive der geschichtlichen Vergegenwärtigung des göttlichen Heilswillens gesehen, ergibt sich daraus eine gewisse innere Struktur des Amts selbst: Das Konzil nennt zunächst das »Amt der Heiligung«, also die Ausrichtung des Amts auf die durch die Spendung der Sakramente vermittelte Vollendung der Christen. Erst nachgeordnet hierzu werden die »Ämter der Lehre und der Leitung« genannt (LG 21). Diese können nur im

Kollegium der Bischöfe ausgeübt werden, das freilich Autorität nur hat in der Gemeinschaft mit dem Papst (LG 21). Dieser ist »das immerwährende, sichtbare Prinzip und Fundament für die Einheit der Vielheit von Bischöfen und Gläubigen« (LG 23). Mit derselben Formulierung wird die Funktion des Bischofs in seiner Teilkirche beschrieben; in ihr ist nun er sichtbares Prinzip und Fundament der Einheit. Der Konzilstext findet hier zu einer schönen Würdigung der Teilkirchen: »In ihnen und aus ihnen besteht die eine und einzige katholische Kirche.« (LG 23) Noch deutlicher: »Diese Kirche Christi ist wahrhaft in allen rechtmäßigen Ortsgemeinschaften der Gläubigen anwesend, die in der Verbindung mit ihren Hirten im Neuen Testament auch selbst Kirchen heißen.« (LG 26) Zugleich ist freilich der Bischof aufgerufen, all das in seinem Bereich zu fördern, was der gesamten Kirche gemeinsam ist. Die in der Einheit mit der Gesamtkirche bestehende Eigenwürde der Teilkirchen findet ihre Entsprechung im Bischofsamt darin, dass den Bischöfen »das Hirtenamt, das heißt die beständige tägliche Sorge für ihre Schafe, in vollem Umfang anvertraut [ist]. Sie sind nicht als Stellvertreter der Bischöfe von Rom zu verstehen, denn sie haben eine ihnen eigene Gewalt inne und heißen in voller Wahrheit Vorsteher des Volks, das sie leiten« (LG 27). Das Verhältnis der Gläubigen zu ihrem Bischof wird in der Sprache und Theologie des Ignatius von Antiochien formuliert, bei dem sich erstmals der monarchische oder Monepiskopat in voller Ausprägung findet: »Die Gläubigen aber müssen dem Bischof anhangen, wie die Kirche Jesus Christus und wie Jesus Christus dem Vater.« (LG 27) Bemerkenswert ist immerhin, dass man eine Theologie, die den Sohn dem Vater unterordnet, für angemessen hält, um auf ihrer Grundlage die Würde des Bischofsamts zum Ausdruck zu bringen.

Es entspricht der Grundaussage dieses Kapitels, dass erst seine beiden letzten Abschnitte dem Priester und dem Diakon gewidmet sind. Seit reichskirchlicher Zeit herrscht eine Zweigeteiltheit der Bischofswürde in Weihegewalt und Jurisdiktion vor. Die Weihegewalt wird aber mit der Priesterweihe übertragen, die Jurisdiktion durch die Übertragung der Amtsgewalt, so dass am Ende die Bischofsweihe nicht mehr in ihrer Sakramentalität erkennbar ist. Das II. Vatikanum rückt wieder das Amt des Bischofs ins Zentrum der Amtstheologie und lehrt unmissverständlich, »dass durch die Bischofsweihe die Fülle des Weihesakraments übertragen wird« (LG 21). Im Abschnitt über den Diakon eröffnet das Konzil die Möglichkeit, das Dienstamt des ständigen Diakons wiederherzustellen; das Diakonat wird nun auch verheirateten Männern erteilt werden können; nicht verheiratete ständige Diakone stehen freilich bleibend unter dem Gesetz des Zölibats (vgl. LG 29).

5. Die Kirche in ihrem Weltcharakter: Die Laien

Eingangs des Kapitels über die Laien hebt die Konstitution nochmals hervor, dass sich »alles, was über das Volk Gottes gesagt wurde, in gleicher Weise an Laien, Ordensleute und Kleriker« richtet (LG 30). Aus dem, was darüber hinaus noch spezifisch von den Laien zu sagen ist, ergibt sich die Notwendigkeit eines eigens ihnen gewidmeten Kapitels.

Die im zweiten Abschnitt gegebene Bestimmung des Begriffs Laien trägt an einer gewissen Zweideutigkeit: Als Laien sind alle Getauften zu verstehen, und von ihnen wiederum heißt es, dass sie kraft ihrer Zugehörigkeit zum Volk Gottes »des priesterlichen, prophetischen und königlichen Amts Christi auf ihre Weise teilhaftig« sind. Ausdrücklich ausgenommen von den mit dieser Aussagereihe in Blick genommenen Christgläubigen werden die Kleriker und Ordensleute. Das ist in Hinsicht auf den Begriff der Laien insofern plausibel, als dieser einen kirchlichen Stand in Unterschied zum Stand der Kleriker bezeichnet. Wird aber, wie es hier geschieht, die kirchliche Würde der Laien in der Folge *Taufe – Volk Gottes – Teilhabe an den Ämtern Christi* formuliert und *hieraus* dann der Klerus herausgenommen, erscheint dieser auf grundsätzlich andere (nicht benannte) Weise der Kirche (und nicht dem Volk Gottes) zugehörig als die Laien. Es hat den Anschein, als wollte der Text an dieser Stelle eine sehr weitgehende Formulierung des Begriffs Laien versuchen und zugleich aber die Eigenwürde des Klerikerstandes wahren. In der Art, wie dies geschieht, klingt noch einmal die überwunden geglaubte Identifizierung der Laien mit dem Volk Gottes im Gegenüber zu den Klerikern durch (vgl. zum Ganzen LG 31,1).

Wie um diese Zweideutigkeit an anderer Stelle auszuräumen, betont der Text dann wieder die Einheit des Gottesvolks, die »wahre Gleichheit in der allen Gläubigen gemeinsamen Würde und Tätigkeit zum Aufbau des Leibes Christi«, die gewissermaßen vor aller Differenzierung gilt (LG 32).

Die für die Laien spezifische Sendung sieht die Konstitution in ihrem *Weltbezug* gegeben. »Ihre Aufgabe ist es also in besonderer Weise, alle zeitlichen Dinge, mit denen sie eng verbunden sind, so zu durchleuchten und zu ordnen, dass sie immer Christus entsprechend geschehen und sich entwickeln und zum Lob des Schöpfers und Erlösers gereichen« (LG 31). Wenn im selben Zusammenhang die Notwendigkeit eines Zeugnisses dafür hervorgehoben wird, »dass die Welt nicht ohne den Geist der Seligpreisungen verwandelt und Gott dargebracht werden kann« und wenn dieses Zeugnis den Ordensleuten zugesprochen wird, so ist darin zunächst einmal eine sinnvolle und gute Theologie der Welt wahrzunehmen: Die Christen sind in positiver Weise auf die Welt als Schöpfung Gottes bezogen und verpflichtet; sie sollen sich ihr aber nicht als einer letzten Wirklichkeit ausliefern, sondern sie als Ort der heilsamen Selbstvergegenwärtigung Gottes wahrnehmen; »keine menschliche Tätigkeit, auch in weltlichen Dingen nicht, lässt sich ja der Herrschaft Gottes entziehen« (LG 36). Es ist auch sinnvoll, wenn die Konstitution an dieser Stelle die innere Differenzierung der Kirche in ihrem konstitutiven Weltbezug (Weltcharakter der Kirche in Hinsicht auf die Laien, Weltvorbehalt in Hinsicht auf die Ordensleute) zur Geltung bringt. Nicht sinnvoll ist es hingegen und es entspricht auch nicht den realen Gegebenheiten in der Kirche, wenn diese Differenzierung entdynamisiert und gewissermaßen entsprechend der Grenzen der kirchlichen Stände sortiert wird. Als wären nicht auch die Laien aufgerufen, gerade in ihrem »Weltcharakter« eine Spiritualität des Alltags zu entwickeln, und als enthielte nicht das Spektrum der Ordensspiritualität gerade in seiner benediktinischen, franziskanisch-dominikanischen und auch ignatianischen Ausformulierung in je unverwechselbarer Konkretion die konstitutive Verpflichtung zur unmittelbaren Weltgestaltung!

Wie auch immer, der Weltcharakter, in dem sich das Apostolat der Laien äußert, »ist Teilnahme an der Heilssendung der Kirche selbst« (LG 33). Der ekklesiologische Grundgedanke von der Sakramentalität der Kirche kann so noch einmal auf die Gläubigen selbst bezogen werden: »So ist jeder Laie kraft der ihm geschenkten Gaben zugleich Zeuge und lebendiges Werkzeug der Sendung der Kirche selbst ›nach dem Maß der Gabe Christi‹ (Eph 4,7).« (LG 33) Insofern Christus sich nicht allein durch die Hierarchie in die Welt hinein vollzieht, sondern auch durch die Laien, stehen auch sie unter dem Auftrag zur Verkündigung; sie sind ausgerüstet mit der »Gnade des Worts«; sie sind »gültige Verkünder des Glaubens« und sollen der Glaubenshoffnung »durch die Strukturen des Weltlebens« hindurch Ausdruck verleihen (LG 35).

Aber die Welt ist nicht nur Adressat der Glaubensverkündigung »durch das Zeugnis des Lebens und das Wort« (LG 35), sondern der Ort, *in dem* die Laien wirken sollen: nämlich heilend und in Richtung auf die Gestaltung der Welt »nach der Norm der Gerechtigkeit« (LG 36). Als die innerkirchlichen Tugenden oder Kompetenzen, welche die Laien zu dieser Arbeit an und in der Welt befähigen, nennt die Konstitution die Freiheit, das Vertrauen, die Möglichkeit und auch die Pflicht, »ihre Meinung in dem, was das Wohl der Kirche angeht, zu erklären«, Wahrhaftigkeit, Mut, Klugheit, Ehrfurcht, Liebe; mit den beiden letztgenannten Tugenden werden die Laien auf die Amtsträger bezogen. Diese wiederum sollen »die Würde und Verantwortung der Laien in der Kirche anerkennen und fördern«; sie sollen den Laien »Freiheit und Raum im Handeln lassen« und sie zur Selbsttätigkeit ermutigen. Schließlich werden die Amtsträger darauf verpflichtet, die bürgerlichen Rechte und Freiheiten der Laien »sorgfältig« anzuerkennen (LG 37).

Abschließend wird noch einmal das Apostolat der Laien gewürdigt: »Jeder einzelne Laie muss vor der Welt Zeuge der Auferstehung und des Lebens Jesu, des Herrn, und ein Zeichen des lebendigen Gottes sein. Alle zusammen und jeder einzelne für seinen Teil müssen die Welt mit geistlichen Früchten nähren und in sie hinein den Geist ausgießen, durch den jene Armen, Sanftmütigen und Friedfertigen beseelt werden, die der Herr im Evangelium selig pries.« (LG 38)

6. Subjektivität und Spiritualität der Gläubigen: Die Heiligkeit der Kirche

Die mit den Kapiteln über das Bischofsamt und über die Laien erschlossene Thematik einer gestuften Struktur der Kirche wird nun nicht einfach durch den fugenlosen Anschluss eines Kapitels über die Ordensleute fortgeführt. Vielmehr findet sich zuvor ein Kapitel über die »Berufung zur Heiligkeit in der Kirche« eingefügt. Eingefügt aber nicht in dem Sinn, dass hierdurch die Stringenz des Texts irritiert werden würde; im Gegenteil kommt so dessen Aussagelogik um so deutlicher zum Tragen: Sie zielt nämlich nicht vorrangig auf die Herausstellung und Entfaltung der hierarchischen (oder gar ständischen) Struktur der Kirche, was ja von den Eingangskapiteln der Konstitution her schon klar ist. Sie besteht vielmehr in der Wiedergewinnung der heilsgeschichtlichen Wirklichkeitsdimension der Kirche. Eine einerseits bedeutsame, weil unterschiedliche theologische Aussageorte miteinander verknüpfende, andererseits heute aber nicht mehr selbstverständlich zugängliche Weise, die heilsgeschichtliche Dimension der Kirche zum Ausdruck zu bringen, findet sich in der Rede von der Heiligkeit (in) der Kirche. Zunächst einmal ist damit eine der Wesenseigenschaften der Kirche, der *notae ecclesiae*, aufgerufen, wie sie im dritten Artikel des Glaubensbekenntnisses als Einheit, Heiligkeit, Katholizität und Apostolizität der Kirche verankert sind. Die *notae ecclesiae* insgesamt und jede für sich verdienten eigene Traktierungen. Die Konstitution greift die Heiligkeit heraus – und ›subjektiviert‹ sie, deutet also die Heiligkeit der Kirche von der Berufung aller Gläubigen zur Heiligkeit her: »Daher sind in der Kirche alle, mögen sie zur Hierarchie gehören oder von ihr geleitet werden, zur Heiligkeit berufen … Diese Heiligkeit der Kirche tut sich aber in den Gnadenfrüchten, die der Heilige Geist in den Gläubigen hervorbringt, unaufhörlich kund und muss das tun.« (LG 39; vgl. LG 40)

Dies ist der zweite, das gesamte Kapitel leitmotivisch strukturierende Ankerpunkt der Rede von der Heiligkeit: Die einzelnen Christen sind in ihrer jeweilig unvertretbaren Subjektivität Adressaten und (begnadete) Akteure der Heilsmitteilung Gottes, der Heiligung. Der Kirche kommt also Heiligkeit zu *in Vermittlung durch* die Heiligung, welche die Christen von Gott her im Heiligen Geist erfahren.

Ein drittes Bedeutungszentrum, auf das sich die Rede von der Heiligkeit bezieht, ist angesprochen: So wie die Verwirklichung der Heiligkeit *Frucht des Geists* ist, also nicht selbst hervorgebracht, so ist die Heiligkeit überhaupt *Gabe des Geists*, also nicht Vermögen oder Tugend. Die an dieser Stelle von der Konstitution beanspruchte Theologie der Gaben und Früchte des Heiligen Geists bezieht die Rede von der Heiligung begründend auf den sich in seinem Heilswillen selbst mitteilenden, gebenden Gott, zumal die Konzilsväter auf der Linie jener Theologie daran erinnern, dass die Gaben des Geists in Analogie zur Selbsthingabe des Sohns gedeutet werden muss, der seinen Geist den Menschen gesandt hat (LG 39).

Die Christen, jene also, die sich auf die Botschaft und die Person Jesu Christi verpflichtet wissen, sollen die ihnen ohne (Vor-)Leistung zugesprochene Heiligkeit »bewahren und zur vollen Entfaltung bringen« (LG 40). Sie tun dies in ihrer Lebensgestaltung, in der Liebe, in der Sorge um den Anderen (LG 39). Man kann hierin durchaus ein Echo jenes Weltauftrags vernehmen, der die Kirche wesentlich bestimmt und der insbesondere im Apostolat der Laien zum Ausdruck kommt. Wiederum ist auch dieses Echo des Laienapostolats mit einem Hinweis auf die Ordensleute verbunden, indem nämlich im selben Zusammenhang die evangelischen Räte genannt werden. Beide Formen, die ›weltliche‹ der Laien, und die ›weltdistanzierende‹ der Ordensleute, wird vereint in der je unterschiedlich sich verwirklichenden Berufung zur Heiligkeit. Eigentlich verwirklichen beide, Laien wie Ordensleute, die Gabe der Heiligkeit und ihr jeweiliges Apostolat als Weltbezug. Das Christentum ist eben, wenn es sich nicht selbst missversteht, von einem dialektischen Verhältnis zur Welt geprägt: Die Welt ist als Schöpfung und als Ort der Selbstmitteilung Gottes zu würdigen, jedoch so, dass man sie nicht als ›letzte‹ Wirklichkeit wahrnimmt und sich an sie verliert; sie ist umgekehrt unter den Vorbehalt der vorletzten Wirklichkeit zu stellen (also zu relativieren), ohne dass sie dadurch der Verachtung und Verneinung anheim gegeben wird. Diese Dialektik von Würdigung und Vorbehalt wird durch die gemeinsame Berufung zur Heiligkeit, die sich sozusagen in einer laikalen und in einer monastischen Weise verwirklicht, zum Ausdruck gebracht. Dass die Berufung zur Heiligkeit sich nicht in der Ausbildung einer Haltung der Innerlichkeit erschöpfen darf, sondern sich in der Welt verwirklichen soll, macht die Konstitution deutlich, wenn sie es zur Sinnspitze dieser Berufung erklärt, dass durch die Heiligkeit »in der irdischen Gesellschaft eine menschlichere Weise zu leben gefördert« wird (LG 40).

Nicht nur verwendet die Konstitution das Bild des Siegels, sie fasst diesen Gedanken auch wie mit einer Besiegelungsformel zusammen, wenn sie sagt, dass die »Liebe zu Gott wie zum Nächsten das Siegel des wahren Christen« ist (LG 42).

Indem die Heiligkeit als zu verwirklichende, Frucht bringende Gabe des Geists die Christen auf die Welt hin orientiert, gewinnt sie den Charakter des Zeugnisses. Nicht ohne inneren Zusammenhang lenkt deswegen die Konstitution die Aufmerksamkeit auf das Martyrium als der konzentriertesten Form der Zeugnisgabe. Bemerkenswert ist hier der Hinweis, dass das

»Zeugnis der Liebe … besonders den Verfolgern« gilt (LG 42). Das Martyrium als Zeugnis der Liebe den Verfolgern, den Tätern zugewendet: Hier wird vollends der gnadenhafte Charakter der Heiligung fassbar, denn dieses Zeugnis können die Märtyrer, die Opfer, gar nicht selbst oder allein tragen, sondern Christus wird es in einer adjuvatorischen (d. h. in einer helfenden und nicht entmündigenden) Stellvertretung für sie (mit ihnen) tragen.

Das Kapitel über die Heiligung behandelt schließlich noch eigens die evangelischen Räte (in der Reihenfolge Keuschheit, Gehorsam, Armut). Dies hat den Charakter der Überleitung zum Kapitel über die Ordensleute; dass die Räte aber nicht dort, sondern hier behandelt werden, lässt noch einmal deutlich werden, dass die Berufung zur Heiligkeit eine die Gläubigen und die Kirche insgesamt und fundamental betreffende (Heils-)Wirklichkeit ist, die nicht in einer Standeslehre aufsortiert werden kann.

Innerhalb dieser an das Ende des fünften Kapitels gerückten kurzen Entfaltung einer Theologie der evangelischen Räte fällt besonders eine Formulierung auf, die der Text wählt, wenn er den Rat des Gehorsams als »Armut in der Freiheit« bezeichnet (LG 42). Nun dürfte angesichts der neuzeitlich-modernen Geschichte einer wenn nicht faktisch, so doch normativ gewonnenen Freiheit des Subjekts die Begründung oder Rechtfertigung dieses Rats größte Schwierigkeiten bereiten. Um so bedeutsamer ist es, dass mit jener zitierten Formulierung gerade ein Begründungsweg über die Thematik der Freiheit angedeutet wird. Dies lässt sich stichwortartig so verdeutlichen: Es ist nicht so, dass der Gehorsam gewissermaßen an die Stelle des freien Selbstvollzugs eines Subjekts treten könnte; im Gehorsam wird Freiheit nicht einfach preisgegeben. Vielmehr ist der Gehorsam als Akt der freien Selbstverfügung zu verstehen. Der Rat des Gehorsams ist an niemand anderen denn an ein freies Subjekt adressiert. Wer wenn nicht ein Mensch in Freiheit könnte denn Gehorsam erbringen? Gehorsam ist also Akt der Freiheit; auch im Gehorsam, also der Widmung des eigenen an einen anderen Willen, geschieht Selbstvollzug in Subjektivität. Der Gehorsam ist dann als ein Akt zu verstehen, der durchgängig von der freien Selbstverfügung des Subjekts getragen ist und ohne sie nicht zustande käme. Die Formulierung »Armut in der Freiheit« gibt dieses Grundverständnis zu verstehen und bestimmt auf dessen Fundament Gehorsam nicht als Dahingabe dieser Freiheit, sondern als eine auf einen Anderen orientierte Selbstzurücknahme, die gewissermaßen innerhalb der Freiheit geschieht, von ihr getragen.

7. Die Bedeutung der Ordensleute in der Kirche

Die evangelischen Räte stellen nun das Brückenthema dar, welches das Kapitel über die Heiligkeit mit dem folgenden über die Ordensleute verbindet. Die evangelischen Räte sind, so heißt es dort, eine Gabe, welche die Kirche empfangen hat, bewahrt und weitergibt (LG 43). Das Spezifikum der Ordensgemeinschaften besteht darin, dass durch sie jene Gabe in dauerhaften Lebensformen Gestalt gewinnt. Sie kann also, das darf mit Rücksicht auf das vorangegangene Kapitel hier mitgehört werden, auch außerhalb solcher Lebensformen Frucht bringen. Vor diesem Hintergrund, dass zwischen einer sozusagen ungeformten Annahme der Gabe von den drei evangelischen Räten und einer geformten und verfassten Annahme in den Orden eine Kontinuität besteht (wenn auch deren Art schwer zu bestimmen ist), erklärt die Konstitution unmissverständlich, dass die Ordensleute keinen eigenen Stand zwischen Klerus und Laien bilden. »Vielmehr werden in beiden Gruppen Christgläubige von Gott berufen, im Leben der Kirche sich einer besonderen Gabe zu erfreuen und, jeder auf seine Weise, ihrer Heilssendung zu nützen.« (LG 43)

Die Konstitution würdigt die Vielfalt monastischer Lebensformen; sie nennt die zwei Basisformen des eremitischen (anachoretischen) und des gemeinschaftlichen (koinobitischen) Mönchtums (LG 43). In der Sprache der *imitatio Christi* deutet sie eine Typologie monastischen Lebens an; Ordensleben ist Vergegenwärtigung Christi: Die kontemplativen Orden, so könnte man sagen, vergegenwärtigen Christus, »wie er auf dem Berg in der Beschauung weilt«; die der Verkündigung zugewandten Orden, »wie er den Scharen das Reich Gottes verkündigt«; die diakonischen Orden, »wie er die Kranken und Schwachen heilt und die Sünde zum Guten bekehrt«; die Schulorden, »wie er die Kinder segnet«. Diese Typologie bezeichnet freilich zunächst Grundoptionen monastischen Lebens überhaupt, bevor sie (wie gerade angedeutet) solche Optionen bestimmten Ordenstypen fix zuordnen würde. Alle diese Optionen konvergieren ohnehin in der einen fundamentalen Weise der Vergegenwärtigung jenes Christus, der immer »dem Willen des Vaters gehorsam ist, der ihn gesandt hat« (LG 46).

Durchgängig wird der kirchliche Charakter des Ordenslebens hervorgehoben. Er ist grundgelegt wiederum in den evangelischen Räten, insofern diese eben Gabe der Kirche sind. Das geistliche Leben der Ordensleute muss deswegen »dem Wohl der ganzen Kirche gewidmet sein«. Die Konstitution spricht in diesem Zusammenhang vom Zeichencharakter des Ordenslebens und stützt sich dabei (nicht ausdrücklich, aber der Sache nach) auf die zuvor skizzierte Dialektik des christlichen Weltverhältnisses von Würdigung und Vorbehalt, innerhalb derer der Ordensstand dem Gottesvolk insgesamt vergegenwärtigt, dass es »hier keine bleibende Heimstatt [hat], sondern … die zukünftige« sucht (LG 44). Der kirchliche Charakter des Ordenslebens beinhaltet umgekehrt auch die besondere Sorge der Kirche um das Wachsen und Gedeihen der Institute »nach dem Geist ihrer Stifter« (LG 45). In die Perspektive dieser Sorge wird freilich auch die Leitungsautorität der kirchlichen Hierarchie und des Papsts eingerückt; die jurisdiktionelle Zuordnung der Orden, ob sie also den Ortsordinarien oder dem Papst selbst unterstellt sind, obliegt allein dem Papst in Ausübung seines Jurisdiktionsprimats. Kriterium ist auch hier die »bessere Vorsorge gegenüber den Erfordernissen der ganzen Herde des Herrn« (LG 45).

Das Kapitel schließt mit der Mahnung, in der Berufung »zum Lebensstand der Räte« zu bleiben und sie durch den eigenen Lebens- und Selbstvollzug je weiter zu vertiefen – nicht im Sinn einer Leistungsaskese, sondern als in der Sprache des eigenen Leben formulierte Doxologie, als Lobpreis Gottes, der ja »Quelle und Ursprung jeder Heiligkeit ist«, also auch den ihm entgegengebrachten Lobpreis noch trägt (LG 47).

8. Die pilgernde Kirche auf dem Weg der Vollendung

Einen gewissen Abschluss findet die Kirchenkonstitution im siebten Kapitel, wenn sie hier auch nicht zuende ist. Es wird in diesem Kapitel der Bogen einer Gesamtarchitektur von *Lumen Gentium* sichtbar, der im ersten Kapitel bei der Thematisierung des Anfangs der Kirche von Christus her einsetzt und nun in die Behandlung ihrer Vollendung mündet. Dieser architektonische Bogen verbindet zwei Vorbehalte, wie sie für das Reden von der Kirche konstitutiv sind: Ist vom Anfang her das Licht der Völker (*lumen gentium*), dem die gesamte Konstitution als Überschrift und Thema unterstellt ist, nicht die Kirche, sondern Christus (LG 1), so ist aufs Ende gesehen die Kirche nicht die End- und Vollendungsgestalt des konkreten Heilswillens Gottes: »Die Kirche … wird erst in der himmlischen Herrlichkeit vollendet werden«, heißt es gleich eingangs dieses Kapitels über den ›endzeitlichen Charakter der pilgernden Kirche‹ (LG 48). Bei aller wahren Heiligkeit, die ihr zukommt – nicht durch sie selbst, sondern aufgrund der Treue Gottes –, trägt sie dennoch »die Gestalt dieser Welt, die vergeht«, und zwar auch »in ihren Sakramenten und Einrichtungen«. Als solche zählt die Kirche »zu der Schöpfung, die bis jetzt noch seufzt und in Wehen liegt und die Offenbarung der Kinder Gottes erwartet« (LG 48; vgl. Röm 8,19–22). Diese Aussage ist zweideutig, nicht in einem problematischen, sondern in einem fruchtbaren Sinn: Sie verbindet den Hinweis auf die geschichtlich-eschatologische Unvollendetheit des

Heilswerks Gottes, soweit es sich eben in der Kirche vergegenwärtigt, mit einer Erklärung der Solidarität der Kirche mit der seufzenden Schöpfung.

Der durch die Kirche bezeichnete Heilsstand ist also auch durch ein ›Noch-nicht‹ gekennzeichnet, durch ein Fernsein vom Ziel. Das hierin aufgerufene traditionelle Bild der *streitenden Kirche* (»Wir … ziehen die Waffenrüstung Gottes an, um standhalten zu können gegen die Nachstellungen des Teufels und zu widerstehen am bösen Tag [vgl. Eph 6,11–13].« LG 48.4) zeichnet aber nicht die Kirche in ihrer Vollgestalt. Diese umfasst auch jene, die schon tot und noch nicht vollendet sind, und jene, die bereits der unverschleierten Schau des dreieinen Gottes teilhaftig sind (LG 49). Traditionell werden diese Wirklichkeitsdimensionen der Kirche in den Bildern von der *leidenden* und der *triumphierenden Kirche* ausgesagt. Wenn eben von einer Solidarität der Kirche mit der Schöpfung gesprochen werden konnte, so kann nun mit noch größerer Nähe zum vertrauten ekklesiologischen Selbstverständnis von einer innerkirchlichen Solidarität der Seligen mit den Schwachen gesprochen werden. Die, die schon in der Seligkeit sind, setzen ihr irdisches Leben, mit dem sie ja beim Vater sind, durch die Vermittlung Christi als nun vollendetes Leben fürbittend »für uns« ein (LG 49).

Kirche als Solidarität im Heil vollzieht sich vom Beginn ihrer Geschichte an auch als »Gedächtnis der Verstorbenen« (LG 50); sie vollzieht darin die heilssolidarische Nicht-Anerkenntnis der Endgültigkeit des Tods in Richtung von den Lebenden zu den Toten. Neben der *Verehrung* der Märtyrer und Heiligen sowie der Gottesmutter kennt also die Kirche die sorgende *Fürbitte* für die Toten. Bringt die Kirche sich in der Heilssolidarität vor Gott, ist dieser auch eigentlicher Adressat von Fürbitte und Verehrung. Das Konzil sagt dies ausdrücklich von der Heiligenverehrung aus, diese dabei in die rechte Relation rückend: »Jedes echte Zeugnis unserer Liebe zu den Heiligen zielt nämlich seiner Natur nach letztlich auf Christus, der ›die Krone aller Heiligen‹ ist, und durch ihn auf Gott, der wunderbar in seinen Heiligen ist und in ihnen verherrlicht wird.« Dies wird besonders deutlich in der Liturgie, welche die Märtyrer und Heiligen verherrlicht, aber als »Lobgesang des einen und dreifaltigen Gottes« (LG 50). Aus dieser Einrückung der Heiligenverehrung in die Gottesbeziehung leitet sich dann auch die an die Hirten gerichtete Mahnung ab, »Missbräuche, Übertreibungen oder Mängel« von der Heiligenverehrung fernzuhalten. Das Lob Gottes verwirklichen die Gläubigen in ihrer (liturgischen, Zeugnis ablegenden und diakonischen) Praxis, so dass auch »echte Heiligenverehrung nicht so sehr in der Vielfalt äußerer Akte als vielmehr in der Stärke unserer tätigen Liebe besteht, durch die wir zum größeren Wohl für uns und die Kirche ›im Wandel das Beispiel, in der Gemeinschaft die Teilnahme, in der Fürbitte die Hilfe‹ der Heiligen suchen« (LG 51).

Abschließend schreitet die Konstitution den vorhin erwähnten Bedeutungsbogen vollends aus, indem sie unter Rückgriff auf die Verheißungsworte der Johannesoffenbarung die in der Vollendung versammelte Kirche thematisiert; sie wird dann im Licht des wiedergekommenen Christus erscheinen; das Totengedächtnis der irdisch-sichtbaren Kirche wird in der Auferweckung der Toten endgültig beglaubigt werden; die Kirche wird nurmehr noch als Kirche der Heiligen bestimmt sein; ihre »streitende« und »leidende« Dimension wird ganz in der »triumphierenden Kirche« aufgegangen sein; die solchermaßen endzeitliche vollendete Kirche wird nicht Produkt einer einmaligen Erfolgsgeschichte der Kirche sein, sondern das Angekommensein des geschichtlich der Kirche und in der Kirche entgegen kommenden Gottes; nicht aus sich erstrahlt die endzeitliche Kirche, sondern ganz »in der höchsten Seligkeit der Liebe Gottes« (LG 51). Letztlich wird man sagen müssen, dass die triumphierende Kirche gewissermaßen jenseits der Kirche vollendet wird.

9. Maria: Zeichen der Hoffnung für das wandernde Gottesvolk

Im Grund könnte hiermit die Konstitution zu Ende sein. Sie ist es aber nicht, sie hat gewissermaßen zwei Schlüsse. Der zweite besteht aus einem umfangreichen, achtzehn Artikel umfassenden achten Kapitel, das der Gottesmutter Maria gewidmet ist. Ein Konzil, dessen Eröffnung zwölf Jahre nach der Verkündigung des Dogmas von der leiblichen Aufnahme Mariens in den Himmel beginnt, wird von Maria nicht schweigen können. Andererseits wird der Marianismus der pianischen Epoche (siehe die Einleitung) von der Mehrheit des Konzils nicht mehr geteilt. Pläne für ein eigenes Konzilsdokument zu Maria können sich nicht durchsetzen.

Eine Rede von Maria freilich, die nicht für sich selbst stehen soll, kann nur in Verbindung mit anderen theologischen Diskursfeldern bestehen. Im systematischen Schema der Dogmatik lassen sich drei ausgezeichnete Anschlussmöglichkeiten der Mariologie ausmachen (Man könnte wohl die gesamte Dogmatik mariologisch entfalten; die Gnadenlehre wäre ein adäquater Ausgangspunkt, von dem her rückschließend Christologie, Pneumatologie und Gotteslehre zu gewinnen wären und ›nach vorn‹ dann die übrigen Traktate der Dogmatik): Die Christologie, insofern wesentliche Ehrentitel Mariens (Gottesmutter, -gebärerin, Mittlerin) nicht ohne Hinordnung auf die Christologie haltbar sind; die Theologische Anthropologie, insofern die leiblich in den Himmel aufgenommene Maria der *proto-typos* des vollendeten Menschen ist (sie ist dies nicht gegenüber, sondern in Solidarität mit der ganzen Menschheit); die Ekklesiologie, insofern die demütig und doch frei der Zumutung der Inkarnation zustimmende Maria *typos* der Kirche selbst ist. Diese letzte Möglichkeit ergreift das Konzil, allerdings nicht ohne den Titel »Maria Mutter der Kirche«, der dem mariologischen Schema in der zweiten Sitzungsperiode vorangestellt worden ist, zu vermeiden.[37] Mit dieser Verknüpfung wird übrigens die Gesamtstruktur von *Lumen*

Gentium keineswegs konterkariert, im Gegenteil: Maria ist »Typus und klarstes Urbild« der Kirche (LG 53), jedoch der verherrlichten, die Herrlichkeit Gottes angenommen habenden Kirche, *typos* also der Kirche, die nicht jeweils jetzt schon sich vollendet wähnt, sondern jetzt der Vollendung entgegen pilgert; einer Vollendung, die von der Kirche nicht hervorgebracht, sondern dankbar empfangen wird, so wie Maria Ja zu einer Vollendungs-Zuwendung gesagt hat, die sie auf einen unableitbar neuen Weg gebracht hat.

Maria ist zugleich Glied der Kirche, wenn auch »überragendes und völlig einzigartiges«. Dennoch ist damit viel gesagt: Die Gottesmutter steht nicht sozusagen jenseits des Heilswerks ihres Sohns, sie findet sich selber »mit allen erlösungsbedürftigen Menschen in der Nachkommenschaft Adams verbunden«; sie ist Empfängerin des Gnadengeschenks der Erlösung. Die Mitwirkung Mariens am Hineingeborenwerden der Gläubigen in die Kirche, von der im selben Zusammenhang durch ein Augustinus-Zitat die Rede ist,[38] kann aber in keiner Weise die Einzigkeit der Heilsmittlerschaft Jesu Christi verdunkeln oder mindern (LG 60). Die Stellung Mariens in der Heilsordnung hat ihre Quelle und Fundament in nichts anderem als im freien Heilsratschluss Gottes, wie dieser sich in der Erlösungstat Jesu Christi vergegenwärtigt. Es ist deswegen von großer Aussagekraft, dass in diesem achten, Maria gewidmeten Kapitel der Kirchenkonstitution an keiner Stelle von der Miterlöserschaft Mariens die Rede ist. Wenn LG 61 von der Mit*wirkung* Mariens (*operi Salvatoris … cooperata est*) spricht (und dies auf ihre Mutterschaft bezieht), so ist damit wiederum die Einzigkeit der Heilsmittlerschaft Jesu Christi nicht berührt: Zur Mitwirkung an der Vergegenwärtigung des Heils sind die Menschen schlechthin aufgerufen; durch sie und nicht ohne sie oder an ihnen vorbei will Gott sich in der Welt gegenwärtig setzen. Die Einzigartigkeit Mariens ist dann innerhalb ihrer Heilssolidarität mit den Menschen und nicht diesen gegenüber auszusagen: Durch ihr Ja hat sie (nach Maßgabe des Menschlichen) vollkommen verwirklicht, wozu alle Menschen herausgerufen sind. (Das hier angesprochene heilsgeschichtliche Verhältnis Mariens zur Menschheit insgesamt dürfte dabei theologisch wesentlich weniger problematisch sein als die Bestimmung des Verhältnisses von Freiheit und Gnade in dem, worin Maria Prototyp der Menschen ist.)

Auch in der Sprache der Verehrung wird die Einzigartigkeit Mariens und zugleich ihre radikale Verschiedenheit vom Bereich des Göttlichen (bzw. ihr Hingeordnetsein auf ihn) ausgesagt. Der Kult der Verehrung Mariens, »wie er immer in der Kirche bestand, ist zwar durchaus einzigartig, unterscheidet sich aber wesentlich vom Kult der Anbetung, der dem Mensch gewordenen Wort gleich wir dem Vater und dem Heiligen Geist dargebracht wird, und er fördert diesen gar sehr« (LG 66). Der rechte Marienkult steht im Dienst der Anbetung des dreieinen Gottes. Eingangs dieses Abschnitts wurde darauf hingewiesen, dass Maria in der Weise einer kritischen Differenz zur je aktual verwirklichten Kirche Typus der vollendeten Kirche ist. Am Ende des mariologischen Kapitels der Kirchenkonstitution wird dasselbe Thema noch einmal in seiner Hoffnungsdimension aufgenommen: Maria vergegenwärtigt in der Kirche *jetzt* – in der raumzeitlichen Kodierung des »hier auf Erden« und des »in der Zwischenzeit« – die *noch ausstehende* Vollendung der Kirche, nämlich als »Bild und Anfang«.

Im Abschluss gewinnt der Text noch einmal die ganze Kraft seiner ursprünglichen Intention zurück, die nun auch in die Sprache des Lobpreises Mariens aufgenommen wird: Alle Christen, unbeschadet ihrer Kirchenzugehörigkeit, mögen sich zu Maria wenden, dass sie »in Gemeinschaft mit den Heiligen bei ihrem Sohn Fürbitte einlege, bis alle Völkerfamilien, mögen sie den christlichen Ehrennamen tragen oder ihren Erlöser noch nicht kennen, in Friede und Eintracht glückselig zum einen Gottesvolk versammelt werden, zur Ehre der heiligsten und ungeteilten Dreifaltigkeit« (LG 69).

10. Schlussreflexion

Lumen Gentium ist einer der zentralen Texte des Zweiten Vatikanischen Konzils. Viele andere Texte beziehen sich ausdrücklich oder implizit auf die Kirchenkonstitution. Dies wird greifbar am Gedanken der Sakramentalität der Kirche, der via Kirchenkonstitution Eingang ins Konzil und in manchen Texten Resonanz gefunden hat. Sichtbar wird an dieser Zentralposition auch der Stellenwert des Themas der Kirche für das Konzil insgesamt. *Lumen Gentium* ist aber, gemessen an der Aussagedynamik des Konzils, keineswegs dessen letztes Wort über die Kirche. Man wird die Pastoralkonstitution als die zweite große Kirchenkonstitution des Konzils werten müssen. Dazu an Ort und Stelle mehr. Hinzu kommen ekklesiologische Elemente, die in anderen Texten deutlicher akzentuiert sind als in der Kirchenkonstitution. Erinnert sei nur an die wirklich bedeutende Formulierung eingangs des vierten Artikels von *Nostra aetate*, dass die Kirche ihrer Verbundenheit zum Volk Israel gedenkt, wenn sie sich auf ihr eigenes Geheimnis besinnt, die Israelverbundenheit also für die Kirche konstitutiv ist.

Die Bedeutung der Kirchenkonstitution schließt keineswegs aus, dass der Text an erheblichen Spannungen zu tragen hat. So ist etwa, wie aus dem oben vorgelegten Kurzkommentar ersichtlich, das Verhältnis zwischen Papstamt und Bischofskollegium keineswegs einer ausgleichenden Klärung zugeführt. Die Rolle, die hier die *Nota praevia explicativa* spielt, ist in der Einleitung im Abschnitt zur Verlaufsgeschichte des Konzils gewürdigt worden. Insgesamt wird man sagen müssen, dass der Text der Konstitution auch in der Hinsicht ernsthaft gewürdigt zu werden verdient, dass die ekklesiologischen Grundlinien, die er legt, als hermeneutische Richtschnur der Interpretation auch auf ihn selbst anzuwenden sind. So ist etwa der Volk-Gottes-Begriff in seinem geschichtsdynamischen Gehalt zur Geltung zu bringen; und es ist die Dimension der Strukturiertheit und Institutionalisiertheit der sichtbaren Kirche von ihm her zu deuten und nicht umgekehrt.

Das Dekret über die katholischen Ostkirchen *Orientalium Ecclesiarum*

1. Zur Textgeschichte

Als eine der zehn Vorbereitenden Kommissionen wird Mitte 1960 auch eine Vorbereitende Ostkirchenkommission unter der Leitung von Kardinal Amleto Giovanni Cicognani durch Johannes XXIII. ernannt. Zwei Drittel der Mitglieder sind Vertreter orientalischer Kirchen. Diese Kommission erarbeitet bis zum Winter 1960/61 ein Schema über die Einheit der Kirche sowie vierzehn weitere Schemata, von denen aber nur acht Schemata von der Zentralkommission an die orientalische Kommission zur weiteren Bearbeitung zurückgegeben werden. Aus den ersten Bearbeitungen entsteht ein Text A. Wie die Arbeit vieler anderer Kommissionen, ist auch die der Ostkirchenkommission von den angesichts eines schier unbewältigbaren Arbeitspensums des Gesamtkonzils mehrfach ergehenden Aufforderungen zur Kürzung betroffen; in diesem Fall ergeht ein solches Gebot im Januar 1963 von der Konziliaren Koordinierungskommission. Die Kommission kommt dem im Frühjahr 1963 nach, erweitert das Ergebnis aber gleich wieder durch einen zweiten Teil, bestehend aus zehn Artikeln aus dem Schema *De Ecclesia unitate* (= Text B). Die Kommission kann sich diesen Schritt gewissermaßen selbst genehmigen, da ihr Präsident zugleich Präsident der Koordinierungskommission ist. Zugleich stellt dieser zweite Teil ein trauriges Zeichen hinsichtlich der ökumenischen Arbeit des Konzils dar, denn möglich wird die Ausgliederung jener zehn Artikel aus dem Schema *De Ecclesia unitate*, weil die eigens zur Erarbeitung eines Ökumenismusdekrets gebildete Gemischte Kommission bis zu diesem Zeitpunkt nicht vorangekommen ist. Anfang 1964 kommt es erneut zu einem Kürzungsbeschluss der Koordinierungskommission. Es kommt zu einer radikalen Kürzung unter Aufgabe der Zweiteilung (Text C). Die hierzu einlaufenden Bemerkungen und Änderungsvorschläge der Väter werden von der Kommission nicht mehr in den Text eingearbeitet, sondern mit ihm auf einem Beiblatt in die Konzilsaula gegeben; am 15., 16., 19. und 20.10.1964 wird der Text kontrovers debattiert. In einer ersten Abstimmung erhält der Text viele Nein- und bedingte Ja-Stimmen, die Artikel 2–4 erhalten die erforderliche Zweidrittelmehrheit nicht. In weiterer Überarbeitung wird *Orientalium Ecclesiarum* am 21.11.1964, in derselben Sitzung wie die Kirchenkonstitution und das Ökumenismusdekret, mit 2110 *Placet* und 39 *Non placet* angenommen und vom Papst promulgiert.

2. Belastungen und Leistungen des Texts

Dieses Dekret befindet sich in mehrerlei Hinsicht auf der Schwelle zur Ökumene, durchaus nicht nur auf unproblematische Weise. Zunächst ist aber einschränkend darauf hinzuweisen, das es sich, wenigstens in seiner Endgestalt, nicht mit den Ostkirchen schlechthin beschäftigt, sondern mit den so genannten unierten Kirchen, jenen Kirchen orthodoxer Provenienz also, die in voller Gemeinschaft mit dem Heiligen Stuhl stehen. Das Dekret ist demnach, so könnte man meinen, nur mit einer innerkatholischen Materie befasst und hat keinerlei ökumenische Relevanz. Dem ist aber nicht so.

Zum einen vollzieht sich die Arbeit der Ostkirchenkommission unter Kardinal Cicognani in einer durchgängig konfrontativen, ja unversöhnlichen Auseinandersetzung mit dem Einheitssekretariat, das für die Erarbeitung des Schemas *De oecumenismo* zuständig ist. Im Zug dieser Auseinandersetzung streicht Cicognani den ökumenischen Charakter der Arbeit der Ostkirchenkommission heraus, verbunden mit der zeitweilig erhobenen Forderung, das Kapitel über die Beziehung zu den Ostkirchen aus *De oecumenismo* herauszunehmen und die entsprechende Thematik der Zuständigkeit des Einheitssekretariats zu entziehen. Als eine weitere Konsequenz dieser Politik wird die Uneindeutigkeit des Schemas *De Ecclesiis orientalibus* hinsichtlich der Reichweite seiner Aussagen moniert: Behandelt man die unieren Kirchen oder die orthodoxen Kirchen insgesamt?[39] – Zum anderen wird die ökumenische Beziehung zwischen der römisch-katholischen Kirche und den Kirchen der Orthodoxie in erheblichem Maß durch die unierten Kirchen belastet. Vor allem die Existenz von kirchlichen Parallelstrukturen im Bereich der orthodoxen Kirchen wird dort als Bedrohung wahrgenommen. Dieses Gefühl der Bedrohung hat durch die Wiederherstellung solcher Strukturen der unierten Kirchen nach dem Zerfall der Sowjetunion neue Nahrung erhalten. – Wenn das Konzil sich in einem eigenen Dokument zu den unierten Kirchen äußert, ist dies ein Akt von unmittelbarer ökumenischer Relevanz – ob dies nun realisiert wird oder nicht.

Wie steht es diesbezüglich mit dem Dekret: Antwortet es auf diese unausweichliche ökumenische Konstellation? – Ja und nein. Nein: Es nimmt keine Stellung zum drängenden Problem paralleler Kirchenstrukturen. Ja: Es bezieht in seiner Würdigung des Eigencharakters der unierten Kirchen die getrennten orthodoxen Kirchen unausdrücklich mit ein. Dies ist vor allem in der grundsätzlichen Würdigung der Einrichtungen, Überlieferungen und liturgischen Bräuchen, des »geistigen Erbguts der Ostkirchen« (OE 5) durch das Konzil in OE 1, 5 und 6 der Fall, denn dieses Erbgut teilen die unierten ja mit den getrennten orthodoxen Kirchen. Die Überlieferung des Ostens »bildet ein Stück des von Gott geoffenbarten und ungeteilten Erbgutes der Gesamtkirche« (OE 1).

Der Text stellt in den unterschiedlichen »Teilkirchen« und »Riten« der Ostkirchen (gemeint sind damit stets die Unierten) eine Vielfalt fest, durch welche die Einheit der Kirche gerade nicht gefährdet, sondern deutlich aufgezeigt wird, weswegen es geradezu zum Ziel der katholischen Kirche erklärt wird, dass diese Vielfalt in Ritus und Überlieferung »unverletzt erhalten« bleibt (OE 2). Wenn sogleich hinzugefügt wird, dass ebendieselben Überlieferungen und Riten erneuerungsoffen auf die jeweilige, zeitlich-örtliche Situation antworten sollen, wird wohl die Mahnung zur Erhaltung dieser teilkirchlichen Vielfalt an die eigene Adresse der römischen Zentrale gerichtet sein (sie muss auch per Fußnote mit sehr vielen päpstlichen Belegstellen abgesichert werden).

3. Schlussreflexion

In dieser Hochschätzung der historisch gewachsenen Vielfalt liegt, wenn sie sich selbst ernst nimmt, auch die Anerkennung einer wenigstens relationalen Autonomie mit begründet. Das Dekret realisiert dies, wenn es etwa das »Recht, die bei den liturgischen Handlungen verwendeten Sprachen festzulegen«, in die Hände der Patriarchen oder der entsprechenden Obrigkeiten der Teilkirchen legt (OE 23). Nur in einer Außenperspektive nimmt sich dieses Zugeständnis bedeutungslos aus; es gewinnt seine Aussagekraft vor dem Hintergrund des Gewichts, das der einheitlichen liturgischen Sprache für die Einheit der Kirche im lateinischen Westen bis zum II. Vatikanischen Konzil beigemessen worden ist.[40] Schon mit einer solchen Kompetenzzuschreibung verbindet sich eine Stärkung der Patriarchate, wie sie insbesondere von den Vertretern der melkidischen Kirche in der Ostkirchenkommission, Patriarch Maximus IV. Saigh und Bischof Neophytos Edelby, mutig betrieben wird. Aber es geht in der Frage des römischen Umgangs mit den (unierten) Ostkirchen nicht nur um die Kirchenstruktur; im Spiel ist vielmehr grundsätzlich das Selbstverständnis der Kirche. Die erklärte Hochschätzung der Eigentraditionen der Ostkirchen macht, wie auch übrigens die aktive Präsenz einiger orientalischer Kirchenführer während des Konzils – zu nennen ist hier vor allem der Patriarch der melkidischen Kirche, Maximus IV. –, deutlich, »daß eine lateinische Kirche, und sei sie noch so zahlreich, noch nicht die katholische Kirche ist.«[41]

Das Dekret über den Ökumenismus *Unitatis redintegratio*

1. Zur Textgeschichte

Man wird nicht sagen können, dass die Ökumene im Spektrum der von der Kurie in Betracht genommenen Themen, aus denen sich das Konzil geformt hat, einen prominenten Platz eingenommen hätte.[42] Nur drei der 69 Vorlagen, die von den zehn Vorbereitungskommissionen erarbeitet worden sind, befassen sich mit Fragen der Ökumene von noch dazu recht heterogener Gestalt. Im Dezember 1962 wird das Einheitssekretariat mit der Erarbeitung eines diese Vorlagen synthetisierenden Schemas betraut. Dessen Themenkreise sind: die Einheit der getrennten Kirchen; das Verhältnis der Kirche zu den Nichtchristen, besonders zu den Juden; die Religionsfreiheit. Sowohl die Thematik des Verhältnisses zu den Juden als auch jene der Religionsfreiheit werden aus dem Entwurf genommen. Gegen eine sog. Judenerklärung gibt es vor allem unter Konzilsvätern aus dem arabischen Raum größte Bedenken; sie befürchten negative Konsequenzen für die Katholiken in arabischen Ländern. Man möchte mindestens eine besondere Erwähnung auch der Moslems. Damit ist aber prinzipiell der Blick auf die nichtchristlichen Religionen insgesamt geöffnet. So wird die Erörterung des Verhältnisses der Kirche zu den Juden zum Kern der Erklärung über das Verhältnis der Kirche zu den nichtchristlichen Religionen, *Nostra aetate.* – Die Frage der religiösen Freiheit wird zur eigenen Erklärung über die Religionsfreiheit, *Dignitatis humanae*, ausgebaut. Übrig bleibt die Thematisierung der rein innerchristlichen Ökumene. Deren Ausarbeitung vollzieht sich parallel zur Arbeit an der Kirchenkonstitution *Lumen Gentium*. Mit ihr (und *Inter mirifica*) gemeinsam wird dann auch das Dekret über den Ökumenismus, *Unitatis redintegratio*, am 21.11.1964 in der 5. öffentlichen Sitzung, zum Abschluss der III. Sitzungsperiode, feierlich verkündigt.

2. Das Konzil erarbeitet sich die Perspektive der Ökumene

Als Ergebnis eines erst während des Konzils beginnenden Wachstums- und Abtrennungsprozesses dokumentiert das Dekret *Unitatis redintegratio* die Bewegung der Selbstbesinnung, durch welche die katholische Kirche sich amtlich, in ihrem Zentrum und an ihrer Spitze, der Ökumene geöffnet hat. Zugleich wird das Konzil als jener entscheidende Zeit-Ort bezeichnet, an dem dies möglich geworden ist. Man wird geradezu von einer Bewegung der Umkehr sprechen müssen, von der die katholische Kirche hier erfasst worden ist, denn die ökumenische Bewegung, die im 19. Jahrhundert aufgebrochen ist, hat bis zum Konzil vollständig außerhalb der katholischen Kirche stattgefunden. Wenn das Dekret die ökumenische Bewegung nennt und würdigt (UR 1; 4), richtet sich dies also an eine Unternehmung, zu der die katholische Kirche bis zum Konzil kaum etwas beigetragen hat.

So deutlich das Dekret die Spaltung der Christenheit markiert – eine und eine einzige Kirche hat Christus gegründet, und doch erheben mehrere christliche Gemeinschaften den Anspruch, »das wahre Erbe Christi darzustellen«; diese Gemeinschaften sind so verschieden, »als ob Christus selber geteilt wäre« (hier bezieht man sich auf 1Kor 1,13) –, so zurückhaltungslos fällt die Würdigung der ökumenischen Bewegung unter den »getrennten Brüdern« aus: Deren Anstrengungen werden als »unter der Gnade des Heiligen Geists« stehend erkannt (vgl. ausführlich UR 4).[43] Der einleitende Artikel nennt auch schon die drei fundamentalen Kriterien für eine rechte ökumenische Arbeit: der Glaube an den dreieinen Gott, das Bekenntnis zu Jesus als Herrn und Erlöser, die Gemeinschaftlichkeit oder Kirchlichkeit dieses Bekenntnisses. Mit Blick auf dieses letzte Kriterium erschließt es sich zunächst zwanglos, dass *Unitatis redintegratio* Wege und Weisen einer katholischen Arbeit auf dem Feld der Ökumene von der Ekklesiologie her entfaltet, wie sie in *Lumen Gentium* dargelegt worden ist. Ein zweiter Blick auf diesen Zusammenhang einer vorausgesetzten Ekklesiologie, von der dann ökumenische Prinzipien deduziert werden, könnte fragen lassen, ob eine abschließende Lehre von der Kirche nicht sinnvollerweise erst am Ende eines ökumenischen (Reflexions-)Prozesses erreichbar sein kann und der ekklesiologische Ausgangspunkt dieses ökumenischen Prozesses dementsprechend eine *offene Ekklesiologie* sein muss. Aber diese gewiss nicht einfach zu beantwortende Frage liegt nicht im Aufmerksamkeitsradius des Dekrets.

Hinsichtlich der Einheit der Kirche spricht *Unitatis redintegratio* zunächst vom Einheit stiftenden (Heils-)Werk Christi, das sich in den drei Dimensionen der Inkarnation, des Gebets für die Einheit (Joh 17) und der Hinterlassenschaft der Eucharistie ereignet hat, wobei als Adressatenkreis des Einheit stiftenden Werks der Inkarnation (theologisch notwendig) »das ganze Menschengeschlecht« genannt wird. Das Einheitswerk Christi setzt sich in der Kirche im Wirken des Heiligen Geists fort, der als das »Prinzip der Einheit der Kirche« gelten kann. Der von Christus her und im Geist einen Kirche wird in einem weiteren Schritt die sichtbare Leitungsstruktur des Zwölferkollegiums und der Hervorgehobenheit des Petrus eingeschrieben. Von Petrus aber wird gesagt, dass Christus ihn »nach dessen Liebesbekenntnis« alle Schafe anvertraut hat (vgl. Mt 16,16–18). Petri Wirken ist auf die Stärkung des Glaubens und der Einheit verpflichtet. Wohl ist Petrus der Fels, Christus aber ist selbst der höchste Eckstein (vgl. Eph 2,20) und bleibt »Hirt unserer Seelen in Ewigkeit« (UR 2): Hier wird das Petrusamt als ein christologisch relativiertes Dienstamt eingeführt. Im folgenden Abschnitt werden Zwölferkreis und Hervorgehobenheit des Petrus im Bischofskollegium und im Petrusamt der katholischen Kirche gespiegelt. Hinsichtlich des Leitungsamts von Papst und Bischöfen dürfte stets von neuem zur Frage stehen, was mit der Formulierung »Leitung in Liebe« (*gubernatio in dilectione*) näherhin gemeint ist und wie eine solche Leitung in Liebe sich institutionell verlässlich machen will. Ebenso wird man aus der katholischen Kirche selbst, aber auch von außen, stets neu fragen wollen, ob die Unterordnung dieser Leitung »unter der Wirksamkeit des Heiligen Geists« eine letztinstanzliche, unanfechtbare Legitimation oder eine unaufhebbare Relativierung des Leitungsamts bedeutet.

Wenn im letzten Abschnitt dieses Artikels die Rede davon ist, dass die Kirche, »Gottes alleinige Herde«, als tätiges Zeichen für den Frieden unter den Völkern aufgerichtet ist, dann wird damit einerseits die wesentliche Weltbeziehung der Kirche in ähnlicher Weise wie in *Lumen Gentium* zur Sprache gebracht (Kirche als »Zeichen und Werkzeug für die innigste Vereinigung mit Gott wie für die Einheit der ganzen Menschheit«; LG 1). Zum anderen aber fragt sich, welche Kirche mit dem Attribut der Alleinigkeit angesprochen ist, nachdem doch in den vorausgehenden Sätzen die Beschreibung der Kirche immer eindeutiger auf die katholische Kirche zugelaufen ist. Da aber weder hier noch anderswo die katholische Kirche mit der Kirche Jesu Christi schlicht identisch gesetzt wird, muss davon ausgegangen werden, dass der Text zwischen der Thematisierung der Kirche Jesu Christi und der katholischen Kirche changiert. In einem solchen Changieren liegen aber alle zentralen ökumenischen Probleme des Kirchenverständnisses unausgesprochen eingeschlossen. Man kann hierin eine Resonanz auf das nach wie vor ungeklärte und ökumenisch strittige Problem der rechten Bestimmung des Verhältnisses zwischen unsichtbarer und sichtbarer Kirche wahrnehmen.

3. Eine differenzierte Wahrnehmung des Trennenden und Verbindenden

Einen Beitrag zur Klärung der katholischen Position liefert der folgende Artikel, in dem von der Geschichte der Spaltungen die Rede ist. Vorbereitet wird diese Klärung in zwei Schritten: Da ist zunächst die Aussage, dass auch die Trennung großer Gemeinschaften »oft nicht ohne Schuld der Menschen auf beiden Seiten« geschehen ist (UR 3). Ein Gutteil der ökumenischen Anstrengungen, insbesondere in Fragen der Lehre und vor allem der Lehrverurteilungen, besteht, so wäre hier zu ergänzen, in der Aufarbeitung der Früchte solcher Schuld.

Des weiteren anerkennt das Dekret, dass die Menschen, die in getrennten Gemeinschaften »geboren sind und in ihnen den Glauben an Christus erlangen«, hinsichtlich der Trennung ohne Schuld sind. Damit ist sehr viel gesagt, vor allem, dass man nicht den einzelnen Christen in Blick nimmt und von ihm womöglich die Konversion erwartet oder fordert; ausdrücklich unterscheidet der Text die Konversion einzelner vom »ökumenischen Werk« in UR 4,4. Der Blick richtet sich vielmehr auf die christlichen Gemeinschaften, in denen Menschen guten Glaubens Christus anhängen und ihn auch erreichen können. Dies mündet schließlich in die differenzierte Bestimmung des Begriffs Trennung. Getrennt sind jene Gemeinschaften nämlich »von der vollen Gemeinschaft der katholischen Kirche«, also nicht von *jeder* Gemeinschaft mit ihr. Vielmehr stehen sie, wie es dann auch noch ausdrücklich heißt, »in einer gewissen, wenn auch nicht vollkommenen Gemeinschaft mit der katholischen Kirche« (UR 3,1). Kriterien einer ›gewissen‹, also nicht vollständigen Gemeinschaft mit der katholischen Kirche sind der Glaube an Christus und der Empfang der Taufe in der rechten Weise. Schon von hier aus ist klar, dass die katholische Kirche den anderen Kirchen und kirchlichen Gemeinschaften nie vollständig absprechen kann, was sie für sich selbst im Vollsinn beansprucht: Kirche zu sein. Umgekehrt stellt sich die Frage, in welcher Weise die katholische Kirche im Vollsinn Kirche sein kann, wenn sie authentische Elemente von Kirchlichkeit außerhalb von ihr in je unterschiedlicher Verwirklichung anerkennt. Das wird vom Dekret selbst vermerkt: Durch die Spaltungen wird es »für die Kirche selber [i.e.: für die katholische Kirche] schwieriger, die Fülle der Katholizität unter jedem Aspekt in der Wirklichkeit des Lebens auszuprägen.« (UR 4,10) Als Elemente der Kirchlichkeit jedenfalls nennt der Text: die Heilige Schrift, das Leben in Gnade, Glaube, Hoffnung und Liebe »und andere innere Gaben des Heiligen Geists und sichtbare Elemente«. Schließlich resümierend: »All dies, das von Christus ausgeht und zu ihm hinführt, gehört rechtens zu der einzigen Kirche Christi.«[44]

Deswegen kann und muss den »getrennten Kirchen und Gemeinschaften« zugesprochen werden, dass auch sie von Christus als »Mittel des Heils« (UR 3,4) gebraucht werden. Mit dieser Aussage wird aber die oben schon zitierte Bestimmung aus LG 1 vollständig auf diese nicht-katholischen Gemeinschaften (innerhalb der Grenzen ihrer mangelhaften Gemeinschaft mit der katholischen Kirche) angewendet. Maximaler kann einerseits die Elemententheologie nicht ausgedeutet werden. Gleichzeitig wird aber die Ungeklärtheit des Verhältnisses zwischen der einen Kirche Christi und den vielen Kirchen aufs Äußerste strapaziert, denn Mittel des Heils und Zeichen und Werkzeug der Einheit ist die Kirche in ihrer Einheit. Dieser Einheit erfreuen sich aber die von der katholischen Kirche getrennten Brüder, wie es im unmittelbar folgenden Abschnitt desselben Artikels heißt, nicht. Muss man es deswegen als eine Zurücknahme des soeben Zugestandenen begreifen, wenn es unmittelbar anschließend heißt: »Nur durch die katholische Kirche Christi, die das allgemeine Hilfsmittel des Heils ist, kann man Zutritt zu der ganzen Fülle der Heilsmittel haben«?

Bemerkenswert ist die Doppelperspektive *ad intra* und *ad extra*, mit welcher das Dekret in einem langen vierten Artikel die Früchte der ökumenischen Bewegung weiter bedenkt: *Nach innen* nämlich wird es als für die Ökumene notwendig erachtet, dass die Katholiken in erster Linie auf die eigene Erneuerung schauen (UR 4,5); die Vergegenwärtigung der katholischen Kirche bedarf insgesamt einer Erneuerung in den Handlungen ihrer Glieder; diese müssen bemüht sein, »dass die Kirche, die die Niedrigkeit und das Todesleiden Christi an ihrem Leib trägt, von Tag zu Tag geläutert und erneuert wird« (UR 4,6). Innerhalb dieser *ad intra*-Perspektive gibt das Dokument einen beachtenswerten Hinweis zur Verwirklichung größtmöglicher Kirchlichkeit: »Alle in der Kirche sollen unter Wahrung der Einheit im Notwendigen« in der Ausgestaltung der Vielfalt geistlichen Lebens und der weltlichen Lebensgestaltung, der liturgischen Riten und der Theologie »die gebührende Freiheit walten lassen«, freilich in Liebe. »Auf diese Weise werden sie die wahre Katholizität und Apostolizität der Kirche immer vollständiger zum Ausdruck bringen« (UR 4,7). *Nach außen* wird die Perspektive eröffnet, dass »die Katholiken die wahrhaft christlichen Güter aus dem gemeinsamen Erbe mit Freude anerkennen und hochschätzen, die sich bei den von uns getrennten Brüdern finden« (UR 4,8). Diese fundamentale Perspektive der Würdigung findet in der Maxime ihren rechten Ausdruck: »Denn was wahrhaft christlich ist, steht niemals im Gegensatz zu den echten Gütern des Glaubens.« (UR 4,9).

4. Eine Pragmatik der Ökumene

Das Dekret entwirft im Folgenden eine elementare *Pragmatik der Ökumene*. Als Grundbedingung und zugleich bereits fundamentale Ereignisform der ökumenischen Arbeit wird dabei die »Sorge um die Wiederherstellung der Einheit« identifiziert (UR 5). Entscheidend ist hier, dass diese *Sorge* nicht nur als »Sache der ganzen Kirche, sowohl der Gläubigen wie auch der Hirten«, qualifiziert wird, sondern als eine Grundhaltung und Tätigkeit, an der deutlich wird, dass »eine brüderliche Verbindung zwischen allen Christen schon vorhanden ist«. Es wird hier allerdings nicht ausdrücklich von einer in der Sorge um die Einheit bestehenden Verbindung zwischen den Kirchen und kirchlichen Gemeinschaften gesprochen.

Sehr schön wird dann im folgenden Artikel der Sinn der Ökumenischen Bewegung mit der je nötigen *Erneuerung der Kirche* verbunden, die nicht Beiwerk ist, sondern nur ein anderes Wort für die Pilgerschaft, auf der die Kirche sich ihrem Wesen entsprechend befindet, von Christus zu einer »dauernden Reform gerufen« (UR 6).

Die beiden genannten Elemente einer ökumenischen Pragmatik, die Sorge um die Einheit und die Erneuerung, werden im biblischen Gedanken der *Bekehrung* bzw. der Umkehr zu einer gewissen Synthese geführt (UR 7). Ohne innere Bekehrung, so heißt es, gibt es keine echte Ökumene. Die Notwendigkeit der Bekehrung wird ohne einseitige Zuweisung ausgesprochen und ist dementsprechend an alle Christen adressiert. Wenn auch der Begriff der Bekehrung – als Begriff einer subjekthaften Handlung – sinnvoll nur in Bezug auf die einzelnen Christen angewendet werden kann, so ist, wenn die Handlungswirklichkeit der Bekehrung als konstitutiv für den ökumenischen Prozess angesehen wird, was *Unitatis redintegratio* tut, in irgendeiner Weise die Dimension der Kirche bzw. der verfassten Gemeinschaft mit aufgerufen: In einer abgeleiteten Weise wird also von einer Bekehrung der Kirchen und Gemeinschaften zu sprechen sein.

Im Zentrum dieser Reflexion auf die Bekehrung, eigentlich im Zentrum der Handlungsform der Bekehrung der Herzen selbst, steht eine *Vergebungsbitte*: »In Demut bitten wir also Gott und die getrennten Brüder um Verzeihung, wie auch wir unseren Schuldigern vergeben.« (UR 7) Das Personalpronomen macht unzweifelhaft deutlich, dass nicht nur über die Vergebungsbitte reflektiert wird, sondern dass sie durch das Konzil, und damit durch die im Konzil aktual gegenwärtige Kirche selbst, ausgesprochen wird.

Die Pragmatik der Ökumene findet eine Abrundung, wenn im achten Artikel, gewissermaßen als Echo auf die gemeinsame Sorge um die Einheit, das *Gebet um die Einheit* thematisiert wird, das ja nicht nur auf die Einheit zielt, sondern schon Zeugnis einer Einheit ist, insoweit die getrennten Kirchen und Gemeinschaften dieses Gebe praktizieren. Es kann auch in sichtbarer Gemeinsamkeit geübt werden.

In diesem Zusammenhang kommt das Dekret auf die Gottesdienstgemeinschaft (*communicatio in sacris*) zu sprechen und erinnert an eine bedeutsame Unterscheidung: Das *Prinzip der Bezeugung der Gemeinschaft* schließt eine Gottesdienstgemeinschaft eher aus, weil das, was zu bezeugen wäre, nicht in Sichtbarkeit verwirklicht ist: Einheit. Das *Prinzip der Sorge um den ungehinderten Zugang zu den Gnadenmitteln* empfiehlt die Gottesdienstgemeinschaft in manchen Fällen, wie es im Text heißt (UR 8). Die sorgfältige Abwägung wird in das Ermessen des Ortsbischofs gestellt, soweit nicht von der Bischofskonferenz oder dem Heiligen Stuhl anderes bestimmt ist.

Es ist sinnvoll, eine Pragmatik der Ökumene nicht ohne Blick auf die theologische Arbeit und Ausbildung zu formulieren. Hier mahnt das Dekret die Notwendigkeit der Konfessionskunde an, denn »man muß den Geist und die Sinnesart der getrennten Brüder kennen« (UR 9). Auch soll die theologische Ausbildung insgesamt »unter ökumenischem Gesichtspunkt geschehen« (UR 10). Schließlich soll die »Art und Weise der Formulierung des katholischen Glaubens … keinerlei Hindernis bilden für den Dialog mit den Brüdern« (UR 11). In diesem Sinn ist auch die viel zitierte Formulierung von der »›Hierarchie‹ der Wahrheiten« zu verstehen, die im letztgenannten Artikel gebraucht wird. Die Darstellung des katholischen Glaubens soll auch in der Hinsicht einem ökumenischen Gespräch kein Hindernis sein, dass nicht alles, was dieser Glaube an Inhalten mit sich führt, mit derselben Wichtigkeit den Gesprächspartnern vor- oder entgegen gehalten wird; stattdessen sollen diese Wahrheiten »je nach der verschiedenen Art ihres Zusammenhangs mit dem Fundament des christlichen Glaubens« dargelegt werden.

Die inzwischen breite Anwendung dieser Formulierung wird nicht in jedem Fall ohne weitere Erklärung auf UR 11 verweisen können, als wäre dort der Begriff einer Hierarchie der Wahrheiten schon entwickelt und geklärt. Man wird jedoch UR 11 als Paradigma einer Pragmatik der Theologie, einer bedeutungsvollen Handhabung des theologischen Stoffs, auffassen können, die allerdings der Ausarbeitung einer (nicht starren, sondern kontextoffenen) Kriteriologie bedarf. Diese wird, insofern sie sich als begründet auszuweisen hat, nicht aus einer Theologie abgeleitet und von ihr abgelöst werden können, sondern letztlich mit ihr zusammenfallen. Das Wort »Hierarchie«, im Text ohnehin in Anführungsstriche gesetzt, erweist sich dabei als heikel: Soll »heilige Ordnung« für einen ewigen Kanon umgrenzter Inhalte in ebenso ewig festgelegter innerer und äußerer Zuordnung stehen, wäre damit nicht nur die Geschichtlichkeit der Dogmenentwicklung und der Entfaltung des Glaubensgeheimnisses geleugnet oder außer acht gelassen, sondern auch, damit zusammenhängend, der Anteil der je aktualisierenden Begründungsarbeit der Theologie an der Akzentuierung, sowie der inneren und nach außen zielenden Zuordnung der Glaubensinhalte. Vielleicht ist »Hierarchie« so zu verstehen, dass es innerhalb des Spektrums der Glaubensinhalte solche gibt, von denen aus Kriterien zur Interpretation der anderen zu gewinnen sind. Die Frage, welche das sein könnten, lässt sich am ehesten von der Grundsituation des christlichen Glaubens her beantworten: Gott hat sich in der geschichtlichen Konkretion eines menschlichen Lebens selbst den Menschen auf eine ihre Freiheit würdigende – das heißt rettende und vollendende – Weise nahe gebracht, dabei dem Selbstvollzug des Menschen an seiner Freiheit nichts nehmend, ihm vielmehr alle Lebens-Verheißung der Schöpfungswirklichkeit zu-sprechend. So oder ähnlich könnte eine Formulierung der Grundsituation des christlichen Glaubens lauten, die axiologisch das Glaubensbekenntnis durchliefe und damit die Kurzformel der Kriteriologie einer Hierarchie der Wahrheiten darstellte.

5. Erste Schritte zu einer Wahrnehmung der getrennten Kirchen in ökumenischem Geist

Das Dekret wagt sich nun an die Darstellung der von der katholischen Kirche getrennten »Kirchen und kirchlichen Gemeinschaften«, so die Formulierung in der Überschrift zum dritten Kapitel. Diese Darstellung steht unter der Leitfrage des Trennenden und Gemeinsamen. Die eben zitierte Formulierung ist mit Bedacht gewählt; sie dient gerade nicht der Einführung einer ›Hierarchie der Wertschätzung‹, mit ihr will das Dekret nicht den einen Kirchlichkeit zu- und den anderen absprechen. Vielmehr will man hiermit der Selbstbeschreibung der einzelnen Kirchen und kirchlichen Gemeinschaften gegenüber Respekt bekunden: Nicht alle christlichen Gemeinschaften verstehen sich selbst in derselben Weise oder demselben Maß als Kirchen, sondern etwa als (lokal begrenzte) Gemeinden oder als Kongregationen. Diese respektvolle Sprache von *Unitatis redintegratio* wird in der Erklärung der Glaubenskongregation *Dominus Iesus* vom 6.8.2000 konterkariert, indem dort mit der Formulierung des Konzilsdekrets, die man zitiert, eben das gemacht wird: Den aus der Reformation hervorgegangenen Gemeinschaften spricht man die Kirchlichkeit ab (sie sind »nicht Kirchen im eigentlichen Sinn«), den Gemeinschaften der Orthodoxie hingegen spricht man sie zu (Nr. 17). Der Konzilstext respektiert einen Raum, in dem die christlichen Gemeinschaften sich selbst bestimmen, der Text der Kongregation bestimmt den Raum, in dem es die anderen wahrnimmt.

Entsprechend einer Unterscheidung zwischen den Spaltungen des Ostens und jenen im Abendland seit dem 16. Jahrhundert werden zunächst in den Artikeln 14–18 die Kirchen des Ostens thematisiert. Das Dekret hebt hervor, dass die Kirchen des Ostens und des Abendlands seit früher Zeit je eigene Wege gegangen sind, jedoch zunächst »miteinander verbunden in brüderlicher Gemeinschaft des Glaubens und des sakramentalen Lebens« (UR 14). Gewürdigt wird zudem die deutliche orts- bzw. teilkirchliche Verfassung der Ostkirchen, namentlich ihre Patriarchalstruktur. Dieser Würdigung entspricht die feierliche Erklärung des Konzils, dass die Kirchen des Ostens »die Fähigkeit haben, sich nach ihren eigenen Ordnungen zu regieren … Die vollkommene Beobachtung dieses Prinzips [i.e.: durch die lateinische Kirche], das in der Tradition vorhanden, aber nicht immer beachtet worden ist [i.e.: durch die lateinische Kirche], gehört zu den Dingen, die zur Wiederherstellung der Einheit als notwendige Vorbedingung durchaus erforderlich ist.« (UR 16) Unter den Patriarchaten sind nicht wenige, die »sich ihres apostolischen Ursprungs rühmen.«[45] Das Dekret anerkennt, dass die katholische Kirche in der Liturgie, der geistlichen Tradition und der rechtlichen Ordnung in historischer Abhängigkeit von den Kirchen des Ostens steht; insbesondere die trinitätstheologischen, christologischen und mariologischen Grunddogmen sind auf Konzilien beschlossen worden, die im Bereich der Kirchen des Ostens stattgefunden haben. An anderer Stelle, aber in sachlichem Zusammenhang, erklärt das Konzil, »dass dies ganze geistliche und liturgische, disziplinäre und theologische Erbe [i.e.: das der Kirchen des Ostens] mit seinen verschiedenen Traditionen zur vollen Katholizität und Apostolizität der Kirche gehört« (UR 17). Die Nähe zwischen katholischer Kirche und den Kirchen des Ostens wird durchgängig als groß bewertet: Die Kirchen des Ostens pflegen ein Sakramentsverständnis, dem die katholische Kirche trotz der Trennung zustimmen kann; dies gilt namentlich für die Eucharistie, die wie das Priesteramt auch in den Kirchen des Ostens »in der Kraft der apostolischen Sukzession« steht (UR 15). Wegen dieser im sakramentalen Leben sich zeigenden großen Nähe hält das Dekret »eine gewisse Gottesdienstgemeinschaft« für möglich.

Zwanglos ergibt sich aus einer solchen durchgängigen positiven Bewertung einer großen Nähe zwischen katholischer Kirche und den Kirchen des Ostens die feierliche Erklärung (und Selbstkorrektur), dass es »zur Wiederherstellung oder Erhaltung der Gemeinschaft und Einheit notwendig sei, ›keine Lasten aufzuerlegen, die über das Notwendige hinausgehen‹ (Apg 15,28)« (UR 18).

In einem zweiten Teil (Art. 19–23) dieses Kapitels behandelt das Dekret die aus den Spaltungen im Abendland hervor gegangenen »Kirchen und kirchlichen Gemeinschaften«. Zu beachten ist die Wiederholung dieser Formulierung aus der Kapitelüberschrift auch an dieser Stelle, also in Anwendung auf die aus der Reformation hervor gegangenen Gemeinschaften. Eine Interpretation, die unterstellen will, dass das Konzil diesen Gemeinschaften Kirchlichkeit in einem eigentlichen Sinn insgesamt absprechen will, ist folglich durch den offensichtlichen Aussagesinn des Dekrets nicht gedeckt.

Auch in Bezug auf diese Kirchen und kirchlichen Gemeinschaften, die in einer »schweren Krise« von Rom getrennt worden sind, wird gleich einleitend das Verbindende betont: nämlich das »Band besonderer Verwandtschaft«, das in den Jahrhunderten gemeinsamer Kirchlichkeit besteht. Dieser Gedanke weist eine gewisse Nähe zum alten ökumenischen Konzept des *consensus quinqesaecularis* auf, das (nicht in der Bezeichnung, aber in der Sache) auf den lutherischen Theologen Georg Calixt (1586–1656) zurückgeht und den Kreis freilich weiter zieht: Calixt hat die kirchliche und theologische Entwicklung der ersten fünf Jahrhunderte zur Grundlage einer Einigung der Konfessionen machen wollen, so dass dieser Konsens der ersten fünf Jahrhunderte alle chalzedonischen Kirchen umfasst.

Das Konzil betont die Unmöglichkeit einer Beschreibung dieser Kirchen und kirchlichen Gemeinschaften und begründet dies mit deren großer Verschiedenheit hinsichtlich der Spiritualität, der Theologie, aber auch ihrer jeweiligen Entstehung. Aus diesen Unterschieden untereinander, aber auch zur katholischen Kirche, leitet das Konzil die Notwendigkeit der »gegenseitigen Achtung« ab (UR 19). Im Geist dieser Notwendigkeit beabsichtigt das Konzil, mit dem Dekret hervorzuheben, was Grundlage eines ökumenischen Gesprächs angesichts großer Differenzen sein kann, und nicht zu katalogisieren, was trennt. Ins Zentrum wird das trinitarische Bekenntnis zu Jesus Christus »als Gott, Herrn und einzigen Mittler zwischen Gott und den Menschen« gerückt (UR 20).[46] In einer impliziten Inanspruchnahme des Konzepts einer Hierarchie der Wahrheiten wird dieses einende Bekenntnis über die trennenden Lehrfragen hinsichtlich der Christologie, der Rechtfertigungslehre, der Ekklesiologie und der Mariologie gestellt. Keineswegs aber darf diese Nachordnung gewisser strittiger Fragen der Lehre und des Bekenntnisses als Aufforderung zu ihrer Nichtbeachtung um der Einheit willen aufgefasst werden. Vielmehr können die Ausführungen in UR 20 als Vorschlag aufgefasst werden, den Weg der Ökumene über das (schon) einende Christusbekenntnis hin zu einem immer tieferen Verständnis dessen zu nehmen, was noch strittig ist.

Voller Respekt stellt das Konzil die »Liebe und Hochschätzung, ja fast kultische Verehrung« fest, welche »unsere Brüder« der Heiligen Schrift entgegen bringen (UR 21).[47] Die Hochschätzung der Schrift lässt diese dem Dekret zufolge als »ausgezeichnetes Werkzeug in der … Hand Gottes« für das ökumenische Gespräch erscheinen, auch wenn die Bestimmung des Verhältnisses zwischen Schrift und Kirche unterschiedlich ist und die katholische Kirche dem authentischen

Lehramt »bei der Erklärung und Verkündigung des geschriebenen Worts Gottes einen besonderen Platz« einräumt, der nach dem Zeugnis des Dokuments übrigens kein übergeordneter ist.

In der schwierigen Frage des jeweiligen Sakramentsverständnisses geht das Konzil so vor, dass es hinsichtlich der Taufe den Rahmen einer über die Differenzen hinweg konsensfähigen Tauftheologie markiert: Die Taufe, ist sie recht gespendet und wird sie »in der gebührenden Geistesverfassung empfangen«, begründet »ein sakramentales Band der Einheit zwischen allen, die durch sie wiedergeboren sind« (UR 22). So wie die Taufe für den Empfänger »nur ein Anfang und Ausgangspunkt« seines Wegs zur Erlangung der Fülle des Heils ist, so ist sie auch hingeordnet auf die vollständige Einheit der Kirche (und nicht schon deren Vergegenwärtigung), wie sie sich in einer gemeinsamen Eucharistiefeier liturgisch verwirklichen würde. Hinsichtlich des Eucharistieverständnisses wird bei den getrennten kirchlichen Gemeinschaften ein Defizit konstatiert, das durch das Fehlen des Weihesakraments besteht. Dies zu bemerken entspricht der üblichen Wahrnehmung des evangelischen Abendmahlsverständnisses durch die katholische Seite. Darüber hinaus würdigt das Dekret aber dieses Abendmahlsverständnis, indem es in der Gedächtnisfeier des Abendmahls die (vergegenwärtigende) Bezeichnung der lebendigen Gemeinschaft mit Christus sich ereignen sieht. Wenn es hierauf in einem Schlusssatz heißt, dass »deshalb« die Abendmahlslehre und das Verständnis der übrigen Sakramente »notwendig Gegenstand des Dialogs« sind, dann hat dieser Dialog offensichtlich nicht die Lehrdifferenzen zur Basis, sondern das, was beim jeweils Anderen gewürdigt und hochgeschätzt werden kann, zum Fundament.

Diese Darstellung der getrennten Kirchen und kirchlichen Gemeinschaften der Reformation abschließend, erkennt das Dekret in ihnen ein reiches geistliches Leben, das durch Christusfrömmigkeit geprägt ist und durch die Verkündigung gestärkt wird. Insofern das geistliche Leben prinzipiell nicht von den weltlichen Aktivitäten getrennt ist, kann auch hier der

Blick auf es weiter geführt werden hin zum tätigen Weltdienst; das Dekret spricht von einem »werktätigen Glauben« (*operosa fides*), von einem Glauben also, der sich in der Welt auswirkt. In diesem recht verstandenen Weltdienst, so nämlich, wie es mit Kol 3,17 gesagt wird, das er im Namen Christi und dem Vater zum Dank geschieht und erst in dieser Relation seine volle Dignität gewinnt, kann der Ansatz zu einer Ökumene der Praxis gesehen werden (UR 23).

Abschließend mahnt das Konzil zur Nüchternheit um der Ökumene willen (UR 24). Die Mitarbeit der katholischen Kirche an der Ökumene wird in einem komplexen Treueverhältnis situiert: Sie muss in Treue zur Norm am Anfang geschehen, als deren Autoritäten die Apostel und die Väter genannt werden. Sie muss in Übereinstimmung mit jenem Glauben geschehen, »den die katholische Kirche immer bekannt hat«, also zur authentischen und lebendigen Überlieferung jener Norm des Anfangs. Sie muss schließlich auf die Verwirklichung der Fülle der Kirchlichkeit ausgerichtet sein, die jetzt, unter den Bedingungen der Glaubens- oder Kirchenspaltungen, nicht gegeben ist. Die ökumenische Arbeit soll auf die Verbindung mit den Anstrengungen der getrennten Geschwister ausgerichtet sein; sie soll dem ökumenischen Fortschritt keine Hindernisse in den Weg legen; sie soll neue, jetzt gar nicht absehbare Möglichkeiten – das Konzil spricht von den »künftigen Anregungen des Heiligen Geists« – nicht ausschließen. Die Einsicht in die Begrenztheit menschlicher Handlungsfähigkeit gibt der Vollendung der ökumenischen Arbeit an der Wiedergewinnung voller Einheit und lebendiger Gemeinschaft schließlich die Gestalt der »Hoffnung … auf das Gebet Christi für die Kirche, auf die Liebe des Vaters zu uns und auf die Kraft des Heiligen Geists« (UR 24).

6. Schlussreflexion

Mit *Unitatis redintegratio* ist die katholische Kirche offiziell in den interkirchlichen Prozess der Ökumene eingetreten. Dieser Schritt ist unumkehrbar. Er ist zugleich ein Schritt auf die anderen Kirchen und Gemeinschaften zu. Die katholische Kirche hat sich bewegt. Sie hat damit einen Akt der Selbstrelativierung vollzogen, dessen Tragweite noch gar nicht ekklesiologisch eingeholt und wiederum in ihren Beitrag zur Ökumene eingebracht worden ist. Dieser Schritt liegt im Dokument selbst, weniger in einzelnen Aussagen (die nicht selten vor Relativierungen in Schutz genommen werden müssen). Will man Spuren dieses Schritts im Text selbst dingfest machen, so am ehesten in dem Umstand, dass in ihm eine nicht ausschließende Pragmatik der Ökumene entworfen wird, sowie in der weite Teile der Darstellung der getrennten Kirche leitenden Maxime, das im Anderen aufzusuchen und zu beleuchten, was anerkannt und wertgeschätzt werden kann und dieses zur Grundlage des ökumenischen Gesprächs zu machen, in dessen Licht das Trennende zu erörtern ist – und nicht umgekehrt. Hierin nämlich zeigt sich, dass es dem Konzil ernst mit der Aussage ist, dass außerhalb der sichtbaren, verfassten katholischen Kirche Elemente von Kirche zu finden sind, auf die eine Kirche Jesu Christi schlechterdings nicht verzichten kann.

Eine letzte Perspektive, die der Text nicht formuliert, die ihm aber zugemutet werden kann: Hat sich mit diesem Schritt die Kirche nicht auch grundsätzlich, also über aktuelle Selbstpräsentationen hinaus, als dazu in der Lage erklärt, auch in einer durchaus denkbaren Situation der unmöglichen, wie auch immer vorzustellenden Integration *aller* Kirchen und kirchlichen Gemeinschaften in *eine* Institution, die getrennt und gravierend unterschieden bleibenden Gemeinschaften als wesentliche Verwirklichung von Kirche anzuerkennen, und zwar so, dass sie ein Verhältnis der wechselseitigen Verwiesenheit vorschlägt, das nicht endgültig ist, sondern noch einmal »den künftigen Anregungen des Heiligen Geists« nicht vorgreift?

Diese Frage ist in dem Maß virulent, wie das ökumenische Gespräch mit nicht hochkirchlich verfassten Gemeinschaften, im Wesentlichen mit den so genannten Freikirchen bzw. den Kirchen des 17. Jahrhunderts, geführt wird. Kann die katholische Kirche auch in solchen Gemeinschaften, deren innere Verfassung dezidiert anders ist als die ihre, Elemente von Kirche erkennen und anerkennen? Würde sie mit einem solchen Akt der Anerkennung einen Beitrag zur Selbstaufklärung dieser Gemeinschaften leisten können? Würde sie die mit einem solchen Akt verbundene Einsicht in die mögliche Unintegrierbarkeit authentischer Kirchlichkeit aufbringen können? Könnte schließlich die von Johannes Paul II. in der Ökumene-Enzyklika *Ut unum sint* ausgesprochene Einladung zu einer gemeinsamen, ökumenischen Neubesinnung auf das Papstamt mit beinhalten, dass der Papst in Ausübung seines amtlichen Diensts an der Einheit nicht nur »für alle«, sondern auch »zu den Anderen« spricht, entsprechend der Formel von der Einheit »mit, nicht unter dem Papst«?[48]

Das Dekret über die Hirtenaufgabe der Bischöfe in der Kirche *Christus Dominus*

1. Zur Textgeschichte

In vielem bezieht sich *Christus Dominus* auf die in *Lumen Gentium* dargelegte Lehre von der Kirche, so dass dies hier nicht noch einmal ausgebreitet werden muss.[49] Im Zentrum des Dekrets steht aber weniger die Entfaltung einer Lehre als vielmehr die Vergegenständlichung und Anwendung der Kirchenkonstitution in Bezug auf das Bischofsamt. Daher rühren auch die auf zwei vorausgehende Entwürfe zurückzuführenden, einesteils rechtlichen, andernteils pastoralen Ausdrucks- oder Redeweisen des Dokuments. Der eine Entwurf, *Über den Bischof und die Leitung der Diözese*, wird in der II. Sitzungsperiode, das Schema *Über die Heilung der Seelen* hingegen aus Zeitgründen gar nicht debattiert. Stattdessen wird die Bischofskommission mit der Integrierung seiner Aussagen in das andere Schema beauftragt, um auf diese Weise eine neue Vorlage zu erarbeiten. Aus ihr werden nur jene neuen, bislang nicht debattierten Teile wiederum zur Diskussion gestellt, nämlich in der III. Sitzungsperiode im Herbst 1964. Verbesserungen müssen vorgenommen werden; aus Gründen der Überlastung des konziliaren Arbeitsplans kommt es in der am 21.11.1964 endenden II. Sessio nicht mehr zur Wiedervorlage des Texts, sondern erst im Herbst 1965. Am 6.10.1965 findet eine letzte Abstimmung über den Gesamttext statt; am 28.10.1965 wird das Dekret *Christus Dominus* schließlich mit 2319 zustimmenden und 2 ablehnenden Stimmen verabschiedet.

Das Bischofsamt wird nicht für sich, sondern stets in seiner hirtlichen Verantwortung, die eine kirchliche ist, dargelegt, im Wesentlichen also in den drei Dimensionen des Verhältnisses des Bischofs zur Gesamtkirche und insbesondere zum Papst, zu seiner Teilkirche und zu den Mitbischöfen samt den dieser Ebene zuzuordnenden Institutionen.

2. Der Bischof in der Weltkirche

Hinsichtlich des Verhältnisses zum Papst wiederholt *Christus Dominus* die Lehre von *Lumen Gentium*, der zufolge die Gewalt des Bischofs nicht eine ihm vom Papst eingeräumte ist: »Als Nachfolgern der Apostel steht den Bischöfen in den ihnen anvertrauten Diözesen von selbst jede ordentliche, eigenständige und unmittelbare Gewalt zu, die zur Ausübung ihres Hirtenamts erforderlich ist.« (CD 8,a; vgl. LG 20) Das Dekret hält es für angezeigt, im Rahmen der Darlegung des Verhältnisses des Bischofs zum Papst einige Bemerkungen zu den römischen Behörden zu machen: Diese, so wird festgehalten, üben ihren Dienst mit der Vollmacht des Papsts, also nicht in eigener Autorität, aus, sowie zum Wohl der Kirche. Unter diesem Vor-Satz ist der daraufhin erklärte Wunsch des Konzils nach einer Kurienreform zu verstehen. Insbesondere dort, wo der kuriale Bereich unmittelbar jenen der Bischöfe berührt, nämlich bei den päpstlichen Nuntien, wünscht das Konzil eine Abgrenzung der kurialen Kompetenzen, durch die das Hirtenamt der Bischöfe stärker berücksichtigt wird (CD 9).

Der Wunsch nach einer Kurienreform beinhaltet auch deren vermehrte Internationalisierung sowie, und hier wird der Bezug dieses Reformwunschs zum thematischen Gegenstand des Dekrets wieder unmittelbar greifbar, eine verstärkte Aufnahme von Diözesanbischöfen in die römischen Behörden (CD 10). Ebenso wird empfohlen, den Rat von Laien auch direkt für die Arbeit der römischen Behörden in Anspruch zu nehmen.

3. Der Bischof in seiner Teilkirche

Entsprechend der Kirchenkonstitution wird die Diözese als Teilkirche bestimmt, »in der die eine, heilige, katholische und apostolische Kirche wahrhaft wirkt und gegenwärtig ist (CD 11; vgl. LG 23 und 26). In ihr nehmen die Bischöfe ihre Hirtenaufgabe als »Zeugen Christi vor allen Menschen« wahr.

Dem entspricht die Betonung der Verkündigung, der ein Vorrang unter den Aufgaben des Bischofs zugesprochen wird (CD 12). Diese Verkündigungsaufgabe wird dann als Erschließung und Interpretation aller Lebensbereiche als von Gott her »auf das Heil der Menschen hingeordnet« weiter entfaltet, also als deutender Umgang mit der (Menschen-)Welt, was mehr ist als ein ›Gespräch mit der Gesellschaft, in der die Kirche lebt‹ (vgl. CD 13). Verkündigung öffnet sich hier über den Rahmen des Lehrhaften hinaus auf eine paradigmatische Welt-Praxis: eine Thematisierung der Welt, durch welche diese als der Ort des Heils für die Menschen sichtbar werden soll.

Der Hirtendienst des Bischofs ist also in ausdrücklicher Weise an die Gläubigen der Teilkirche seiner Diözese adressiert, denen seine Sorgfaltspflicht hinsichtlich der verschiedenen Instanzen der Glaubensverkündigung gilt (CD 14), und in Bezug auf deren Heiligung noch einmal die Fülle des Weihesakraments im Bischof betont wird (CD 15). Aber dieselbe Hirtenaufgabe zielt auch auf die nicht, noch nicht oder nicht mehr dieser Teilkirche Zugehörenden, letztlich auf die Menschen schlechthin, dort, wo sie leben, als die, die sie sind (vgl. CD 16,6). Dieser weite Rahmen der Zeugnispflicht des Bischofs vor allen Menschen ist auch dann immer mit zu bedenken, wenn in ausdrücklicher Weise jeweils nur die sichtbar kirchliche Dimension seiner Tätigkeit und seiner Funktion beschrieben wird.

In diesem engeren, aber auch sichtbaren Kreis seiner Dienstverantwortung wird nun eigens das Verhältnis des Bischofs zu seinen Priestern thematisiert (CD 16). Ihnen soll er »mit besonderer Liebe … zugetan« sein, er soll sie »als Söhne und Freunde« betrachten, er soll sich um ein »vertrauensvolles Verhältnis zu ihnen« bemühen. Mehr noch, um ihre »geistliche, intellektuelle und wirtschaftliche Lage« soll er sich kümmern; nichts an der konkreten Lebenssituation der Priester soll den Bischof unberührt lassen – freilich im Sinn einer liebenden Verantwortung, nicht der Kontrolle. Genauso aber soll er die Situation der Gläubigen kennen, ihre Bedürfnisse, ihre sozialen

Verhältnisse. Das Dekret nennt in diesem Zusammenhang ausdrücklich den Nutzen der modernen Sozialwissenschaften. Bei allem Impetus der Hinwendung, ja Fürsorge, den das Dekret in die Beschreibung des bischöflichen Hirtenamts legt, geht es doch nicht um eine paternalistische Enteignung der Gläubigen; vielmehr gehört es in genuiner Weise zu eben dieser hirtlichen Verantwortung der Bischöfe, die Kirche aufbauende Eigenaktivität der Gläubigen anzuerkennen (CD 16; vgl. LG 37).

Das Dekret macht einige Feststellungen zur rechtlichen und institutionellen Seite des Bischofsamts. So soll etwa das Verhältnis zur weltlichen Macht in der Weise geregelt sein, dass die Bischöfe ihr Hirtenamt in einer »vollen und uneingeschränkten Freiheit und Unabhängigkeit von jeglicher weltlichen Macht« ausüben, aber auch in der Ausübung ihres Amts das »staatsbürgerliche Wohl und den sozialen Fortschritt« fördern, jedoch nur in dem Maß, »wie es den Bischöfen geziemt« (CD 19). Das Recht der Einsetzung von Bischöfen kommt ausschließlich den kirchlichen Obrigkeiten zu (CD 20). Hinsichtlich dessen, was über die Struktur der Diözesen gesagt wird (Größe, demographische Zusammensatzung, seelsorgliches Personal, etc.), ist besonders auf die Bestimmungen hinzuweisen, die das Dekret bezüglich der Existenz verschiedener Riten in einem Territorium vornimmt: Der Bischof wird verpflichtet, die Gläubigen der anderen Riten zu betreuen. Der Text nennt auch die Möglichkeit der Errichtung eigener Hierarchien für die verschiedenen Riten in ein und demselben Territorium, jedoch erst als ein letztes Mittel (CD 23, Nr. 3). Die darin zum Ausdruck kommende Reserve gegenüber Parallelhierarchien im Fall der Existenz verschiedener Riten auf einem Gebiet kann auch für die Präsenz der römisch-katholischen Kirche in den Territorien der Ostkirchen Maßstab setzend sein.

4. Der Bischof und die Bischöfe

Das Dekret erachtet die Beförderung der Zusammenarbeit unter den Bischöfen als notwendig und empfiehlt deswegen die Wiederanknüpfung an die altkirchlichen Traditionen der Synoden und (Provinzial-)Konzilien (CD 36). Die (zur Zeit des Konzils) bereits in mehreren Ländern bestehenden Bischofskonferenzen (die im Unterschied zu einer Synode eine permanente und nicht ereignishafte Struktur der Kooperation darstellen) empfiehlt das Konzil als ein in allen Ländern einzurichtendes Instrument episkopaler Zusammenarbeit (CD 37). Mitglieder einer Bischofskonferenz sind neben den Diözesanbischöfen auch die Koadjutoren und Weihbischöfe (nicht die Generalvikare), bestimmte, also nicht alle Titularbischöfe, nicht die Nuntien (CD 38, Nr. 2). Nicht festgelegt wird der Status der Bischofskonferenzen, die Frage also der Bindungskraft oder Wirksamkeit ihrer Beschlüsse bleibt unbeantwortet.

Mit der Sorge um das Heil, also mit dem Wesen des bischöflichen Hirtenamts, wird die Notwendigkeit eines deutlichen Profils von mittleren Strukturen zwischen Teil- und Gesamtkirche, nämlich die der Kirchenprovinzen, begründet. In dem Beschluss der Abschaffung exemter, also unmittelbar dem Heiligen Stuhl unterstellter Diözesen zugunsten der Eingliederung aller Diözesen in Kirchenprovinzen kann eine Stärkung der subsidiären Dimension der institutionellen Gliederung der Kirche gesehen werden (CD 40, Nr. 2). Im Zusammenhang mit dem Ruf nach Wiederherstellung ursprünglicher Bischofsrechte spielt das Subsidiaritätsprinzip auf der Konzilsdebatte eine gewisse Rolle: Konzilsväter wie Kardinal Franz König, der Erzbischof von Freiburg, Hermann Schäufele, und Kardinal Augustin Bea, erheben die Forderung, dass dieses Prinzip auch in der Leitungsstruktur der Kirche gelten müsse. Kardinal Bea formuliert dies in dem Sinn, dass »es nicht Sache der Autorität ist, sich in den Dingen an die Stelle einzelner Glieder zu setzen, die diese selbst vollbringen können, sondern nur zu ergänzen, was diese nicht können, und sie zu unterstützen und zu bewirken, daß das

Tun der verschiedenen Glieder unter sich geordnet und auf das gemeine Wohl gerichtet sei.«[50] Mit dem von Paul VI. erlassenen Motu proprio *Pastorale munus* vom 30. November 1963 werden einige der von den Konzilsvätern geforderten Bischofsrechte gewährt, was wiederum das Schema zum Bischofsdekret entlastet. Die in CD 42 formulierte Empfehlung der Schaffung überdiözesaner Ämter von Bischöfen (sie sind in der Praxis an die Bischofskonferenzen gebunden) bedeutet vor diesem Hintergrund übrigens keine Konterkarierung des Subsidiaritätsprinzips; vielmehr wird dies richtigerweise mit der Notwendigkeit einer Koordinierung von über die Grenzen einer Diözese hinaus reichenden pastoralen Anforderungen begründet.

5. Schlussreflexion

Das Konzil bestimmt zum Abschluss des Dekrets die Aufnahme der in ihm aufgestellten Grundsätze in eine zu erstellende Neubearbeitung des CIC. Beachtenswert ist dabei, dass neben dem Endtext auch die zu seiner Beschließung führenden Debatten ausdrücklich als mit zu berücksichtigen bestimmt werden (CD 44). Es würde weiterhelfen, könnte hierin ein vom Konzil selbst formuliertes hermeneutisches Prinzip zum generellen Umgang mit den Konzilstexten gesehen werden: dahingehend nämlich, dass die Interpretation eines Texts in seiner Endfassung stets auch seine Genese mit heranzuziehen habe. Vermutlich würde eine solche Interpretation die in Rede stehende Abschlussbestimmung des Dekrets aber überstrapazieren.

Das Dekret über die Ausbildung der Priester *Optatam totius*

1. Zur Textgeschichte

Das Dekret steht in der Linie des entsprechenden Dokuments des Konzils von Trient; dessen vierhundertjähriges Jubiläum ist auch während der III. Sitzungsperiode am 3.12.1963 begangen worden. Insbesondere im so genannten Seminardekret hat das Tridentinum sich als Reformkonzil verstanden und erklärt.[51] Auch hierin ist Kontinuität zu *Optatam totius* gegeben: Die Darlegung einer Reform der Priesterausbildung wird bereits im ersten Satz des Dokuments überschriftartig ins Licht der »erstrebte[n] Erneuerung der gesamten Kirche« gerückt, wie auch das Schlusswort den Bezug zu Trient ausdrücklich herstellt.

Das Dokument scheint sich selbst enge Geltungsgrenzen zu ziehen, wenn es erklärt, lediglich Leitsätze und Richtlinien formulieren zu wollen und diese zudem an den Diözesanklerus adressiert. Ersteres, die einschränkende Nennung nur zweier Aussageformen, ist der Geschichte des Texts geschuldet: Eine gewisse Zeit lang hat man geglaubt, das Konzil mit der III. Sitzungsperiode abschließen zu können, weswegen die Koordinierungskommission auch die für *Optatam totius* zuständige Kommission für Studien und Seminare am 23.1.1964 angewiesen hat, das Schema auf eine überschaubare Zahl von Propositionen zu reduzieren, über die schnell abgestimmt werden könnte, und weitere Ausführungsbestimmungen den Bischofskonferenzen zu überlassen. Die Konzilsväter aber haben mehrfach die Notwendigkeit gesehen, diesen reduzierten Text wiederum zu ergänzen, so dass der schließlich, nämlich erst in der IV. Periode verabschiedete Text weit mehr ist als eine Sammlung von Leitsätzen. In der feierlichen Schlussabstimmung vom 28.10.1965 wird das Dekret *Optatam totius* mit 2318 Ja- und drei Nein-Stimmen verabschiedet. – Zweiteres, die Adressierung an den Diözesanklerus, trägt dem Umstand Rechnung, dass die Erneuerung der Kirche die gesamte Kirche, und zwar ›vor Ort‹, betrifft, und ist bereits im Vorwort mit der (das eben Gesagte berücksichtigenden) Ergänzung versehen, dass die dargelegten Erneuerungen der

Priesterausbildung auf alle Situationen des Weltklerus, alle (Männer-) Orden und alle Riten hin anzupassen sind. Dieser allgemeine Leitsatz wird dann in einer Vorschrift verankert, der zufolge eine *ratio studiorum*, eine Ordnung der Priesterausbildung »für die einzelnen Völker und Riten« von den jeweiligen Bischofskonferenzen aufgestellt und von Rom approbiert werden soll (OT 1).

2. Auf dem Weg zu einer emanzipatorischen Pädagogik der Priesterausbildung

Das Dokument nimmt sich dann des Problems des Priestermangels an, indem es von den Berufungen handelt. Es stellt aber keine Lehre vom Wesen der Priesterberufung auf, sondern nennt die Bedingungen und Kontexte von Berufungen – womit es auch überhaupt das Faktum anerkennt, dass Priesterberufungen unter relevanten äußeren Bedingungen sich ereignen: Familie, Gemeinde, (schulische) Erziehung, das Leben und die Ausstrahlung der Priester (OT 2). Genannt werden auch die so genannten »Kleinen Seminare«, die Knabenseminare. Auch wenn diese Einrichtungen heute wenigstens in unseren Breiten vielerorts verschwunden sind, ist das über sie Gesagte festhaltenswert, weil auf eine christliche Erziehung generell beziehbar: Es soll christliche Erziehung stattfinden (die auf Christus, den Erlöser ausgerichtet ist), aber erstens ist deren pädagogischer Maßstab nicht die christliche Doktrin, sondern das Kind (allgemein: der Mensch) in oder mit seiner jeweiligen psychischen Entwicklung, und zweitens soll diese Erziehung nicht auf eine integristische Ghettoisierung, sondern auf vieldimensionalen Welt-Kontakt zielen. Das Dekret drückt diese Leitlinie konkret so aus, dass die Erziehung in den Knabenseminaren konstitutiv im Kontakt mit den Eltern geschehen soll, und dass die Alumnen durch diese Erziehung in die Lage versetzt werden sollen, auch andernorts, in der profanen Welt, ihre Studien fortzusetzen, »wenn die Schüler sich für einen anderen Lebensstand [i.e.: als den des Priesters] entscheiden sollten« (OT 3).

Wenn anschließend hinsichtlich der Priesterseminare gesagt wird, dass sie »zur priesterlichen Ausbildung notwendig« sind, dann reflektiert dies einige Beiträge in der Debatte über das Schema, welche die Abschaffung des Seminarwesens und neue, den jeweiligen Gegebenheiten angepasste Formen der Ausbildung vorgeschlagen oder gefordert haben. Die fundamentale Ausrichtung der Seminarausbildung soll pastoral sein (und nicht doktrinär oder disziplinär); sie soll »dahin zielen, dass sie [i.e.: die Alumnen] nach dem Vorbild unseres Herrn Jesus Christus, des Lehrers, Priesters und Hirten, zu wahren Seelenhirten geformt werden« (OT 4). Dem wird die Ausbildung zum Dienst am Wort, am Kult und zum Dienst des Hirten erläuternd beigeordnet: »Daher müssen alle Bereiche der Ausbildung, der geistliche, intellektuelle und disziplinäre, harmonisch auf dieses pastorale Ziel hingeordnet werden.« (OT 4) Eine wichtige Voraussetzung für das Gelingen dieser pastoral orientierten und auf den Menschen zentrierten Ausbildung ist wiederum die gründliche fachliche und pädagogisch-psychologische Ausbildung und persönliche Reife oder Erfahrung des Lehr- und Leitungspersonals. Auch die Qualität dieser Ausbildung soll institutionell gewährleistet sein (OT 5).

Was die Alumnen anbetrifft, wird noch einmal deren individuell unterschiedlicher Entwicklungsstand – gemeint ist nicht der ihres Wissens, sondern ihrer gesamtpersönlichen Reife – als dringend zu beachten in Erinnerung gerufen. Das Dekret warnt davor, sich durch den Priestermangel zu einer Aufweichung der Auswahlkriterien verführen zu lassen; diese sollen vielmehr streng sein (OT 6). In einer gewissen Analogie zur christlichen Erziehung wird auch die geistliche Ausrichtung der Priesteramtskandidaten in (zunächst trinitarischer, dann aber vor allem) christozentrischer Weise beschrieben. Ihre Spiritualität sollen die Alumnen mit dem Spiritual und im Austausch mit ihrer wissenschaftlichen und pastoralen Ausbildung entfalten (OT 8). Mit einer wenig erneuerungsorientierten Diktion wird das Verhältnis der zukünftigen Priester zur kirchlichen Hierarchie in der Sprache der Ergebenheit dargelegt; wie auch insgesamt die priesterliche Existenz in einer Sprache der Askese ausgelegt wird (OT 9); der Wert der Ehe ist zu kennen und zu würdigen, dem Zölibat aber der Vorrang zu geben, von dem das Dekret freilich weiß, dass er (als Pflichtzölibat für den Weltklerus) an den eigenen (lateinischen) Ritus gebunden ist. Die Aussage, dass die Ehelosigkeit einen Verzicht darstellt, der in das gesamte Leben integriert werden muss, um sich nicht als Schaden auszuwirken, wird in einer anthropologischen Engführung schließlich als »vollkommenere Herrschaft über Leib und Seele« ausgelegt (OT 10).

Einer der bedeutendsten Artikel des Dekrets handelt von der Bildung der Kandidaten (OT 11). Hier skizziert das Dokument eine Theorie emanzipatorischer Pädagogik, wie sie in einem Priesterseminar praktiziert werden soll: Die Ausbildung soll so abgestimmt sein, dass die Alumnen »zur nötigen menschlichen Reife geführt werden«. Sie soll der Entwicklung einer mit sich selbst im Kontinuum der Zeit identischen Persönlichkeit (»innere Beständigkeit«) und der Befähigung zu einem abgewogenen Urteil dienen. Die Alumnen sollen grundsätzlich »jene Tugenden schätzen lernen, auf die die Menschen Wert legen«. Genannt werden: »Aufrichtigkeit, wacher Gerechtigkeitssinn, Zuverlässigkeit bei Versprechungen, gute Umgangsformen, Bescheidenheit und Liebenswürdigkeit im Gespräch«. Vor allem aber sollen sie durch das alles »allmählich lernen, auf sich selber zu stehen, und sich daran gewöhnen, ihre Freiheit vernünftig zu gebrauchen, aus eigener Initiative und Überlegung zu handeln«. Gibt es eine bessere Beschreibung nicht nur des Ziels einer christlichen Erziehung, sondern des (anthropologischen) Inhalts der christlichen Botschaft überhaupt als diese Pädagogik der Befreiung des Menschen zu sich selbst als zu einer verantwortungsfähigen Person?

3. Zur Reform des Theologiestudiums: Die Heilige Schrift im Zentrum

Sind die bisherigen Artikel überwiegend der Bildung und allgemeinen Ausbildung gewidmet, wendet man sich nun dem theologischen Studium zu. Wer ins Studium der Theologie eintritt, soll die Hochschulreife gemäß den landesspezifischen Vorschriften erworben haben (OT 13). Vom Bildungsablauf her ist das Theologiestudium also nicht voraussetzungslos; es bedarf vielmehr einer allgemeinen Schul- oder Vorbildung. Dazu gehört auch das Studium der Sprachen: Latein, die Sprache des jeweiligen Ritus, die Sprachen der Bibel. Wenn im Folgenden von einer notwendigen besseren Abstimmung des philosophischen und des theologischen Studiums die Rede ist (OT 14), dann bedeutet dies in der heutigen akademischen Situation, dass zum katholischen Profil des Theologiestudiums indispensabel die Philosophie hinzu gehört und also deren schleichendes Verschwinden aus dem theologischen Fächerkanon auch kirchlicherseits eigentlich nicht widerspruchslos hingenommen werden darf.

Das Theologiestudium selbst soll so reformiert werden, dass das Studium der Heiligen Schrift ins Zentrum rückt; sie ist »die Seele der ganzen Theologie« (OT 16). Besonders die Dogmatik hat nach Einschätzung des Dekrets Anlass zur Erneuerung: Sie soll nicht mehr von einer Offenbarungswahrheit, wie sie in einer lehramtlichen Formulierung vorliegt, auf den entsprechenden Schriftbeweis rückschließen, sondern umgekehrt »zuerst die biblischen Themen selbst« vorlegen, dann die Theologie- und Dogmengeschichte darlegen und schließlich die Heilsgeheimnisse, »mit dem heiligen Thomas als Meister«, in einer systematischen Reflexion zu erschließen suchen. Auch der Moraltheologie traut das Dekret einen besonderen Erneuerungsbedarf zu. Bereichert durch die biblische Theologie, soll sie die »Berufung der Gläubigen in Christus und ihre Verpflichtung, in der Liebe Frucht zu tragen für das Leben der Welt«, darlegen. Im Gleichklang mit *Unitatis redintegratio* und *Nostra aetate* erklärt das Dekret das Studium der anderen Kirchen und kirchlichen Gemeinschaften sowie der anderen Religionen zum Bestandteil der theologischen Ausbildung. Insgesamt sollen die Lehrmethoden daraufhin überprüft werden, ob sie dem (umfassenderen) Ziel der Erziehung der Studierenden und eben nicht nur dem (engeren) der Wissensvermittlung dienen (OT 17). Die Konzilsväter zeigen sich in diesem Zusammenhang als der Geschichtlichkeit der Theologie bewusst: Nicht alles, was einmal als wichtig gegolten hat, muss jetzt gelehrt werden. Schließlich wird noch einmal der Akzent auf die pastorale Dimension der gesamten (Aus-)Bildung gelegt (OT 19–21), sowie an die Notwendigkeit auch späterer Weiterbildung erinnert (OT 22).

4. Schlussreflexion

Von Anfang an hat sich *Optatam totius* einer gewissen Wertschätzung erfreut. So hat der Konzilsbeobachter der Evangelischen Kirche, Oskar Cullmann, in einer Pressekonferenz zum Abschluss der IV. Sitzungsperiode am 2.12.1965 gesagt: Der Text dieses Dekrets »gehört, meine ich, vielleicht zu den besten und wichtigsten … Dieser Text ist außerdem mehr als alle anderen geeignet, die Auswirkung des Konzils in der Zukunft zu beeinflussen … Das ganze Werk des Aggiornamento wird dann auch im Sinne eines vertieften Nachdenkens über das, was Kern ist, weitergehen. Hier können wir ohne weiteres sagen, daß unsere Erwartungen übertroffen sind.«[52]

Nun wird man meinen, dass vieles von dem, was im Dekret hinsichtlich einer Erneuerung der Priesterausbildung gefordert wird, mittlerweile zum Normbestand heutiger Theologieausbildung gehört, insbesondere was den Leitungsstil und den Geist vieler Priesterseminare, aber auch die Studienordnung an den theologischen (Universitäts-)Fakultäten und den inneren Aufbau der einzelnen Fächer anbetrifft. Bekannte und nicht bekannt gewordene negative Ereignisse oder Zustände in einzelnen Seminaren stehen jedoch für die unverminderte Gültigkeit des normativen Gehalts der Erneuerungsbestrebungen von *Optatam totius*, nicht zuletzt auch um jener Seminare willen, in denen ein fragiler, zu pflegender Aufbruch zu den Menschen gelungen ist. Jene Ereignisse und Zustände werfen zudem die Frage auf, ob auch das institutionelle Umfeld der Seminare in ausreichendem Maß in die Überlegungen zur Erneuerung einbezogen worden ist, denn es muss die Handlungsfreiheit der Seminare so gewährleistet sein, dass diese sich eine dem Dekret gemäße innere Verfassung und äußere Gestalt geben können.

In einer Hinsicht hat sich das Dekret, wie das Konzil wohl insgesamt, in weiten Teilen von einer absehbaren Entwicklung schnell überholen lassen: Vieles von dem, was in *Optatam totius* über die Priesterausbildung gesagt wird, trifft mittlerweile faktisch auch die Situation der großen Zahl an Laien, die Theologie studieren. Dieser ›Alumnenstand‹ kommt aber im Konzil so gut wie nicht vor (vgl. aber die kurze Erwähnung in GE 10). In dieser Hinsicht ist die gesamte Arbeit an *Optatm totius* vielleicht zu sehr auf der Spur des Tridentinums geblieben, als dass man das Instrumentarium hätte entwickeln können, um diese wachsende Aneignung theologischer und pastoraler Kompetenz durch die Laien zu erkennen und in ihrer Bedeutung für die Kirche zu würdigen.

Das Dekret über die zeitgemäße Erneuerung des Ordenslebens *Perfectae caritatis*

1. Zur Textgeschichte

Die Entstehungsgeschichte dieses Dokuments ist wie die etlicher anderer von der Sorge um die Durchführbarkeit, oder genauer: Beendbarkeit, des Konzils angesichts einer von den vorkonziliaren Entwürfen her drohenden regelrechten Textlawine geprägt: Ein ursprüngliches, umfangreiches Schema, das noch deutlich von einem (nie auch nur die Nähe einer Debattierung erblickt habenden) Entwurf zu einer Konstitution *De Regularibus* des I. Vatikanischen Konzils her geschrieben ist, hat nie eine Debattierung erlebt, weder in der zuständigen Konzilskommission für die Ordensleute noch erst recht in der Konzilsaula. Dem ist die Ordre der von Johannes XXIII. eingesetzten Koordinierungskommission zuvorgekommen (sie hat für einen großen Teil der Schemata gegolten), radikal zu kürzen. Das Ergebnis wird zu Jahresbeginn 1963 in der Kommission beraten. Insbesondere enthält dieser Text keine Verurteilungen mehr, was dem ausdrücklichen und generellen Wunsch Johannes' entspricht. Aber es fehlt ihm auch noch vieles, wie moniert wird, insbesondere eine deutliche biblische Grundlegung des Ordenslebens sowie eine Neubestimmung des Verhältnisses der Orden zur Welt. Sehr nachdrücklich hat hier der zuständige Relator der Koordinierungskommission, Julius Kardinal Döpfner, im Sinn einer Aufnahme der genannten Aspekte gewirkt. Der daraufhin nochmals überarbeitete Text wird schließlich Ende April 1963 den Konzilsvätern zugeschickt. Deren Änderungsvorschläge ergeben ein umfangreiches Textkonvolut. In die Zeit der Bearbeitung dieser Voten durch die Ordenskommission fällt eine weitere Aufforderung durch die Koordinierungskommission zur Kürzung, mit dem Ergebnis, dass auch dieser Textentwurf in der Aula nicht debattiert wird. Die Kommission erarbeitet eine Kürzung, die, wiederum durch eine Intervention Kardinal Döpfners, noch einmal revidiert wird, so dass es schließlich die vierte Fassung des Schemas ist, die den Konzilsvätern im November 1964 zur Diskussion ausgehändigt wird. Wiederum kommt es zu umfangreichen Interventionen durch die Väter; eine Abstimmung darüber, ob der Text als Grundlage der Erarbeitung eines Dekrets akzeptiert wird, fällt knapp aus. Im Winter und Frühjahr 1965 wird der Text aufgrund der Modi durch die Kommission und ihre Periti bearbeitet und ein fünfter Entwurf erstellt. Im Oktober finden die Abstimmungen über diesen Text in der Aula statt. Nun fällt die Zustimmung fast einstimmig aus. In der feierlichen Schlussabstimmung über den Gesamttext am 28.10.1965 wird er mit 2321 Stimmen bei vier Ablehnungen angenommen.

2. Das Ordensleben zwischen subjektiver Verantwortung und kirchlicher Orientierung

Bereits im ersten Satz macht das Dekret deutlich, dass es innerhalb des Deutungsrahmens verstanden werden will, der von der Kirchenkonstitution *Lumen Gentium* gesetzt worden ist (PC 1). Ziel der Erneuerung des Ordenslebens, wie sie vom Konzil beabsichtigt wird, ist die fruchtbare Präsenz der monastischen Lebensformen in der jeweiligen Gegenwart. Dabei muss der Weg einer solchen Erneuerung als »ständige Rückkehr zu den Quellen jedes christlichen Lebens und zum Geist des Ursprungs der einzelnen Institute« begangen werden (PC 2). Dieser Weg der stets zu vollziehenden Rückkehr ist in keiner Weise als restaurativ missverstehbar; er ist vielmehr als »Anpassung an die veränderten Zeitverhältnisse« zu sehen. Dies kann als das in biblischer Perspektive aufzufassende Prinzip der Überlieferung angesehen werden: Innere Erneuerung wird möglich auf dem Weg der Rückbesinnung auf den Ursprung; Treue zum Ursprung verwirklicht sich in dessen stets neuer Aneignung von den Erfordernissen der Zeit her. Diesen Weg jenseits von Restauration und Progressismus soll auch die Erneuerung des Ordenslebens gehen. Das Dekret stellt hierfür zunächst einige Grundsätze auf (PC 2): Oberste Regel – also oberhalb der ordenseigenen Regeln – ist die »im Evangelium dargelegte Nachfolge Christi« als letzte Norm. Die Eigenart der Institute ist in ihrer Vielfalt der Reichtum der Kirche und verlangt die Erforschung und Pflege ihres jeweiligen Ursprungs und ihrer Geschichte. Die Institute sind (nicht für sich selbst, sondern) für die (oder in der) Gemeinschaft der Kirche da; sie sollen folglich an den Erneuerungsbestrebungen der Kirche teilhaben und sie in Entsprechung zu ihrer jeweiligen Eigengestalt fördern. Die Ordensleute sollen die gegenwärtige Situation von Kirche und Welt wirklich kennen, damit sie »den Menschen wirksamer helfen können«. Die Erneuerung des Ordenslebens muss eine innere sein, denn die äußeren Werke eines solchen – wie jeden christlichen Lebens – stehen nicht für sich, sondern sind Verwirklichungen der Nachfolge Christi. Gleichwohl ereignet sich die Erneuerung in der Fassbarkeit äußerer Vollzüge und Strukturen. Deswegen nennt das Dekret ein repräsentatives Spektrum all der Orte, an denen ein Ordensleben manifest wird, als Gegenstände der Erneuerung: Lebensweise, Gebet, Arbeit, Leitungsstruktur, Konstitutionen, Gebet- und Zeremonienbücher. Die letztgenannten ordenskonstitutiven Schriften sollen auf das Wesentliche hin verschlankt werden (PC 3).

Das Dekret hält als die beiden Prinzipien, unter denen das Ordensleben sich vollzieht und entfaltet, die subjektive Verantwortung und die kirchliche Orientierung dieses Lebens fest. Denn die Selbstübereignung an Gott ist »von der Kirche angenommen« worden (PC 5). Die subjektive und also letztlich inkommunikable Entscheidung zur Selbst- und Weltwidmung an Gott – die in der Taufweihe gründet und diese voller zum Ausdruck bringt, also keinen eigenen Stand der Ordensleute begründet – ist demnach wiederum auf Sichtbarkeit, Wirksamkeit und Vermittlung in der Welt hin angelegt, nämlich in der und durch die Kirche. Dies sagt das Dekret für alle Orden aus, unabhängig davon, ob sie etwa eine kontemplative oder eine diakonische Ausrichtung haben. Auch die Weltabgewandtheit der *contemplatio* und gar die des Eremitenlebens hat demnach eine weltliche und kirchliche Dimension. Alle Formen des Ordenslebens sind auf das Erlösungswerk Jesu Christi hingeordnet und münden deshalb in das Apostolat der Mitarbeit an der »Ausbreitung des Reiches Gottes«. Das

Dekret spricht auch von der Notwendigkeit einer Ausbildung »praktischer Tugend«. Derselbe Zusammenhang wird noch einmal im Kontext der evangelischen Räte dargelegt; wer sich ihnen verpflichtet, verpflichtet sich durch sie eigentlich der Gottesliebe, aus welcher die »Nächstenliebe zum Heil der Welt und zum Aufbau der Kirche« fließt. Es ist die Nächstenliebe, aus der ein Leben gemäß den evangelischen Räten Kraft und Orientierung gewinnt (PC 6).

3. Die Erneuerung des Ordenslebens im Spektrum seiner Formen

Im Folgenden widmet sich das Dekret den verschiedenen Formen des Ordenslebens. Den kontemplativen Orden räumt es eine »hervorragende Stelle« ein. Aber auch sie unterliegen der Forderung nach Überprüfung und Erneuerung gemäß den vom Konzil gegebenen Grundsätzen und Richtlinien (PC 7). Weiters wird auf die zahlreichen Kleriker- und Laieninstitute (PC 8) und die Orden, welche klösterliches Leben und Apostolat miteinander verbinden (PC 9), eingegangen. Für sie alle wird im Wesentlichen die Grundregel noch einmal wiederholt, der zufolge eine zeitgemäße Erneuerung aus den jeweiligen Ursprüngen heraus zu gewinnen ist. Besonders wird das Ordensleben der Laien angesprochen und gewürdigt (die Ordensleute bilden keinen eigenen Weihestand, unter ihnen gibt es Laien und Kleriker). Ihr Ordensleben »verwirklicht in vollwertiger Weise den Stand der Verpflichtung auf die evangelischen Räte« (PC 10). Auch genannt werden die so genannten Säkularinstitute, die keine Ordensgemeinschaften sind. Ihnen wird die seit Pius XII. bestehende Anerkennung[53] bestätigt und zugleich die Verpflichtung auferlegt, »den ihnen eigenen und besonderen Weltcharakter« zu bewahren (PC 11). Worin dieser besteht, etwa in Unterscheidung zu den auf das Apostolat orientierten Orden oder Kleriker- und Laieninstituten, wird nicht gesagt.

Die evangelischen Räte selbst sind Thema der Artikel 12–14. Das Gelübde der *Ehelosigkeit* (PC 12) soll keine Entstellung der personalen Entfaltung darstellen und bedarf deswegen einer »psychologischen und affektiven Reife«. Das Dekret erinnert daran, dass der Verzicht der Keuschheit ein Worumwillen hat, also nicht vorrangig negativ bestimmt, sondern auf einen positiven Inhalt bezogen ist, der formelhaft mit dem bekannten Wort als »um des Himmelreichs willen« (Mt 19,12) ausgesagt wird. Es ist sicher Aufgabe der geistlichen Theologie, diese Formel in eine nachvollziehbare Rede vom auf eine nicht herstellbare Erfüllung hin offenen Verzicht umzumünzen. Das Dekret tut dies nicht, bietet aber Hinweise mit seiner durchgängigen Mahnung zur Sorge um Kirche und Welt. – In der *Armut* (PC 13) als freiwillige Tat erblickt das Dekret ein in besonderer Weise aktuelles Zeichen, womit übrigens von vornherein der Weltbezug dieses evangelischen Rats offen gelegt ist: Denn Zeichen ist die freiwillig auf sich genommene Armut in einer Welt des erstickenden Reichtums und der massenhaft aufgezwungenen Armut; Zeichen den einen zur Anklage und den anderen in Solidarität. Es ist dieser Rat der Armut, der dem Dekret zum Ort der Thematisierung der Arbeit wird. Alle Ordensleute (also auch die kontemplativ lebenden) sollen sich »dem allgemeinen Gesetz der Arbeit verpflichtet wissen«. Dieses Gesetz ist wohl nicht im Sinn des Fluchs der Mühsal und des Schweißes gemeint, mit dem Adam in Gen 3,17–19 belegt wird, sondern als Menschenrecht auf Arbeit zu verstehen, wie es in die Pastoralkonstitution *Gaudium et spes* aufgenommen worden ist (GS 34). Diesem Menschenrecht können sich auch die Ordensleute schlechterdings nicht entziehen, wenn sie die aus ihm erwachsende Verpflichtung auch nicht im Sinn einer Gewinnmaximierung ausbeuten sollen; vielmehr sollen sie im Erwerb dessen, »was zu ihrem Lebensunterhalt und für ihre Aufgaben notwendig ist, … alle unangebrachte Sorge von sich weisen und sich der Vorsehung des himmlischen Vaters anheim geben«. Der Rat der Armut gilt dabei nicht nur für das individuelle Leben, er betrifft die Ordensgemeinschaften als ganze; sie sollen »ein gleichsam kollektives

Zeugnis der Armut« ablegen. – Hinsichtlich des Rats des *Gehorsams* (PC 14) wird einerseits in vertrauter Weise von Hingabe und Opfer (des eigenen Wollens) gesprochen, andererseits aber wird auch festgehalten, dass hierdurch »die Würde der menschlichen Person« nicht negativ betroffen ist, sondern in einer »größer gewordene[n] Freiheit« zur Reife gebracht wird. Auch hier dürfte es die Aufgabe der geistlichen Theologie sein, klar zu machen, was gemeint ist, wenn die Würde der menschlichen Person sich mit der Opferung dessen verwirklicht, worin sie besteht: im freien Willen. Mit Blick auf LG 42, wo der Gehorsam als Armut *in* der Freiheit (und nicht etwa gegen sie) bezeichnet wird, ließe sich immerhin festhalten, dass diese Opferung selbst schon Akt und Ausweis des freien Willens ist. Das Dekret *Perfectae caritatis* bleibt hier einiges schuldig.

Im Weiteren wendet sich das Dekret konkreten Reformwünschen unterschiedlicher Natur zu, die etwa die Ordenstracht betreffen (PC 17), aber auch die Frage von Institutsgründungen (PC 19) oder nicht mehr lebensfähigen Instituten (PC 21). Hervorzuheben ist die Mahnung, dass es innerhalb der Gemeinschaften keine »Standesunterschiede«, sondern ein geschwisterliches Miteinander geben soll. Kleriker und Laien sind Glieder ihrer Gemeinschaft »in gleicher Weise, mit den gleichen Rechten und Pflichten, abgesehen von denen, die sich aus den heiligen Weihen ergeben« (PC 15). Von Bedeutung ist auch die Einsicht in den Zusammenhang von Erneuerung und Bildung (PC 18): Das Dekret sieht die Notwendigkeit guter Bildung und Ausbildung für eine innere, das heißt von den Ordensleuten selbst getragene Erneuerung.

4. Schlussreflexion

Das Dekret hat sicherlich in concreto wertvolle Erneuerungen des Ordenslebens auf den Weg gebracht und auch in der theologischen Grundlegung des Ordenslebens einen Weg der Erneuerung gewiesen, wenn es die evangelischen Räte auf die sie begründende Gottes- und Nächstenliebe bezieht, von wo aus wiederum ein Leben, das sich den evangelischen Räten widmet, schlechthin auf den Dienst an der Welt verpflichtet ist. Kontemplatives Leben und Apostolat sind dann keine Gegensätze, sondern Modifikationen des einen christlichen Welt-Diensts. In engem Zusammenhang damit führt in erneuertes Glaubens- und Offenbarungsverständnis (und keine bloße Anpassung an einen Zeitgeist) zu einer Neukonzipierung des Ordenslebens im Ausgang von der Subjektivität des Menschen in seinem Freiheitsvollzug und seiner kreativen Selbsttätigkeit. Dies hat *Perfectae caritatis* auf den Weg, wenngleich nicht im gesamten Text in gleicher Fülle zur Geltung gebracht. Was der Text aber nicht beantwortet, sondern gerade einmal als Frage aufscheinen lässt, ist die Entwicklung einer geistlichen Theologie des Ordenslebens, die eben ihren Begründungausgang von den Prinzipien des Welt-Dienst und der Subjektivität nimmt. Es gibt Arbeiten hierzu, etwa Karl Rahners Studien zur ignatianischen Spiritualität, die aber eher auf eine allgemeine Theologische Anthropologie als auf die Begründung des Spezifikums des Ordenslebens zielen. Eben damit ist aber wohl auch das zentrale Problem angesprochen, dem eine solche geistliche Theologie sich stellen muss und das dem Dekret letztlich entgleitet: Worin besteht das heute aussagbare Spezifikum des Ordenslebens? Diese Frage ist keine Frage gegen das Dekret, so als hätte dieses eine Identität des Ordenslebens, die vorher sicher besessen worden wäre, preisgegeben; es ist vielmehr eine Frage im Geist der Erneuerungsbewegung, die vom Dekret erst angestoßen worden ist. Der von *Perfectae caritatis* aus zurückzulegende Weg ist freilich noch kaum beschritten.

Die Erklärung über die christliche Erziehung *Gravissimum educationis*

1. Zur Textgeschichte

Zwischen dem Text der Erklärung, wie er heute vorliegt, und den ersten Vorbereitungen vor Beginn des Konzils, bestehend aus Fragen, die Johannes XXIII. der Vorbereitenden Kommission, die Studien, Seminare und katholischen Schulen betreffend, hat zuleiten lassen, erstreckt sich eine Geschichte von nicht weniger als acht Textrevisionen. Wie schon bei anderen Dokumenten vermerkt, spielt auch hier der im Verlauf des Konzils entstehende Zwang zur Straffung und Kürzung der Mehrzahl der in Arbeit befindlichen Texte eine gewisse, wenigstens in diesem Fall aber nicht entscheidende Rolle. Wenn die erste, auf jene Fragen reagierende Revision der Vorbereitenden Kommission für Studien und Seminare das Schema für eine Konstitution *Über die katholischen Schulen* vorlegt, am Ende aber eine *Erklärung über die christliche Erziehung* beschlossen wird, sowohl Textgattung als auch Thema sich also ändern, müssen gravierende Sachgründe vorliegen und nicht nur ein äußerer Zwang.

Die ursprünglich geplante Konstitution behandelt nur die katholischen Schulen, und zwar so, dass nach einer allgemeinen Thematisierung von Erziehungsgrundsätzen vor allem die Rechte und Pflichten der katholischen Schulen sowie aller beteiligten Instanzen (Familie, Kirche, Lehrpersonal, Staat) in juridischer Form abgehandelt werden. In zwei angehängten Dekreten wird ähnlich juridisch von den katholischen Universitäten und *Über den dem kirchlichen Lehramt geschuldeten Gehorsam hinsichtlich der zu vermittelnden theologischen Wissenschaft* gehandelt. Kurz nach Eröffnung des Konzils wird die nun konstituierte Konzilskommission beschließen, dass der letztgenannte dritte Teil besser in eine dogmatische Konstitution gehört – in die Kirchen- oder die Offenbarungskonstitution –, so dass im weiteren Verlauf nur die ersten beiden Teile des Schemas weiter bearbeitet werden. Die schon erwähnten Straffungswünsche werden von der Zentralkommission als Forderung artikuliert, die Konstitution zu einem bloßen Votum herabzustufen, das lediglich Grundsätze (*propositiones*) formuliert. Gleichzeitig nimmt aber die bearbeitende Kommission eine stete Erweiterung des Bedeutungsradius dieses Texts wahr. Zu Beginn der III. Sitzungsperiode im September 1964, zwischen der sechsten und siebten Revision, kommt es zu einer fundamentalen Umorientierung; der Vorschlag wird in der Kommission angenommen, nunmehr eine *Declaratio de educationis christiana* zu erarbeiten. Das Hindrängen von Millionen Menschen zu einer Bildung und Ausbildung und die darin sich artikulierende Beanspruchung eines Menschenrechts auf Bildung, sowie der in dieser Relation stark zurückgehende Anteil katholischer Schulen an der Bildungsvermittlung zwingt zur Aufgabe eines Festhaltens an einem katholischen (Schul-)Milieu und zur Wahrnehmung dieser neuen Situation der beginnenden Globalisierung von Bildung. Unter diesen veränderten Welt-Bedingungen kann nicht mehr das Funktionieren katholischer Schulen im Zentrum eines Konzilsdokuments stehen, sondern die Frag nach der anthropologischen, kulturellen, sozialen und ökonomischen Bedeutung von Erziehung und Bildung allgemein und nach dem Ort und der Aufgabe christlicher Erziehung in dieser neuen Situation. So kommt es zur Formulierung eines Dokuments, das dem neuen Genre der *declatario*, der Erklärung, nämlich tastend theologisch-kirchliches Neuland zu erschließen, durchaus gerecht wird. Am 28.10.1965 wird *Gravissimum educationis* mit 2290 *Placet* bei 35 *Non placet* feierlich beschlossen und am selben Tag von Paul VI. promulgiert.

2. Erziehung und Bildung als Menschenrecht

Wie das Konzil im Dekret über die Erneuerung des Ordenslebens die hohe Bedeutung einer umfassenden Bildung und gründlichen Ausbildung für eine wirklich von den Ordensleuten selbst frei und kompetent getragene, innere Erneuerung herausstellt (PC 18), so leitet es im Vorwort zur Erklärung über die christliche Erziehung die gesellschaftliche Relevanz von Erziehung und Bildung aus dem heute gewachsenen Verlangen der Menschen »nach einer aktiven Teilnahme am gesellschaftlichen und besonders am wirtschaftlichen und politischen Leben« her (GE, Vorwort). Das Konzil formuliert also in der Eröffnung zu seinen Überlegungen hinsichtlich einer christlichen Erziehung einen Zusammenhang zwischen der Selbsttätigkeit des Menschen – man kann auch sagen, seiner Subjektivität – und der Relevanz von Bildung und Erziehung. Es liegt in der Konsequenz dieses emanzipatorischen Grundansatzes, wenn das Konzil eine hochschätzende Erwähnung der Formulierung des Menschenrechts auf Erziehung und der Rechte der Eltern und Kinder anschließt. Diese Hochschätzung dokumentiert das Konzil, indem es sie andernorts noch einmal wiederholt: »Alle Menschen, gleich welcher Herkunft, welchen Standes und Alters, haben kraft ihrer Personwürde das unveräußerliche Recht auf Erziehung« (GE 1). Hiermit hat das Konzil seinen Überlegungen eine Vor-Gabe von höchstem Anspruch gemacht, die auch durch mögliche Schwächen dessen, was folgt, nicht mehr zurückgenommen werden kann: Erziehung und Bildung stehen in einer christlich-katholischen Sicht im Dienst der Befähigung des Menschen zu kompetenter und mündiger Selbsttätigkeit. Die solchermaßen begründete Hochschätzung der Erziehung wird konsequent in Richtung auf einen Auftrag der Christen zur Mitarbeit an der Ermöglichung von Bildung und Erziehung für alle Menschen weiter formuliert (GE 1). Ähnlich wird später der Erziehungsauftrag der Kirche unter anderem als Mitwirkung »am Aufbau einer Welt, die menschlicher gestaltet werden muss«, bestimmt (GE 3).

Die Christen partizipieren natürlich am unveräußerlichen Recht auf Erziehung in der beschriebenen Weise. Aber sie haben zusätzlich noch ein Recht auf Weitergabe der Glaubensinhalte, durch welche sie in die Lage versetzt werden sollen, an der Auferbauung der Kirche mitzuwirken und »Zeugnis abzulegen für die Hoffnung, die in ihnen ist« (GE 2; 1Petr 3,15): Zeugnis im Wort, aber auch in der Tat der christlichen Weltgestaltung.

Der primäre Ort der Erziehung ist die Familie. Daher rührt, nach innen gesehen, die nicht exklusive, aber einzigartige Erziehungsinstanz der Eltern, und, nach außen gesehen, die herausragende Bedeutung der Familie für die Gesellschaft; die Familie ist »die erste Schule der sozialen Tugenden, deren kein gesellschaftliches Gebilde entraten kann« (GE 3). Die Familie ist aber auch erster Lernort für die Glaubensweitergabe. Die Erklärung anerkennt die staatlichen Rechte und Pflichten hinsichtlich der Erziehung, ordnet sie aber subsidiär der Familie zu (jedoch nicht der Kirche): stützend, schützend, ergänzend. Damit wird ein Erziehungsmonopol des Staats, das immer in der Gefahr ideologischer Ausbeutung durch einen so genannten oder selbsternannten Weltanschauungsstaat steht, prinzipiell durchbrochen.[54] Was aber, wenn die Familie zunehmend nicht mehr in der Lage ist, diesen ihren primären Ort in der Erziehung auch einzunehmen? – Im weltlichen Bereich wird der Staat zusehends treuhänderisch die familiären Erziehungsaufgaben übernehmen müssen. – Was aber geschieht mit der Weitergabe des Glaubens, wenn die Familie als Erstinstanz der Glaubensüberlieferung ausfällt? Fällt eine solche ›organische‹ Weitergabe über die in einer Familie zusammengeschlossenen Generationen aus, wird die Kirche Wege suchen müssen, auf denen sie den Kindern, Jugendlichen und Erwachsenen als autonomen Personen begegnen und sie in ihrer freien Entscheidungsfähigkeit ansprechen kann. In dem, was man Traditionsbruch oder gar -abbruch nennt, ist also auch eine Chance zu sehen: Der für den Glauben indispensable freie und personale Vollzug des Glaubensakts beginnt so schon mit der Erstbegegnung dieser nicht mehr familiär in den Glauben eingewiesenen Menschen mit dem frei-lassenden Glaubensangebot. Können hier nicht, wenn auch in Zahlen, mit denen keine Massenspektakel zu inszenieren sind, wache und nüchterne Christinnen und Christen erwartet und begrüßt werden, nüchtern, weil sie den Weg bewusst vollzogen haben und kennen, auf dem sie, sich selbst dabei mitnehmend, in den Glauben gekommen sind? – Dies allerdings liegt nicht im Aufmerksamkeitsradius der Erklärung.

Aus den unveräußerlichen Erziehungsrechten der Eltern folgert die Erklärung auch das Recht auf freie Schulwahl. Dies beinhaltet natürlich zunächst das Recht (und, wo möglich, auch die Pflicht; GE 8) der katholischen Eltern, ihre Kinder auf katholische Schulen zu schicken (GE 6). Aber es beinhaltet allgemein wiederum die prinzipielle Durchbrechung weltanschaulicher Schulmonopole seitens des Staats. Dass es so zu verstehen ist und nicht als Angriff auf nicht kirchlich gebundene staatliche Schulen schlechthin, zeigt die faktische Anerkennung solcher nicht kirchlichen Schulen und die Aufforderung an die Katholiken zur erzieherischen Mitwirkung an ihnen (GE 7).

Im Anschluss von der katholischen Schule im Speziellen handelnd, wird ein Ideal christlicher Erziehung gezeichnet, das in keiner Weise exklusiv katholisch ist: die Schaffung eines Raums, »in dem der Geist der Freiheit und der Liebe des Evangeliums lebendig ist«; die Hilfe zur Entfaltung der Persönlichkeit der Schüler, auch im Sinn einer je reicheren Aneignung der Taufgnade; die Vermittlung des Glaubens in der Befähigung zum Umgang mit dem vermittelten Wissen. Den Bildungsauftrag der katholischen Schulen bestimmt die Erklärung als Befähigung der Schüler zur Arbeit am »Wohl der irdischen Gemeinschaft«, zum »Dienst an der Ausbreitung des Reichs Gottes« und zur Beförderung »des Heils für die menschliche Gemeinschaft« (GE 8).

3. Der Wert der Forschung und die Freiheit der Wissenschaften

Was die Hochschulen betrifft, ist hervorzuheben, dass die Erklärung ausdrücklich für die unter kirchlicher Leitung stehenden Fakultäten und Universitäten die Freiheit der Wissenschaften festhält; diese sollen »mit den ihnen eigenen Prinzipien, mit ihrer eigenen Methode und mit einer der wissenschaftlichen Forschung eigenen Freiheit so gepflegt werden, dass sich in ihnen die Erkenntnisse mehr und mehr vertiefen, die neuen Fragen und Forschungsergebnisse der voranschreitenden Zeit sorgfältige Beachtung finden und so tiefer erfasst wird, wie Glaube und Vernunft sich in der einen Wahrheit treffen« (GE 10). Es muss davon ausgegangen werden, dass die Erklärung von einem einheitlichen und nicht in sich widersprüchlichen Wissenschaftsbegriff ausgeht, und folglich die beschriebene Freiheit der Wissenschaften selbstverständlich in gleicher Weise für die Theologie gilt, auch und gerade dann, wenn sie an einer kirchlichen Institution betrieben wird (vgl. GE 11). Eine solche in ihrer Freiheit respektierte Theologie hat deswegen ihre – recht zu verstehende – kirchliche Bindung nicht preisgegeben, sondern vollzieht sie in Ausübung ihrer Wissenschaftlichkeit. Nur in einem Nebensatz, aber immerhin, nimmt die Erklärung übrigens das Faktum der Präsenz von Laien unter den Theologiestudierenden wahr und empfiehlt in einer den Ton der Herablassung streifenden Formulierung die Öffnung der Theologieausbildung auf die Laien hin. – In Zeiten des kurzatmigen Umbaus der Hochschullandschaft darf wohl die Wertschätzung eigens unterstrichen werden, welche *Gravissimum educationis* der wissenschaftlichen Forschung entgegenbringt. Dieser Würdigung entsprechend, empfiehlt das Dokument, dass die katholischen Universitäten »nicht durch ihre Zahl, sondern durch ihre wissenschaftliche Leistung hervortreten«. Deren Spezifikum kommt auch darin zum Tragen, dass sie begabten armen Studierenden oder solchen »aus den jungen Völkern« offen stehen (GE 10).

4. Schlussreflexion

In einem Schlusswort nimmt die Erklärung das zuvor gezeichnete Bildungsideal noch einmal auf, indem sie dieses nun als Verpflichtung für die Jugendlichen selbst vorträgt: Die Bedeutung von Bildung und Erziehung für die Entfaltung einer Persönlichkeit und für die Gewinnung einer kompetenten Freiheitsausübung muss von den Lernenden selbst erkannt und aktiv ergriffen werden. Dieser Blick auf die Selbsttätigkeit der Lernenden im Lernprozess hätte freilich nicht erst in der Schlussüberlegung, sondern bereits in der Grundlegung des Bildungsbegriffs selbst seinen Ort gehabt.

Die Erklärung über das Verhältnis der Kirche zu den nichtchristlichen Religionen *Nostra aetate*

1. Zur Textgeschichte

Der vorliegende Endtext einer allgemeinen Erklärung des Konzils über das Verhältnis der Kirche zu den nichtchristlichen Religionen ist zu Beginn und über weite Strecken seiner Geschichte nicht absehbar gewesen. Dass aber das Konzil ein Wort zum Verhältnis der Kirche zum Volk Israel und zu den Juden sagen würde (der etwas unglückliche Ausdruck »Judenerklärung« hat sich hierfür eingebürgert), entspricht sicher den persönlichsten Intentionen Johannes' XXIII. Wie ist es vom einen zum anderen gekommen?

Für Johannes ist die Klärung des Verhältnisses der katholischen Kirche zu den Juden nicht nur eine theologische Notwendigkeit; diese ist bei ihm noch einmal lebensgeschichtlich gegründet: Als päpstlicher Delegat in der Türkei 1935–44 wird Angelo Roncalli Zeuge der Judenverfolgungen in Europa. Viele Flüchtlinge, vor allem aus Ostmitteleuropa, suchen Rettung über die Türkei. Roncalli hält an Epiphanie 1939 eine Predigt gegen die Judenverfolgungen. Er steht in Kontakt mit der Jewish Agency. Wenigstens für die Jahre 1942 und 1943 sind persönliche Interventionen Roncallis auf diplomatischer Ebene in den Akten des Vatikans dokumentiert. Roncalli erhält detaillierte Kenntnis über Ausrottungsaktionen gegen Juden und gibt diese nach Rom weiter. Andere Interventionen zielen direkt auf die Rettung verfolgter Juden in Bulgarien, in der Slowakei und in Italien. Solche teils diplomatischen, teils persönlich-spontanen Interventionen bezeichnen den Menschen Angelo Roncalli, verankern aber auch seine theologische und kirchenpolitische Haltung zu den Juden lebensgeschichtlich. Johannes XXIII. wird dafür Sorge tragen, dass bereits für die erste Karfreitagsliturgie seines Pontifikats die bis dahin übliche Fürbitte *pro perfidis Iudaeis* (»für die treulosen Juden«) aus dem Text gestrichen wird; seit dem 5.7.1959 gilt diese Änderung per Erlass der Ritenkongregation für die Gesamtkirche. Auch lässt er einen Zusatz, den Pius XI. in ein Herz-Jesu-Gebet Leos XIII. hat einfügen lassen und in dem unter anderen von der verlorenen Auserwähltheit Israels die Rede ist, wieder streichen.

Hinsichtlich des Konzils mündet all dies in die Beauftragung des Leiters des Einheitssekretariats, Kardinal Augustin Bea, mit der Vorbereitung einer Judenerklärung (18.9.1960). Auch von anderer Seite gibt es Initiativen in Richtung auf eine Befassung des Konzils mit der Frage des Verhältnisses der Kirche zu den Juden, so etwa vom Institut für christlich-jüdische Studien an der Seton-Hall-University in New Jersey (USA). Dessen Direktor, Johannes Oesterreicher, wird auch der Hauptverfasser des Konzilstexts durch alle Stadien seiner Geschichte hindurch.[55] Mit der Beauftragung Beas ist keine Vorentscheidung über den Status und das Genre einer solchen Judenerklärung im Gefüge der Konzilstexte getroffen. Noch fragiler wird die formale Ausgangsposition eines solchen Texts dadurch, dass ihm zunächst keine eigene Kommission zugeordnet ist. Die Errichtung eines Sekretariats für die nichtchristlichen Religionen am 18.5.1964 ist als eines der Ergebnisse des Ringens um *Nostra aetate* zu werten. Die Befassung des Einheitssekretariats legt zunächst einmal einen Zusammenhang zum ökumenischen Themenkomplex nahe: Die Judenerklärung als Teil des Ökumenismusdekrets? Von Anfang an gibt es Vorbehalte gegen eine solche Erklärung in welcher Form auch immer. Sie treten etwa in der Sorge (ob berechtigt oder vorgeschoben) von Konzilsteilnehmern aus islamischen Ländern um das Schicksal der Katholiken dort selbst auf. Der melkidische Patriarch Maximus IV. Saigh, engagiert hervorgetreten im Ringen um das Ostkirchendekret, ist zugleich ein vehementer Gegner der Judenerklärung. Die vielleicht nicht sorgfältig genug begründete Nähe eines solchen Texts zur Ökumene – die Judenerklärung ist eine Zeit lang vorgesehen als 4. Kapitel des Ökumenismusdekrets – bietet ihm den Hintergrund für eine schlagende Polemik: Das Verhältnis der Kirche zu den Juden habe mit der innerchristlichen Ökumene nichts zu tun.[56] Nach einer Verschleppung der Erörterung der Judenerklärung in die III. Sessio hinein – in der Sitzungspause unternimmt Paul VI. vom 4. bis 6.1.1964 eine Reise nach Jordanien und Israel; beide Länder stehen sich zu der Zeit noch in Jerusalem gegenüber, wo der Papst auch die Grenze überschreitet – droht die Reduktion auf einen bloßen Anhang zum Ökumenismusdekret. Das Konzil aber, nicht unmaßgeblich beeinflusst durch eine Erklärung der deutschen Bischöfe, will in großer Einmütigkeit eine Judenerklärung. Weitere Versuche, auch unter Beteiligung des Kardinalstaatssekretärs Cicognani, die Erklärung zu verhindern, scheitern, unter anderem durch Kardinal Beas kluge Involvierung des Papsts selbst. In diese Zeit der Turbulenzen während der III. Sitzungsperiode fällt auch der Vorschlag, die Judenerklärung in die Kirchenkonstitution zu integrieren, freilich in einer krass reduzierten Fassung. (Der sachliche Bezug der Judenerklärung zum kirchlichen Selbstverständnis wird unten am Text selbst dargestellt.)

Die Tendenz zur Integrierung der Judenerklärung in die Kirchenkonstitution trifft aber auf eine andere, vor allem aus den Kirchen der so genannten Dritten Welt kommende Tendenz zur Ausweitung des Texts zu einer Würdigung aller nichtchristlichen Religionen. Darin eröffnet sich ein Weg: Die Judenerklärung wird zum Kern einer Erklärung über das Verhältnis der Kirche zu den nichtchristlichen Religionen; die gesonderte Würdigung des Islam in Artikel 3 geht auf die Initiative von Kirchenvertretern aus islamischen Ländern zurück, die die besondere Würdigung der Juden gewissermaßen islamisch austariert sehen wollen. Die Judenerklärung ist auf diese Weise ›gerettet‹ worden, hat aber mit der Einbettung in eine allgemeine Religionserklärung ihre offensichtliche, nicht aber ihre sachliche Bedeutung eingebüßt.

Am 28.10.1965 kommt es zur feierlichen Verabschiedung von *Nostra aetate* mit 2221 Ja- und 88 Nein-Stimmen.

2. Die Würdigung des Gemeinsamen in den anderen Religionen

Kein anderes Dokument des Konzils rückt die Wahrnehmung der Gegenwart so an den betonten Anfang des Texts, dass es stets unter diesen Worten als seinen Titel zitiert werden wird: *Nostra aetate – In unserer Zeit.* Es wird keine Überforderung des Texts sein, sondern die korrekte Aufnahme seiner Intention, wenn hierin eine unverschlüsselte und zustimmende Resonanz der Aufforderung Johannes' XXIII. gesehen wird, die Zeichen der Zeit zu lesen. Diese Resonanz geht so weit, dass die Wahrnehmung der Gegenwart Rückwirkungen auf die Bestimmung der eigenen (Ausgangs-)Position hat. Dies dokumentiert der gesamte, als Einleitung aufzufassende erste Artikel, indem er begründet, warum die Kirche ihr Verhältnis zu den anderen Religionen bedenkt: Nicht nämlich aufgrund eines expansitorisch verstandenen Missionsauftrags, sondern weil »in unserer Zeit«

die Gemeinschaft der Menschen in ihrem Weltmaßstab offensichtlich geworden ist, weil offensichtlich geworden ist, dass die Menschheit auf die Ver-Wirklichung, das Wirklichwerden dieser Weltgemeinschaft angewiesen ist, und weil es hier und wesentlich die Aufgabe der Kirche ist, »Einheit und Liebe unter den Menschen und damit auch unter den Völkern zu fördern« (NA 1). Die Bestimmung der Kirche als »allgemeines Sakrament des Heils« (LG 48; vgl. LG 1), bzw. als »Sakrament der Einheit« (SC 26), gewinnt in der Lektüre der Zeichen der Zeit eine präzise Aktualität. In diesem Zusammentreffen eines wachen kirchlichen Selbstverständnisses mit der Wahrnehmung der Gegenwart formt sich eine theologische Annäherung an das Verhältnis der Kirche zu den nichtchristlichen Religionen unter dem Vor-Satz, insbesondere das wahrzunehmen, »was den Menschen gemeinsam ist und sie zur Gemeinschaft untereinander führt« (NA 1). Die theologische Begründung dieser Perspektive hat ihre Verankerung in der Erkenntnis des allgemeinen Heilswillens Gottes, der sich auf alle Menschen erstreckt.

Hinsichtlich der Religionen führt jene Perspektive zunächst einmal zu einer Art religionsphänomenologischer Auflistung religiöser Grundfragen und -erfahrungen, die allen Menschen gemeinsam oder wenigstens zugänglich sind: Die Frage nach dem Menschen, nach Sinn und Ziel des Lebens, das Gute, die Sünde, das Leid, das wahre Glück, der Tod, Gericht und Vergeltung. Angesichts der Leitfrage nach dem Zusammenleben der Menschen in einer erst noch zu verwirklichenden Weltgemeinschaft und auf dem Hintergrund der eigenen biblischen Überlieferung eines Bekenntnisses zum Gott des Exodus wird man in der Aufzählung die Grunderfahrung der Gerechtigkeit, oder vielleicht eher die Grunderfahrung der Ungerechtigkeit und das Verlangen nach der vermissten Gerechtigkeit als eine religiöse Erfahrung *par excellence* vermissen müssen.

Eine solche religionsphänomenologische Annäherung an religiöse Grunderfahrungen und -fragen kann freilich immer noch zu einer Apologie des Christentums umgebogen werden. Das ist erst dann nicht mehr möglich, wenn im Sinn der Leitperspektive von *Nostra aetate* –das ins Auge zu fassen, was die Menschen zur Gemeinschaft untereinander führt – die Religionen selbst gewürdigt werden. Dies geschieht, mit unterschiedlicher Akzentuierung – vielleicht sollte man mit Blick auf die Entstehungsgeschichte des Dokuments besser von einer eigentlichen Heterogenität sprechen –, in den folgenden drei Artikeln, denen noch ein Schlussartikel angeschlossen ist.

An der sehr knappen Darstellung, die Hinduismus und Buddhismus erfahren (NA 2), ist vor allem die Geste der Würdigung dieser – und implizit aller – Religionen bemerkenswert, die in einer Selbst-Bindung des kirchlichen Blicks auf nichtchristliche Religionen gipfelt: »Die katholische Kirche lehnt nichts von alledem ab, was in diesen Religionen wahr und heilig ist.« Die Würdigung nicht nur der religiösen Erfahrungen oder Bedürfnisse der einzelnen Menschen, sondern der Religionen als solcher beinhaltet bereits eine Anerkennung des Zugangs zum Wahren und Heiligen, zum göttlichen Heil, wie das Christentum es versteht, auch in den und durch die anderen Religionen. Auch sie können Heilswege sein. Dies meint das Konzil, wenn es sagt, dass auch solche »Handlungen und Lebensweisen, jene Vorschriften und Lehren, die zwar in manchem von dem abweichen, was sie [i.e.: die Kirche] für wahr hält und lehrt, doch nicht selten einen Strahl jener Wahrheit erkennen lassen, die alle Menschen erleuchtet«. Die Kirche ist in der Lage, in dem, was abweicht, im Anderen der Religionen, das zu identifizieren, was ihr selbst zu vergegenwärtigen aufgetragen ist: den allgemeinen und souveränen, allen Menschen geltenden Heilswillen Gottes.

Muss hierin eine Vergleichgültigung der Religionen und Sinnangebote gesehen werden? Mitnichten, denn es gibt eine klare Kriteriologie: Die Vergegenwärtigung des Heilswillens Gottes in den Religionen manifestiert sich in der Verwirklichung oder Ermöglichung oder Anzielung je größerer Menschlichkeit im Leben der Menschen miteinander und in der Welt. Gibt die Kirche sich nicht selbst auf, wenn sie anerkennt, dass auch außerhalb von ihrer sichtbar verfassten Struktur »der Strahl jener Wahrheit …, die alle Menschen erleuchtet«, aufscheinen kann? Wiederum: mitnichten, denn die Kirche würdigt die anderen Religionen ja gerade vom Maßstab der ihr überlieferten Selbst-Mitteilung Gottes in und durch Jesus Christus her. Nicht Vergleichgültigung von allem oder Selbstaufgabe, sondern An-Erkennung im Anderen, was man selbst vertritt. Dieser Akt der Anerkennung ist bewertend, abwägend, akzentuierend, auswählend – und zwar so, dass all dies im Gespräch mit den anderen Religionen geschehen soll, in einem Gespräch, in dem die Christen sich nicht verleugnen, sondern »durch ihr Zeugnis des christlichen Glaubens und Lebens jene geistlichen und sittlichen Güter und auch die sozial-kulturellen Werte, die sich bei ihnen [i.e.: den anderen Religionen] finden, anerkennen, wahren und fördern« sollen. Wiederum findet sich hier ein gänzlich unapologetischer und angstfreier Umgang mit sich selbst, der für eine Theologie der Mission bedeutsam ist: Das christliche Glaubenszeugnis wird nicht *gegen* die anderen Religionen in Stellung gebracht, sondern gewissermaßen *für* sie gegeben; die Bezeugung des eigenen Glaubens erschließt, recht verstanden, das an den anderen Religionen Schätzenswerte. Indem all dies im Medium des Gesprächs stattfinden soll, oder doch in Hinordnung auf ein mögliches Gespräch, kann die katholische Kirche das eigene Glaubenszeugnis als eine Geschichte des Ringens um die Aufklärung des eigenen Glaubens vorlegen und so womöglich zu einer Geschichte der Aufklärung in den anderen Religionen beitragen.

All das, was eben dargestellt und auf dem Boden von *Nostra aetate* entwickelt worden ist, steht im Kontext der spezifischen Würdigung von Hinduismus und Buddhismus, ist aber, wie gesagt, universal zu verstehen. Die Heterogenität, oder genauer: die Geschichte von *Nostra aetate* wird daran greifbar, dass nach jenen allgemeinen Überlegungen zu einer Theologie der Religionen Islam und Judentum noch einmal eigens behandelt werden. Im Duktus des Texts erschließt sich jetzt erst der eingangs schon genannte Kern dieses Dokuments. So ist also die eigene Behandlung des Islams in Abhängigkeit zur Thematisierung des Verhältnisses der Kirche zum Judentum zu sehen. Man kann aber deswegen gerade heute froh sein, dass es, auf welche Weise immer, zu einer solchen Erklärung der Hochschätzung (*aestimatio*) des Islams als monotheistische, den Schöpfer sowie, wenn auch in schwacher Weise, Jesus und auch Maria anerkennende Religion gekommen ist (NA 3). Diese Wertschätzung umfasst ausdrücklich das Wissen um die Geschichte »der Zwistigkeiten und Feindschaften zwischen Christen und Muslimen«; diese soll jedoch in jene der Leitperspektive des Dokuments entsprechende Zukunftsorientierung eines gemeinsamen Eintretens »für Schutz und Förderung der sozialen Gerechtigkeit, der sittlichen Güter und nicht zuletzt des Friedens und der Freiheit für alle Menschen« mit aufgenommen werden. – Es ist aber, auch mit Blick auf eine kirchliche Positionsnahme zum israelisch-palästinensischen Konflikt sowie mit Blick auf einen nicht zu leugnenden innerislamischen Antijudaismus, an die innere Architektur von *Nostra aetate* zu erinnern, der zufolge ein positives Verhältnis zum Islam nicht in Absehung von der Frage des Verhältnisses der Kirche zum Judentum gewonnen werden kann.

3. Die konstitutive Verbundenheit der Kirche mit den Juden

Diesem Verhältnis ist nun der umfangreichste und gewichtigste Artikel der Erklärung gewidmet. Es ist nicht übertrieben, diesen Teil des Dokuments als eine vollständige Neuorientierung im Verhältnis der katholischen Kirche zum Judentum nach zweitausend Jahren der negativen Abgrenzung, der Abschätzigkeit, des Antijudaismus und der Verfolgung durch die Kirche wahrzunehmen. Schon der Einleitungssatz bietet angesichts dieser Schuldgeschichte eine massive Aussage: Es ist nicht so, dass das Konzil das Judentum unter vielen anderen Themen auch noch bedenkt (und es also auch hätte lassen können), sondern: »Bei ihrer Besinnung auf das Geheimnis der Kirche gedenkt die Heilige Synode des Bands, wodurch das Volk des Neuen Bunds mit dem Stamm Abrahams geistlich verbunden ist.« (NA 4). Schon in einer 1962 von Johannes Oesterreicher verfassten Grundsatzstudie heißt es: »Wer dieses Volk verachtet oder verfolgt, der fügt der katholischen Kirche Leid zu.«[57] Die Verbindung der

Kirche mit Israel und mit den Juden ist für ihr Kirchesein konstitutiv. Verlöre sie diese Verbindung, verlöre sie ihre Kirchlichkeit. Das ist eine unrelativierbare Aussage! Nie wieder wird die Kirche sich in irgendeiner Weise gegen die Juden oder von ihnen ab oder ihren Feinden zuwenden können, wenn anders sie nicht sich selbst aufgeben will. Die Christinnen und Christen sind Töchter und Söhne Abrahams »dem Glauben nach«. In dieser Formulierung liegt nicht doch noch eine Relativierung der getroffenen Aussage vor, sondern eine Präzisierung, mit der die Erklärung dem prekären Verhältnis zwischen so genanntem Alten und Neuen Bund Rechnung trägt. Denn das Volk des Neuen Bunds ist ja dem des Alten Bunds nicht eingegliedert und hält sich dennoch in einer schwer (womöglich gar nicht mit einer letzten Eindeutigkeit) zu bestimmenden Weise für zugehörig, wohingegen das Volk des Alten Bunds die Christinnen und Christen zu »den Völkern« rechnet, nicht aber zum Volk des Bunds.

Die Kirche weiß, so erklärt das Konzil, dass die Exoduserfahrung Israels, die eingedenkend gegenwärtig gehaltene Befreiung Israels aus der Knechtschaft, jene grundlegende Heilsgestalt darstellt, von der auch die Kirche getragen ist. Sie kann – um ihrer selbst willen – nicht vergessen, dass sie durch Israel »die Offenbarung des Alten Testaments empfing und genährt wird von der Wurzel des guten Ölbaums, in den die Heiden als wilde Sprösslinge eingepfropft sind«. Das Bild vom Ölbaum verwendet Paulus zur Versinnbildlichung des Verhältnisses der (Heiden-)Christen zu den Juden (Röm 11,16–24). Bei aller Ambivalenz, die Paulus' Verhältnis zu seinem Volk auch noch prägt, ist doch das Folgende festhaltenswert, zumal das Konzil sich diesen Gedanken zueigen macht: dass die wilden Sprösslinge der Heidenchristen, zu denen auch wir heute zu rechnen sind, durch das Eingepfropftwerden in den guten Ölbaum Israel veredelt werden. Ist damit etwas anderes gesagt als dass die Christen Heil von Israel erfahren? Sie haben von den Juden erhalten, wie das Konzil wiederum mit Paulus sagt (Röm 9,4f), »das Gesetz, den Gottesdienst und die Verheißungen«, aber auch Jesus selbst, der »aus ihnen … dem Fleisch nach stammt«, hier also in einem lehramtlichen Text als Jude bekannt wird. Dasselbe gilt für die Apostel.

»Dem Fleisch nach«, also der menschlichen Wirklichkeit nach, aber auch dem in der menschlichen Wirklichkeit sich gegenwärtig setzenden göttlichen Heilswillen nach, gründet die Kirche in Israel. Damit ist diese Gründung nicht nur Herkunftsbezeichnung, sondern bleibendes Merkmal der Kirche. Deswegen ist Israel und sind die Juden von bleibender Bedeutung für die Kirche. Sie sind in ihrem Bundesverhältnis zu Gott nicht durch die Kirche enterbt worden (was christlicherseits durchaus so gesehen worden ist), sondern stehen auch in ihrer Entscheidung zu dem mit dem Christus-Titel von Jesus ausgesagten Heilsanspruch noch in der Liebe Gottes, nämlich aufgrund der Unwiderruflichkeit der Heils- und Bundeszusage des treuen Gottes (vgl. Röm 11,29). Es ist eine alttestamentliche Verheißung, in welche das Konzil einstimmt, wenn es erklärt, dass die Kirche den Tag erwartet, »an dem alle Völker mit *einer* Stimme den Herrn anrufen« (vgl. Jes 66,23; Ps 66,4).

Der Aufruf der Erklärung, das Erbe von Juden und Christen in seinem gemeinsamen Reichtum und damit eben auch einander kennen zu lernen, hat sicher immer noch (oder wieder) Aktualität. Es kann dabei verwundern oder beunruhigen, dass die historisch und theologisch eigentlich selbstverständliche Versicherung der Erklärung, nicht *die* Juden seien für den Tod Jesu verantwortlich zu machen, auch heute noch gesagt werden muss. Schließlich erklärt das Konzil, dass die Kirche – nicht aus Opportunismus, sondern weil das Evangelium dies fordert – den Hass, die Verfolgung und den Antisemitismus, wann und durch wen immer dies sich ereignet hat, beklagt. Nicht ausdrücklich wird freilich von einem Antisemitismus oder -judaismus *der* Kirche gesprochen, so wie auch die große Vergebungsadresse Johannes Pauls II. vom Aschermittwoch 2000 sich zu den Verfehlungen der Gläubigen, nicht aber der Kirche, gegenüber den Juden bekennt.[58] Dennoch ist hier ein Bekenntnis der Konzils zur Schuld des christlichen Antijudaismus letztlich unmissverständlich formuliert, das sich notwendig aus der Erklärung der konstitutiven Verwiesenheit der Kirche auf die Juden ergibt und somit um der Kirche selbst willen unrelativierbar ist.

4. Schlussreflexion

Vom Ende her lässt sich erkennen, wie die Eigentümlichkeit der Entstehungsgeschichte von *Nostra aetate* doch einen auf der synchronen Ebene des Endtexts sich sinnvoll ergebenden Bedeutungsbogen hervorgebracht hat: Die optimistische Grundperspektive des Schauens auf das, was gemeinsam ist, und zwar um der je humaneren Verwirklichung der Menschheitsgemeinschaft willen, erfährt im Durchgang durch das Bekenntnis der Schuld gegenüber den Juden eine dialektische Präzisierung: Sie wird angesichts realer Bestreitungen einer je größeren Verwirklichung der Humanität zu einem Instrument der Kritik. In einer nicht leicht zu überspielenden theologischen Zuspitzung macht das Konzil im ersten Satz des Schlussartikels die Möglichkeit des Gotteslobs von der unbeschädigten Würdigung der Menschen untereinander abhängig. Wie kann dort, wo einem Menschen die ihm zustehende Würde – sie besteht ja darin, Bild Gottes zu sein – bestritten wird, die Kirche noch in einem ungeschmälerten Vollzug ihrer selbst sich an Gott wenden? Die Erklärung bezieht sich hier auf den Gedanken der Einheit von Gottes- und Nächstenliebe, wie er im Ersten Johannesbrief grundgelegt (1Joh 4,8) und von Karl Rahner theologisch ausgearbeitet worden ist.[59] Wenn die Kirche dann »jede Diskriminierung eines Menschen oder jeden Gewaltakt gegen ihn um seiner Rasse oder Farbe, seines Stands oder seiner Religion willen« verurteilt (NA 5), so mit der zuvor gegebenen Begründung, dass die Verletzung des Menschen als des Bilds Gottes den Blick auf diesen Gott selbst verdunkelt. Die Würde des Menschen scheint im Moment ihrer Bedrohung hell auf. Die Sprache des Glaubens kann die Unbedingtheit dieser Würde nicht deutlicher aussagen, als durch ihre Identifizierung mit Gott selbst: Wie der Mensch Bild Gottes ist, ist Gott die Würde des Menschen. Die Kirche befindet sich deswegen angesichts jeder Bestreitung der Würde des Menschen *in statu confessionis*.

Der grundlegende Optimismus von *Nostra aetate* ist nichts weniger als naiv. Braucht es nicht einen Wert oder ein

Ziel von höchster Dignität in der Welt – die Gewinnung je größerer Humanität –, um nüchtern zu wissen, was von Tag zu Tag, von Ort zu Ort auf dem Spiel steht? Auch wird niemand an dieser Stelle den Konzilsvätern unfrommen Geschichtsoptimismus vorwerfen können, der auf die differenzierte Wahrnehmung der verschiedenen Schuldgeschichten in diesem Dokument achtet sowie auf seine abschließende theologische Aussage, der zufolge die Menschen in der äußersten ihnen zu Gebot stehenden Handlungsmöglichkeit, nämlich den Frieden zu halten (Röm 12,18), sich bezeugen als »Kinder des Vaters ..., der im Himmel ist« (Mt 5,45).

Die Dogmatische Konstitution über die göttliche Offenbarung *Dei Verbum*

1. Zur Textgeschichte

Die ersten Vorarbeiten auf die spätere Offenbarungskonstitution zu lassen keine Erwartungen hinsichtlich der Gewinnung eines neuen kirchlich-theologischen Ausgangspunkts des Offenbarungsverständnisses erkennen, im Gegenteil. In der Zuständigkeit der Vorbereitenden Theologischen Kommission liegt die Erarbeitung eines ersten Schemas (*Schema compendiosum*), das im Oktober 1960 fertig gestellt wird. Mit dem Vorsitzenden Kardinal Alfredo Ottaviani und dem Sekretär Sebastian Tromp sind römisches Kurialbewusstsein und römische Theologie an der Spitze dieser Kommission synergetisch vereint. Das *Schema compendiosum* wird bis zum Februar 1961 zu einem ersten regulären Schema, das in sechs Kapitel gegliedert ist, weiterverarbeitet, das neue Bearbeitungen sowohl durch Subkommissionen (der mittlerweile gebildeten Konziliaren Theologischen Kommission, unter dem selben Leitungspersonal) als auch durch die Zentralkommission erfährt. Im Sommer 1961 wird ein *Schema constitutionis dogmaticae de fontibus Revelationis* an die Konzilsväter verschickt, »das im wesentlichen auf eine Kanonisierung der römischen Schultheologie«[60] hinausläuft: Die Bedeutung der *Tradition* wird gegenüber der Heiligen Schrift so weit wie möglich strapaziert; die *Inspiration* wird in Richtung einer Verbalinspiration ausgelegt; die *Irrtumslosigkeit* der Schrift (Inerranz) wird »auf jegliche religiöse oder weltliche Angelegenheit« (*in qualibet re religiosa vel profana*) bezogen; mit einiger Selbstverständlichkeit wird die *Geschichtlichkeit der Evangelien* im Sinn historischer Berichte angenommen. Ein solches Offenbarungsverständnis kann nirgends mehr hin führen, außer in die Archive des Vatikans. Von Kardinal Liénart wird der lapidare, aber offensichtlich den Unwillen der Mehrheit der Väter zusammenfassende Satz überliefert: *Hoc schema mihi non placet* (Dieses Schema gefällt mir nicht). Deutliche Kritik erfährt das Schema etwa auch von den Kardinälen Alfrink, Bea, Frings, König, Léger und Suenens, während andere, unter ihnen die Kardinäle Ruffini und Siri, es verteidigen.

Durch einen geschickten Schachzug im Entscheidungsverfahren wird das Schema zunächst vor der sicheren Ablehnung bewahrt: Normalerweise müsste die Versammlung zu einem gewissen Zeitpunkt der Debatte um einen Entwurf darüber abstimmen, ob dieses vorgelegte Schema als Grundlage der weiteren Erarbeitung eines Endtexts akzeptiert wird. Für einen positiven Entscheid sind zwei Drittel der Stimmen erforderlich. Um in dieser Phase ein Schema zu ›kippen‹, reicht also wenig mehr als ein Drittel der Stimmen. Nun lässt man aber am 20.11.1962 in völlig unüblicher Weise darüber abstimmen, ob die Väter für oder gegen eine Unterbrechung der Diskussion wären. Auch hier müssen für die Zustimmung zwei Drittel der Stimmen erreicht werden. Die Unterbrechung der Diskussion würde das Ende des Schemas bedeuten. Durch den hier gewählten Abstimmungsgegenstand müssen jetzt die Gegner des Schemas mit Ja votieren und zwei statt einem Drittel der Stimmen aufbringen (und *vice versa*). Diese Mehrheit für ein Ja (das ein Nein ist) kommt aber nicht zustande, so dass das Schema, das von einer Mehrheit der Konzilsväter abgelehnt wird, faktisch (auf der Basis von nur einem guten Drittel der Stimmen) als Grundlage der weiteren Arbeit angenommen ist. Der Papst muss eingreifen, lässt das Schema von der Tagesordnung absetzen und beauftragt eine Gemischte Kommission, die wesentlich von der Theologischen Kommission und dem Einheitssekretariat beschickt wird, mit der Neubearbeitung. Den Vorsitz dieser Kommission haben gemeinsam inne Kardinal Ottaviani und Kardinal Bea. Die Sekretäre sind Tromp und Willebrands. Der von dieser Kommission erarbeitete Entwurf wird im April 1963 an die Väter verschickt. Mit ihm sind keine substantiellen theologischen Verbesserungen erreicht; manche der strittigen Punkte (Verhältnis Schrift – Tradition, Inerranz) werden lediglich offener formuliert; zudem ist die Diktion stärker heilsgeschichtlich orientiert. Im März 1963 beginnt man, die zahlreichen Änderungswünsche der Väter einzuarbeiten. In dieser Phase ist der Beitrag Karl Rahners zur Formulierung der progressiven Mehrheitsposition von großer Bedeutung. Es stellt sich ein grundsätzlicher Dissens hinsichtlich der Frage des ›Mehr‹ der Tradition gegenüber der Schrift heraus, weswegen die Theologische Kommission diesen Punkt dem Plenum in zwei, die Mehrheits- und die Minderheitsposition repräsentierenden Relationen (und nicht in einer gemeinsam erarbeiteten Relatio) vorstellen lässt – ein einmaliger Vorgang während des Konzils. Die Diskussion des Texts im Herbst 1964 lässt erneut die Debatte um die Inerranz der Schrift und die Historizität der Evangelien aufbrechen. Es kommt zu weiteren Überarbeitungen in der Theologischen Kommission und ihren Subkommissionen, durch welche aber die Substanz des Texts nicht mehr angetastet werden darf. Erst in der letzten Sitzungsperiode, im September 1965, kehrt der Text zurück in die Aula. In dieser Phase fordert Paul VI. (durch ein Schreiben Kardinal Cicognanis an Kardinal Ottaviani) als Präzisierungen firmierende Einfügungen zu allen strittigen Themen (das Verhältnis der Tradition zur Schrift, deren Inerranz, die Historizität der Evangelien). Es gelingt, in allen drei Fällen Formeln zu erarbeiten, »die dem Anliegen des Papstes Rechnung tragen, ohne Türen zu verschließen, um deren Offenbleiben man vier Jahre lang gekämpft hatte«.[61] Am 18.11.1965 kann schließlich der Text der feierlichen Schlussabstimmung zugeführt werden; 2244 Väter stimmen für, sechs gegen ihn. Am selben Tag wird *Dei Verbum* vom Papst promulgiert.

2. Offenbarung als Selbstmitteilung Gottes

Die Üblichkeit beobachtend, dass die beiden ersten Worte eines kirchlichen Dokuments zugleich dessen Titel bilden, wird in der Regel einige Sorgfalt auf die Komposition des Textanfangs solcher Dokumente verwendet. Im Fall von *Dei Verbum* birgt die Titelkomposition bereits eine theologische Grundaussage: Was das Konzil hinsichtlich der Lehre von der Offenbarung und ihrer Weitergabe sagen kann und will, steht von vornherein unter der unableitbaren Vor-Gabe des Worts Gottes, zu dem sich Konzil und Kirche in keiner anderen Position als der des Hörens bestimmen können. Mit Blick auf Vorstöße, die gegen Ende der II. Sitzungsperiode als Vermittlungsvorschlag die Einverleibung wesentlicher Bestandteile der Offenbarungs- in die Kirchenkonstitution favorisieren, weist Joseph Ratzinger auf einen dann eintretenden »Ekklesio-Monismus« hin und hebt hervor, dass die Offenbarungskonstitution die Kirche selbst »in die Situation des Hörens verweist«.[62] Es wäre lohnenswert, wenn auch durchaus schwierig, diese Fundamentalbestimmung einer kirchlichen Passivität des Hörens gegenüber dem Wort Gottes einmal durch alle dann doch wieder größtmögliche Aktivität und Autorität beanspruchenden Selbstbeschreibungen der Kirche – etwa hinsichtlich der Kirche als Subjekt der Überlieferung, des kirchlichen Lehramts, der kirchlichen Beaufsichtigung der Bibelauslegung, etc. – hindurch geltend zu machen.

Wenn als Thema der Konstitution »die göttliche Offenbarung und deren Weitergabe« (DV 1) im Vorwort intoniert wird, bedeutet dies eine dezidiert katholische Bearbeitung der Offenbarungsthematik, wie sich auch durch den Text hindurch bestätigt: Wenn von der Offenbarung zu handeln ist, geht es katholischerseits immer auch um die Hochschätzung der Tradition als der authentischen Weitergabe der Offenbarung. Im Raum steht die kontroverstheologisch brisante so genannte Zwei-Quellen-Theorie, der zufolge die Kirche aus den zwei (voneinander unabhängigen und womöglich gleichrangigen) Quellen der Schrift und der Tradition schöpft. Dies ist für Protestanten anstößig, wird doch hiermit in ihren Augen katholischerseits auch das rechtfertigbar, was dem protestantischen Prinzip des *sola scriptura* zufolge eben nicht schriftgemäß ist. Dies ist nicht der Ort, diese Frage zu debattieren; der (katholische) Hinweis sei aber erlaubt, dass eine Haltung der Traditionsvergessenheit (die nicht zwangsläufig die protestantische sein muss) nicht nur ihren eigenen Gegenwartsstandort in Relation zur Schrift geschichtlich nicht lokalisieren kann, sondern sich zudem der Möglichkeit eines fundiert kritischen Umgangs mit der Überlieferung begibt. – Wie auch immer, das Konzil macht sich die Zwei-Quellen-Theorie nicht zueigen. Im Gegenteil wird es ausdrücklich von der einen Quelle der Offenbarung und der Überlieferung sprechen (DV 9). Auf dem Hintergrund der Debatten in der Werdegeschichte der Offenbarungskonstitution gewinnt eine von Josef Rupert Geiselmann erarbeitete Erkenntnis an Aussagekraft: Geiselmann hat zeigen können, dass schon das Konzil von Trient eine zunächst vorgesehene Formulierung zur Bestimmung des Verhältnisses von Schrift und Tradition so entschärft hat, das bereits hier das Gefälle der konziliaren Aussage den Gedanken der Suffizienz der Heiligen Schrift, die kein Plus der Überlieferung mehr braucht, zulässt oder gar fordert.[63]

Das Konzil beruft sich im Vorwort zu *Dei Verbum* auf das Konzil von Trient und das I. Vatikanum. Wenn es legitim ist, die in diesem Zusammenhang gebrauchte Formulierung – dass das Konzil »den Spuren« jener Konzilien »folgt« – als die Erklärung zwar nicht einer Revision, wohl aber einer Weiterführung der Lehren jener Konzilien aufzufassen,[64] dann ist eine solche Weiterführung insbesondere im ersten Kapitel zu greifen, das eine Fundamentalreflexion auf den Begriff der Offenbarung unternimmt. Denn hier wird Offenbarung in markanter Weise neu gefasst: Sie ist nicht mehr (reduziert auf) das göttliche Mitteilen gewisser Glaubenssätze, die nun von der Kirche gelehrt und von den Gläubigen angenommen werden müssen, sondern Offenbarung bedeutet vor allem, dass Gott sich selbst den Menschen mitteilt, in der Doppelbedeutung des Sich-Zeigens und des Sich-Gebens: »Gott hat in seiner Güte und Weisheit beschlossen, sich selbst zu offenbaren und das Geheimnis seines Willens kundzutun ...: dass die Menschen durch Christus ... im Heiligen Geist Zugang zum Vater haben und teilhaftig werden der göttlichen Natur« (DV 2). Diese sich selbst zugänglich machende Offenbarung Gottes ist zugleich kommunikationsbegründend. Der unsichtbare Gott »redet ... die Menschen an wie Freunde ... und verkehrt mit ihnen«. Der Offenbarungsbegriff wird also nicht mehr primär begründungstheoretisch eingesetzt, sondern als Chiffre für ein von Gott ausgehendes personales Kommunikationsgeschehen verstanden.

Analog wird der Begriff der *Tat*offenbarung von einer apologetischen Fixierung – etwa auf die Wunderhandlungen, die man als göttliche Machterweise und damit als Begründungen der Rede von der Göttlichkeit Jesu Christi aufgefasst hat – entkoppelt und geöffnet auf ein Verständnis von Offenbarung als »ereignishaftes Handeln Gottes am Menschen«.[65] Wort- und Tatoffenbarung sind also nicht mehr primär Funktionen einer apologetischen Argumentation, sondern offen für das biblische Verständnis eines handelnden, Wirklichkeit schaffenden Gotteswort, wie es vom hebräischen Begriff des *dabar JHWH* ausgesagt ist. Letzte Bedeutungsdimension von Offenbarung ist die des göttlichen Heilshandelns; in diesem Sinn lässt *Dei Verbum* eine in ihrer Formalstruktur durch die wechselseitige Erhellung von Tat und Wort bezeichnete Heilsgeschichte auf Christus als »Mittler und Fülle zugleich der Offenbarung« zulaufen.

Es entspricht diesem Verständnis von Offenbarung als heilshafte Selbstmitteilung Gottes, wenn die Universalität des göttlichen Heilswillens in ihrer offenbarungstheologischen Relevanz geltend gemacht wird: »Gott, der durch das Wort alles erschafft … und erhält, gibt den Menschen jederzeit in den geschaffenen Dingen Zeugnis von sich« (DV 3). Diese allgemeine oder implikative oder anonyme Heilsgeschichte hat ihre sichtbare Konkretion in der besonderen Heilsgeschichte der biblischen Überlieferung, die in Jesus Christus zur Erfüllung kommt (DV 3f). Wenn daher gilt, dass in und durch Jesus Christus die Offenbarung abgeschlossen ist, dann im Sinn der Erfüllung, also der erfüllenden, unrevidierbar endgültigen Verwirklichung der entgegen kommenden Selbstzusage Gottes. Der treue Gott hat sich in Jesus Christus abstrichlos – wenn auch zu den Bedingungen menschlicher, das heißt endlicher und sündiger, Wirklichkeit – gegenwärtig gesetzt. Hierin, also letztlich in der Treue Gottes, muss die Offenbarung als erfüllt und abgeschlossen, als endgültig und unüberholbar gelten, so dass »keine neue öffentliche Offenbarung mehr zu erwarten« ist (DV 4). Denn andernfalls würde man sagen, dass Gott sich in der Zusage seiner rückhaltlosen Gegenwart in Jesus Christus untreu werden würde.

Auch wenn die Konstitution mit dem Pauluswort vom »Gehorsam des Glaubens« (Röm 1,5; 16,26; 2Kor 10,5–6) und mit einem Zitat aus der Konstitution *Dei Filius* des I. Vatikanums, demzufolge der Mensch sich dem offenbarenden Gott »mit Willen und Verstand voll unterwirft«, eine Sprache der Selbstdemütigung anschlägt, die das auch gesagte Wort vom Glauben als einem in Freiheit zu vollziehenden Akt zu übertönen scheint, so ist dennoch festzuhalten, dass das Konzil den Glaubensakt ganz in Entsprechung zum neu gefassten Offenbarungsbegriff als personalen Antwort- und Beziehungsakt zeichnen will – wenn auch, wie gesagt, in einer Sprache, die diese Aussageabsicht nicht adäquat wiederzugeben in der Lage ist (DV 5). Weil der Glaube ein mit der ganzen Person zu vollziehender Akt ist, übergibt der Mensch sich selbst jenem Gott, der diesen Glaubensakt des Menschen durch seine zuvorkommende Gnade allererst ermöglicht und ihn auch durch den

Geist stets nährt und in seinem Verständnis der Offenbarung vertieft.

Schließlich hebt der Text noch einmal hervor, dass die Mitteilung göttlichen Heils (und nicht etwa von Satzwahrheiten) Inhalt der Offenbarung ist, die (auf den Menschen hin gesagt) freilich auch eine intellektuelle Dimension hat: Gottes Heilswille ist, so bekräftigt *Dei Verbum* mit dem I. Vatikanum und mit Röm 1,20, mit der natürlichen Vernunft erkennbar; die Überfülle der jeden Rahmen der endlichen Vernunft eigentlich sprengenden Wirklichkeit Gottes teilt sich jedoch durch die Offenbarung in einer der Vernunft nicht unzugänglichen Weise mit (DV 6).

3. Offenbarung und Überlieferung – eine schwierige Verhältnisbestimmung

In einem zweiten Kapitel (DV 7–10) schließen sich Überlegungen zur »Weitergabe der göttlichen Offenbarung« an. Die Hineinziehung der Überlieferungsthematik in die Erörterung der Offenbarung ergibt sich zwanglos aus dieser selbst, insofern das, was »Gott zum Heil aller Völker geoffenbart hat, … für alle Zeiten unversehrt erhalten bleiben und allen Geschlechtern weitergegeben werden« soll (DV 7). Die Bedeutung der Überlieferung ergibt sich eigentlich aus dem Begriff der Offenbarung selbst. Das zeigt sich daran, dass die Überlieferung bereits mit der Verkündigung der Apostel und mit der Niederschrift der Texte des Neuen Testaments durch die Apostel und apostolischen Männer, wie das Konzil hinsichtlich der Verfasserproblematik vorsichtig formuliert, beginnt, also mit jenen (Text-)Zeugnissen, in denen wir die Offenbarung des Neuen Bunds haben. Die Konstitution macht sich die Amtstheologie des Irenäus von Lyon zueigen, wenn sie die (als apostolisch bezeichnete) Hinterlassenschaft der Bischöfe (unter Einschluss des Prinzips der apostolischen Sukzession) mit der Sicherung der authentischen Überlieferung durch die Zeiten in einen Begründungszusammenhang bringt. Es bildet deswegen keine Überforderung dieser Passage (wie auch nicht der Theologie des Irenäus), wenn man sagt, dass das Bischofsamt wesentlich vom Dienst an der rechten Überlieferung her bestimmt ist und darin sein Kriterium hat.

Insofern die Überlieferung ein Prozess der aktiven Aneignung und Weitergabe ist, kann, wie es das Konzil tut, von einem Fortschritt in der Tradierung des Glaubens gesprochen werden, ohne dass dadurch die Unversehrtheit des zu Tradierenden in Frage gestellt wäre; der Fortschritt oder die Veränderung geschieht im wachsenden Verständnis, im Studium, in der inneren Einsicht, durch die Verkündigung – kurz: in den Akten der Aneignung und Weitergabe, nicht aber im eigentlichen Gehalt der Offenbarung (DV 8). Die Abgeschlossenheit der Offenbarung materialisiert sich im – gleichfalls abgeschlossenen – Kanon der Heiligen Schrift. Die Konstitution nennt als eine wichtige Funktion der Überlieferung, dass durch sie »der Kirche der vollständige Kanon der Heiligen Bücher bekannt« geworden ist, der doch seinerseits die Überlieferung begründet. Weder diese Zirkelstruktur in der Beziehung von Kanon und Überlieferung noch die geschichtliche und kirchenbezogene Variabilität des Kanons wird freilich im Text angesprochen. Bedeutsam ist allerdings die Bildrede vom ununterbrochenen Gespräch, das Gott mit der Kirche führt. Hiermit sagt die Konstitution den Konnex, den die Überlieferung zwischen der Offenbarung und der Kirche vermittelt, als einen nicht der Traditionspflege, sondern der Vergegenwärtigung aus. Insgesamt betont *Dei Verbum* in der Art und Weise, wie die Hochschätzung der Überlieferung zum Ausdruck gebracht wird, stets deren enge Bezogenheit auf die Schrift, bis hin zur Aussage von dem einen und selben Quell, aus dem beides, Schrift und Tradition, entspringt (DV 9; s.o. zu DV 1). Schrift und Überlieferung »bilden den einen der Kirche überlassenen Schatz des Wortes Gottes« (DV 10).

Im Folgenden spricht das Konzil von der Art, wie die Kirche diesen ihr übergebenen Schatz hütet und wie sie mit ihm haushaltet. Vielleicht lohnt es die Bemerkung, dass hierbei zuallererst von einer kirchlichen Passivität des ›Ausharrens voller Anhänglichkeit‹ an ihn die Rede ist und erst dann von der Vollmacht des Lehramts gesprochen wird, dem die verbindliche Interpretation des geschriebenen und überlieferten Worts Gottes obliegt. Hinsichtlich der Aussage, dass die Vollmacht des Lehramts »im Namen Jesu Christi ausgeübt wird«, wäre zu klären, ob damit über das Floskelhafte hinaus eine wirkliche Selbst-Bindung des Lehramts an eine ihm entzogene Autorität gemeint ist, über deren Geltendmachung gegenüber dem Lehramt dieses dann auch nicht mittels einer verbindlichen Deutung verfügen könnte. – Von uneingeschränkter Bedeutung ist hier jedenfalls die Aussage: »Das Lehramt ist nicht über dem Wort Gottes, sondern dient ihm.« (DV 10). Dass allerdings dieser Satz überhaupt gesagt werden muss, ist schon viel sagend genug. Jedenfalls ist das Lehramt darauf verpflichtet, nichts zu lehren, »als was überliefert ist«. Es fügt der Offenbarung nichts Neues hinzu und schöpft nur »aus diesem einen Schatz des Glaubens« – und eben nicht aus eigener Initiative. Diesen Gang der Ausführungen abschließend, ordnet die Konstitution die drei Wirklichkeiten der Schrift, der Überlieferung und des Lehramts in wechselseitig unverzichtbarer Verwiesenheit einander zu: eine Konstellation, die aufgrund der nicht weiter differenzierten oder eingeschränkten Gleichrangigkeit der drei mindestens in ökumenischer Hinsicht debattenwürdig ist.

4. Die Heilige Schrift: göttliche Urheberschaft, menschliche Verfasserschaft

In den drei folgenden Kapiteln befasst sich *Dei Verbum* mit der materialen Offenbarung, das heißt mit der Heiligen Schrift. Bevor die beiden Teile des christlichen Kanons der Bibel, Altes und Neues Testament, eigens thematisiert werden, wendet die Konstitution sich jenem theologischen Gedanken zu, durch den die Offenbarung in ihrem eigentlichen Sinn mit dem Material der biblischen Texte vermittelt wird: der Inspiration. Die Inspiriertheit der biblischen Schriften steht mit einer gewissen Selbstverständlichkeit außer Frage. Innerhalb dieses nicht angetasteten Rahmens trifft die Konstitution zwei bedeutsame Aussagen, deren eine konventionell zu sein scheint: Geschrieben unter dem Anhauch des Heiligen Geists, haben die biblischen Schriften »Gott zum Urheber« (DV 11). Nichts anderes sagt schließlich die Lehre von der Inspiriertheit der Heiligen Schrift von Anfang an. Aber: Dies zu sagen heißt nicht nur, den biblischen Büchern eine einzigartige Würde und Autorität zuzusprechen; es bedeutet auch, die Auslegung dieser Schriften stets auf den in ihnen sich ins Menschenwort bringenden göttlichen Heilswillen zurück zu beziehen. In diesem notwendigen Rückbezug steckt genügend kritisches hermeneutisches Potenzial, um sowohl den biblischen Text in seiner konkreten Gestalt als auch erst recht seine Auslegung von dem, was abkürzungshalber ›göttliche Aussageabsicht‹ genannt werden kann, zu unterscheiden. – Die zweite Aussage ist auffälliger: Unmissverständlich klärt das Konzil die Inspirationslehre dahingehend auf, dass die biblischen Schriften »durch den Gebrauch [der] eigenen Fähigkeiten und Kräfte« von Menschen entstanden sind; ihr Entstehen entspricht in natürlicher Weise dem, was man unter Autorschaft versteht; Menschen sind, wie es das Konzil sagt, »als echte Verfasser« der biblischen Schriften anzusehen. Die Heilige Schrift hat also einen göttlichen Urheber und menschliche Verfasser. Mit dieser schlicht anmutenden Unterscheidung sichert die Konstitution die sozusagen natürliche Entstehung der biblischen Schriften und zugleich die davon unterschiedene und den konkreten Gestaltgebungen der Texte zum kritischen Maßstab gereichende Intention des göttlichen Heilswillens.

Die Würdigung der natürlichen Entstehungsweise der biblischen Texte begründet die Wertschätzung, welche die historisch-kritische Exegese durch die Konstitution erfährt. Kaum mehr ablesbar ist der betreffenden Passage des Konstitutionstexts jenes dramatische Ringen um das Schicksal einer katholischen Exegese, das sich seit der Modernismuskrise zu Beginn des 20. Jahrhunderts bis in die Konzilsaula hinein zugetragen hat. Auf dem Hintergrund dieser Geschichte, die auch zu einer Verwerfung der historisch-kritisch arbeitenden Exegese hätte führen können, ist die wenn auch um des Kompromisses mit der (konservativen) Konzilsminorität willen zurückhaltend formulierte Aussage des Konzils eindeutig: Nicht nur wird die historisch-kritische Methode zugelassen; sie wird als notwendig erklärt. Auch innerhalb der Geschichte der lehramtlichen Zulassung oder Würdigung der Exegese (im Sinn der historisch-kritischen Methode) stellt *Dei Verbum* eine Fortentwicklung dar: Hat die Enzyklika *Divino afflante Spiritu* Pius' XII. von 1943 die exegetische Analyse der »Formen und Sprechweisen« der biblischen Texte zur Verteidigung der (durch diese Formen und Sprechweisen in missverstehbarer Weise abgelenkten oder verzerrten) Wahrheit der Heiligen Schrift bestimmt, so erwartet *Dei Verbum* von der Exegese die Ermittlung der (im weitesten Sinn sprachlich verwirklichten) Eigenart der biblischen Texte, in welcher nur das inkarnierte Wort Gottes zu haben ist. – Für die heutige Debatte innerhalb der Exegese, die nicht nur ein Streit um die richtige Methode, sondern um den erkenntnistheoretischen und hermeneutischen Grundansatz der Exegese ist, dürfte von Bedeutung sein, dass *Dei Verbum* auf der Basis der vorhin behandelten Unterscheidung zwischen Urheber und Verfasser die Frage nach dem göttlichen Heilswillen an die Erforschung der Aussageabsicht der biblischen Verfasser bindet (DV 12). Die Ausführungen zu Inspiration und Interpretation abschließend, legt die Konstitution noch einmal deren inkarnationstheoretische Fundierung offen: Gottes Worte sind menschlicher Rede so ähnlich geworden, wie »des ewigen Vaters Wort durch die Annahme menschlich-schwachen Fleischs den Menschen ähnlich geworden ist« (DV 13).

Die Grundaussage des sich anschließenden Kapitels über das Alte Testament bildet die Erklärung der Wertschätzung der Bücher des Alten Bunds durch die Kirche, wenn dies auch ganz im Rahmen einer christlichen Perspektive geschieht. Die Christinnen und Christen sollen das Alte Testament »voll Ehrfurcht« annehmen (DV 15). Die Bücher des Alten erhellen die Bücher des Neuen Testaments, sie erhalten aber auch erst in diesen ihren vollen Sinn. Der Neue Bund ist »im Alten verborgen und der Alte im Neuen erschlossen« (DV 16). Diese Perspektive lässt eine christliche Würdigung der Eigen-Sinnigkeit der alttestamentlichen und jüdischen Tradition nicht zu. Gleichzeitig werden die Bücher des Alten Testaments als Dokumente der Heilserzählung des wahren Worts Gottes gewürdigt, worin sie »ihren unvergänglichen Wert« haben (DV 14). Inwieweit dieser Wert nicht doch ›vergeht‹, nämlich wenn die Bücher des Alten erst in denen des Neuen Bunds vollendet verstehbar werden, wie in DV 16 gesagt, gehört nicht nur zu den Unausgeglichenheiten der Texte des II. Vatikanums, sondern steht auch für die grundlegende Schwierigkeit der Würdigung einer nahen und doch eigensinnigen (biblisch-jüdischen) Überlieferung auf dem Boden der eigenen (biblisch-christlichen) Tradition. – Nur im Zusammenhang mit dem Alten Testament wird gesagt, dass die Texte »auch Unvollkommenes und Zeitbedingtes« enthalten (DV 15); zu beziehen ist das selbstverständlich genauso auf die Texte des Neuen Testaments, nämlich aufgrund der zuvor im Rahmen der Inspirationslehre ausgesprochenen Anerkennung der menschlichen Verfasserschaft aller Schriften der Bibel (vgl. DV 11).

Die Behandlung des Neuen Testaments im fünften Kapitel wird (wiederum) durch eine inkarnationstheologische Meditation eingeleitet (DV 17). Höchster Wertschätzung durch die Konstitution erfreuen sich die vier Evangelien (die Nennung der anderen Schriften, vor allem der Briefe des Paulus, wird in Artikel 20 sozusagen nachgereicht); in Bezug auf die Verfasserfrage wird die vorsichtige Formel aus DV 7, Apostel und apostolische Männer, wieder verwendet (DV 18). Das will heißen, dass man für die Abfassung der Schriften durchaus eine zeitliche Distanz zu den Aposteln konzedieren und dennoch sagen kann, dass die dann anzunehmenden Verfasser in einer apostolischen Verbindung zum Ursprung stehen: Der apostolische Ursprung selbst erfährt eine zeitliche Dehnung; er umfasst die Zeit der unmittelbaren Jesusbegegnung, die Ostererfahrung, die Gemeindebildung und -stabilisierung.

Wenn die Konstitution erklärt, dass die Kirche die Geschichtlichkeit (*historicitas*) der Evangelien »ohne Bedenken bejaht« (DV 19), ist nicht klar, was mit »Geschichtlichkeit« gemeint ist: die historische Zuverlässigkeit der Evangelien in dem, was sie von Jesus berichten, oder ihre ›natürliche‹ Entstehungsweise, wie sie oben zu DV 11 beschrieben worden ist. Für beide Verständnismöglichkeiten bietet der Text Anhaltspunkte. Es können aber beide Deutungen nicht ohne weiteres gleichzeitig gelten: Die Aussage, dass die Evangelien »zuverlässig überliefern, was Jesus, der Sohn Gottes, in seinem Leben unter den Menschen zu deren ewigem Heil wirklich getan und gelehrt hat bis zu dem Tag, an dem er aufgenommen wird«, einerseits, und die Aussage, dass die Evangelien durch Auswahl, Zusammenziehen und Verdeutlichen im Überlieferungsstoff redigiert worden sind, andererseits (beide DV 19), fallen nicht wie von selbst in ein harmonisches Zueinander. Ihre Verhältnisbestimmung bedarf der sorgfältigen und anspruchsvollen hermeneutischen Vermittlungstätigkeit. Zwar hat die Konstitution im Zusammenhang mit der Inspirationslehre auf die Tatsache abgehoben, dass die biblischen Texte in Formen und Gattungen verfasst worden sind, über deren Ablenkung das Gotteswort ermittelt werden muss (DV 12), aber sie verabsäumt es, in gleicher Weise geltend zu machen, dass die Verfasser der neutestamentlichen Schriften im Bemühen um die »›Wahrheit‹ der Worte …, von denen wir Kunde erhalten haben« (DV 19), stets auch in anderen Aussageintentionen stehen, durch die jene Wahrheit (in verhüllter Weise) sich verstofflicht und für uns lesbar wird: Die angestrebte Wahrheit gibt es nur im Stoff der Texte. Die Spannung zwischen Wahrheit und konkreter Textgestalt sprengt aber den theologischen Rahmen der Konstitution nicht: Wenn sie am Schluss der Überlegungen zum Neuen Testament darauf zu sprechen kommt, dass der Herr gemäß seiner Verheißung »bei seinen Aposteln geblieben« ist, nämlich in der Sendung des Geists (DV 20), dann ist damit recht eigentlich die Absicht der biblischen Verfasser gerade dort getroffen, wo sich ihre Texte den Ansprüchen eines blanken Historismus nicht fügen wollen, wo sie von einer bloßen Darstellung, ›wie es gewesen ist‹, abweichen: Sie wollen ja durch ihre Erzählungen und Erörterungen, durch die Aufnahme von vorgeprägtem Überlieferungsmaterial, durch Briefe und Hymnen, die Gegenwart Jesu Christi in ihrer jeweiligen Gemeindesituation geltend machen. Damit prägt das Profil dieser Situation die Gestalt der Vergegenwärtigung Jesu Christi durch den Text.

5. Schlussreflexion

In einem letzten Kapitel behandelt die Konstitution die Bedeutung der Heiligen Schrift im Leben der Kirche. Um dieser Bedeutung gebührenden Ausdruck zu verleihen, meint das Konzil auf eine Analogisierung der Schrift mit der Eucharistie zurückgreifen zu müssen; beides, so wird gesagt, nimmt die Kirche vom Tisch des Herrn (der ein Tisch des Wortes Gottes und des Leibes Christi ist), um es als Brot des Lebens den Gläubigen zu reichen. Die Schrift ist der Kirche Nahrung, Richtschnur und Orientierung. In ihr kommt Gott den Menschen entgegen. Wiederum verwendet der Text die Metapher des Gesprächs, um den Gegenwartscharakter der schriftvermittelten Begegnung von Gott und Mensch auszusagen (DV 21). Damit diese lebendige Gottbegegnung ungehindert möglich ist, soll der »Zugang zur Heiligen Schrift … weit offenstehen« (DV 22). Deshalb soll es (ohne dass dadurch die biblischen Sprachen und auch das Lateinische angetastet wären) »brauchbare und genaue Übersetzungen« in die Sprachen der Welt geben. Sie sollen von allen Christinnen und Christen benutzbar sein. Die Heilige Schrift soll aber auch durch die Exegese erschlossen werden, die »unter Aufsicht des kirchlichen Lehramts mit passenden Methoden« forscht. Das Konzil spricht eine ausdrückliche Ermunterung der Exegeten in ihrer Arbeit aus (DV 23). Auch für die Theologie als Ganze ist die Schrift, gemeinsam mit der Überlieferung, bleibendes Fundament; die bereits in *Optatam totius* 16 begegnende Metapher von der Schrift als Seele der Theologie findet auch hier Verwendung (DV 24). Ebenso sollen alle, die in der Verkündigung stehen, sowohl durch die *lectio divina* als auch durch gründliches Studium sich mit der Schrift beschäftigen. Letztlich gilt diese Verpflichtung für alle Glaubenden, denn die Heilige Schrift ist der primäre Ort der Begegnung mit Christus: »Die Schrift nicht kennen heißt Christus nicht kennen«, sagt das Konzil, Hieronymus zitierend (DV 25; Hieronymus, Comm. in Is., Prol.: PL 24, 17). Weil die Heilige Schrift nicht nur Schatz, Richtschnur und Orientierung, sondern dies alles als Buch der Gottbegegnung ist, und weil niemand, der dies will, an der Möglichkeit der Begegnung mit Christus gehindert werden darf, sollen »die kirchlichen Vorsteher« für die Zugänglichkeit der Heiligen Schrift in Text und Kommentar Sorge tragen; sie, »bei denen die Lehre der Apostel ist« (Irenäus, Adv. Haer. IV, 32,1: PG 7, 1071), sollen den Grund und Inhalt dieser Lehre – das Wort Gottes – austeilen an die Gläubigen. Diese Bewegung des Teilens und der Verbreitung macht in der Meinung des Konzils an den Grenzen der sichtbaren Kirche nicht Halt, sondern zielt auch auf die Nichtchristen (DV 25).

Worin ist nun das eigentliche Aussagezentrum von *Dei Verbum* zu sehen? Otto Hermann Pesch meint, in der Debatte »um das Verhältnis der Theologie zum Lehramt, genauer: um die Freiheit der theologischen Forschung«.[66] Nimmt man die Exegese exemplarisch für ›die‹ Theologie, mag Peschs Einschätzung auf dem Hintergrund der Geschichte des Texts einiges für sich haben. Faktisch hat in den Debatten um die verschiedenen Entwürfe, wie sie vor allem in den jeweils befassten Kommissionen geführt worden sind, durchgängig das Verhältnis der Überlieferung zur Heiligen Schrift, näherhin: die Frage nach dem ›Mehr‹ der Tradition gegenüber der Bibel, eine bedeutende Rolle gespielt. Schließlich könnte aber auch die Erarbeitung eines neuen, zumindest fundamentaler ansetzenden Offenbarungsbegriffs im Zentrum von *Dei Verbum* gesehen werden (was Pesch verneint). Projiziert man aber die Frage nach dem Aussagezentrum auf die Ebene des Endtexts, artikulieren sich viele von *Dei Verbum* zusammengezogene Themen in dem Bemühen um eine neue Würdigung der Heiligen

Schrift. Im Zentrum von *Dei Verbum* steht die Wiederentdeckung der Bibel. Dies könnte als die Allgemeinsprache der Konstitution angesehen werden, mit der auch die anderen Anliegen artikuliert und in einen gemeinsamen Zusammenhang gebracht werden: die Notwendigkeit der Exegese, das Nichtaufgreifen einer Lehre von den zwei Quellen der Schrift und der Überlieferung, die Neuformulierung des Begriffs der Offenbarung als Selbstmitteilung Gottes, die theologische Unterordnung der Überlieferung (und in Konsequenz auch der Kirche) unter den göttlichen Willen zur heilvollen Selbst-Vergegenwärtigung, zum Gespräch mit den Menschen in allen ihren Gegenwarten. Dies könnte als der bei aller entstehungsgeschichtlich begründeten Disparatheit von *Dei Verbum* dennoch gewonnene Aussagekern oder als das durch die Brüche des Texts sich ziehende Aussagerückrat von *Dei Verbum* angesehen werden. Der Zwischenfall der Nichtzurückweisung eines eigentlich von der Mehrheit der Konzilsväter abgelehnten Entwurfs hat freilich dazu geführt, dass der Grundbestand einer Offenbarungstheologie bis zum Endtext prägend erhalten geblieben ist, die dem in den Debatten um die Konstitution erreichten theologischen Diskussionsstand nicht mehr hat gerecht werden können. Mit der Allgemeinsprache der Wiederentdeckung der Heiligen Schrift – und dem, was sie bündelt – ist dem Konstitutionstext allerdings eine Aufsprengung dieser tatsächlich vorkonziliaren Theologie gleichermaßen bleibend eingeschrieben.

Das Dekret über das Laienapostolat *Apostolicam actuositatem*

1. Zur Textgeschichte

Die Arbeit an einem Dokument zum Apostolat der Laien hat ziemlich genau fünf Jahre in Anspruch genommen. Am 15.11.1960 findet unter dem Vorsitz von Kardinal Fernando Cento die erste Plenarversammlung der *Vorbereitungskommission für das Apostolat der Laien* statt. In nicht ganz siebzehn Monaten erarbeitet sie einen ersten Textentwurf, zunächst noch für eine Konstitution. Entscheidende Streitfragen, in denen ein Text würde vermitteln müssen, sollte er mehrheitsfähig sein, sind von Anfang an da und bleiben bis zum Schluss virulent: Schon diesem ersten Entwurf wird einerseits ein zu negativer Begriff des Laien vorgeworfen und andererseits eine konzeptionell zu geringe Abhängigkeit der Laien von der Hierarchie. Die große Bedeutung des Laienthemas für das Konzil insgesamt zeigt sich daran, dass die Arbeit an diesem Dokument in sachlicher Nähe zu und im faktischen Dialog mit zahlreichen anderen in Arbeit befindlichen Dokumenten vor sich geht: Zu nennen sind insbesondere die Dokumente zur Mission, zum Ökumenismus, zur Kirche sowie zur Stellung der Kirche in der modernen Welt. Diese andere Bereiche durchziehende Bedeutung der Laienthematik hat freilich auch einschneidende Konsequenzen für den Text selbst: Aus zum Teil ökonomischen Gründen werden einzelne Partien, etwa zum Anteil der Laien an der Einheit der Christen und an der Mission, aus dem Text herausgenommen und den jeweils zuständigen Schemata zugeschlagen. Anderes wird der Kommission zur Codexreform zugeordnet. Eine ausgefaltete dogmatisch-ekklesiologische Begründung des Begriffs Laie wird erst gar nicht erst in Angriff genommen, sondern der Kirchenkonstitution überlassen (vgl. deren viertes Kapitel, LG 30–38).

Das für viele Dokumente gilt, trifft auch die Arbeit an diesem Text: Am 12.11.1962 wird die Kommission erstmals zu Kürzungen aufgefordert. Wie andere, soll auch das Dokument zum Laienapostolat auf die Nennung allgemeiner Prinzipien reduziert werden. Auch wird der Geltungsrang dieses Dokuments von einer ursprünglich angezielten Konstitution auf ein Dekret abgesenkt. Die Kommission übernimmt dies nur sehr zögerlich; erst der Entwurf vom 20.3. (bzw. 22.4.) 1963 wird als Schema zu einem Dekret bezeichnet. Von Beginn an gilt ein *monitum* dem Umstand, dass man schwerlich ein Dokument über das Apostolat der Laien machen könne, ohne dass Laien an der Arbeit beteiligt sind. Erst mit der II. Sitzungsperiode nehmen Laienauditoren an der Kommissionsarbeit teil. Einer von ihnen, der Präsident des Weltbunds der christlichen Arbeiter, Patrick Keegan, wird der erste Laie sein, der in der Konzilsaula spricht (am 13.10.1964). Die Frauen unter den Laienauditoren wirken mit Erfolg auf eine Würdigung des gewachsenen Bewusstseins für den Beitrag der Frauen in Gesellschaft und Kirche im Text (AA 9). Vor allem die anhaltende Arbeit an der Kirchenkonstitution lässt eine Behandlung des Dekrets zum Laienapostolat noch in der II. Periode nicht mehr zu. Diese Verzögerung erlaubt es der Koordinierungskommission, eine erneute Kürzungsforderung an die Laienapostolatskommission zu richten. Anfang 1964 hat der Text seinen geringsten Umfang erreicht: 24 Artikel auf zehn Druckseiten. Der hieraus entstandene und an alle Väter versandte Text umfasst schließlich eine Einleitung mit 21 Artikeln und einer Schlussmahnung auf vierzehn Druckseiten. Er ist in fünf Kapitel gegliedert: die apostolische Berufung der Laien; die Gemeinschaften und Lebensmilieus; die zu erreichenden Ziele; die gemeinschaftlichen Formen; die zu wahrende Ordnung. Der Text hat jetzt nur noch ein Viertel des ursprünglichen Umfangs. Im Oktober 1964 kommt es zur Debatte des Schemas in der Aula. Relator ist der Bischof von Essen, Franz Hengsbach. Die am Text geübten Kritiken vertiefen und differenzieren die von Anfang an bestehenden Divergenzen: Auf der einen Seite vermisst man eine vorbehaltlose Anerkennung des Laienstands; man kritisiert eine klerikale (unter anderem vom Priestermangel geleitete) Perspektive auf die Laienspiritualität und die allzu große Anbindung des Laienapostolats an die Hierarchie; man fordert eine grundlegende Berücksichtigung des neuen Selbstverständnisses der Kirche im Text, in dessen Perspektive deutlich werde, dass erst die eigenständige Arbeit der Laien die Kirche zum Sauerteig in der Welt werden lasse; man verlangt institutionelle Konsequenzen dieser neuen Konzeption der Kirche und der Laien: Kardinal Leven fordert die Einrichtung von eines Laiensenats beim Bischof. – Auf der anderen Seite, in wesentlich geringerer Vielfalt und Zahl, wird etwa die Verurteilung des Laizismus und die »Betonung der Fügsamkeit und des Gehorsams der Laien im Apostolat dem Bischof und Pfarrer gegenüber« gefordert.[67]

Aufgrund der mündlichen und schriftlichen Vorschläge der Konzilsväter kommt es zu weiteren Umarbeitungen des Texts, deren wichtigste die Aufnahme eines sechsten Kapitels über die Bildung zum Apostolat ist. Am 28.5.1965 wird der im wesentlichen endgültige Text den Vätern übersandt. Eine in Erwägung gezogene *nota* über den Begriff des Laien wird wieder fallen gelassen; man will zwischen einer engen und einer weiten Auslegung des Laienapostolats keine definitorische Entscheidung treffen (faktisch neigt der Text letzterer zu). In einer am 23.9.1965 in der 134. Generalversammlung des Konzils vorgetragenen Erklärung betont Bischof Hengsbach die Nähe des Dekrets über das Laienapostolat zur Kirchenkonstitution und zur (späteren) Pastoralkonstitution. Am 18.11.1965, nach der Abstimmung über die Kirchenkonstitution, kommt es zur feierlichen Schlussabstimmung: (2305, nach Korrektur eines Fehlers der Zählmaschine:) 2340 Ja-Stimmen, zwei Nein-Stimmen. Die Promulgation durch Paul VI. erfolgt am selben Tag.

2. Eine neue Aufmerksamkeit für die Laien

Auf seinen griechischen Ursprung zurückgeführt, bedeutet Laie »dem Volk zugehörig« (*laikós*, zu *laós*, Volk). Man müsste also sagen, dass alle Getauften, unabhängig von einem Weihestand, Laien sind, gehören sie doch zum Volk Gottes. Theologiegeschichtlich wird aber schon bald der Begriff des Laien in Abhängigkeit vom und in Kontrast zum Begriff des Klerikers oder des Klerus gebildet. Neutestamentliche Spuren dieser dann dominierenden Entwicklung finden sich in der Unterscheidung zwischen »Herde« und »Hirt«, bzw. »Wächter« (Apg 20,28.31). Die hier sich ankündigende Ordnung der Aufspaltung, die von den Laien nicht geschaffen worden ist, kann auch dazu führen, dass das innere Gefüge der Kirche in einer Perspektive der Angst und des Misstrauens wahrgenommen wird, so wenn Papst Bonifatius VIII. in der Bulle *Clericis laicos* von 1296 erklärt, dass »die Laien den Klerikern bitter feind sind«, und zwar wie im Altertum, so auch jetzt (tzt 5/1, Nr.

78). Die Grundeigenschaft des Laien besteht dieser Kontrastbindung an den Klerus zufolge darin, dass er eben nicht Kleriker ist, also in einer negativen Bestimmung.

Ein Konzil, auf dem die Kirche insgesamt um ein neues Selbstverständnis ringt und dieses auch im Begriff des Volks Gottes findet, also in einer Rückbesinnung auf die Quellen, hat allen Grund, in einer solchen Neuorientierung ausdrücklich die Laien zu thematisieren. Das vorliegende Dokument entwickelt keinen Begriff des Laien als solchen, sondern handelt von der Sendung des Laien. Dies bedeutet keine Ablenkung von einem brennenden oder brenzligen Thema, sondern stellt den direkten Weg zum Laien dar. Zwar unternimmt das Konzil es nicht in dieser Ausdrücklichkeit, aber letztlich kann hierfür eine ekklesiologische Begründung beigebracht werden; sie besteht darin, dass das Wesen der Kirche insgesamt sozusagen nicht an und für sich, sondern in ihrem Selbstvollzug antreffbar ist, darin also, dass sie die sichtbare und verfasste, geschichtliche Verwirklichung der Sendung Jesu Christi und des heiligen Geists ist (von Gott her) und sein soll (vom Menschen her). Innerhalb dieses Verstehensrahmens ist die Behandlung des Laienapostolats gleichbedeutend mit der Thematisierung der Laien selbst. Implizit wird der skizzierte Zusammenhang in der ausdrücklichen Anerkennung vorausgesetzt, dass in dem gewachsenen Selbstbewusstsein der Laien heute das »unverkennbare[] Wirken des Heiligen Geists« zu identifizieren ist (AA 1). Übrigens schreibt *Apostolicam actuositatem* im selben einleitenden Artikel das vom Dokument Entwickelte als Norm für die fällige Revision des kanonischen Rechts vor, soweit das Laienapostolat betroffen ist, und stellt damit seine dekretale Dimension heraus. Als fraglich dürfte indes gelten, ob dieser Auftrag in der Neufassung des CIC von 1983 und in den nachkonziliaren Bischofskonferenzen in vollem Umfang erfüllt worden ist.[68]

3. Das Apostolat der Laien und die Sendung der Kirche

Im thematischen Zusammenhang mit der Behandlung der Berufung der Laien zum Apostolat gibt das Dekret eine Definition dessen, was es unter ›Apostolat‹ versteht: Jede Tätigkeit, die auf die Verwirklichung der Sendung der Kirche – auf den Selbstvollzug der Kirche – ausgerichtet ist, also, in der Sprache des Dekrets, auf die Ausbreitung der Herrschaft Christi über die ganze Erde »zur Ehre Gottes« und, was dasselbe ist, auf die Mitteilung der heilbringenden Erlösung an alle Menschen (AA 2). Eine weitere Grundaussage wird in diesem Artikel getroffen: Die Laien werden theologisch durch ihre Teilhabe am priesterlichen, prophetischen und königlichen Amt Christi bestimmt (mit Rückgriff auf LG 31). Das Recht und die Pflicht zum Apostolat erwächst den Laien deswegen aus dieser »Vereinigung mit Christus«; sie sind »vom Herrn selbst mit dem Apostolat betraut« (AA 3) und nicht etwa durch die kirchliche Hierarchie.

Wenn es im unmittelbaren Anschluss an jene zuvor genannte theologische Bestimmung heißt, dass die Laien »in Kirche und Welt ihren eigenen Anteil an der Sendung des ganzen Volks Gottes« verwirklichen (AA 2), kann auch hier die Ambivalenz so vieler konziliarer Formulierungen beobachtet werden: Einerseits wird die Möglichkeit offen gehalten, in die grundlegende Sendung der Kirche doch wieder eine ›ständische‹ Differenz (zwischen Laien und Klerus) einzutragen; andererseits findet eine *formale* Würdigung der Eigentätigkeit der Laien im Volk Gottes statt. Die soeben erwähnte konziliare Ambivalenz führt zuweilen auch dazu, dass Konzilstexte sich gewissermaßen selbst überholen: Wenn in den direkt anschließenden Sätzen das Apostolat der Laien *inhaltlich* durch »ihr Bemühen um die Evangelisierung und Heiligung der Menschen und um die Durchdringung und Vervollkommnung der zeitlichen Ordnung mit dem Geist des Evangeliums« bestimmt wird, und wenn man bedenkt, dass genau darin die Sendung der Kirche insgesamt besteht, dann wird faktisch ausgesagt, dass die Laien in suffizienter Weise Träger der Sendung der Kirche in der Welt sind. Die Differenz zwischen den *Ständen* von Laien und Klerus spielt an dieser Stelle keine Rolle; die Rede ist hier vielmehr von den Laien als den dem Volk Gottes Zugehörigen.[69] Wiederum in unmittelbarer Fortsetzung dieser Passage wird in diesem komplexen zweiten Artikel dann doch ein inhaltliches Spezifikum des Laienapostolats benannt: Das In-der-Welt-Stehen der Laien. Im Zusammenhang genommen, liegt hier eine bedeutende theologische Aussage vor: Wenn die Laien ihr Apostolat, also ihre spezifische Verwirklichung der Sendung der Kirche, im Stehen inmitten der Welt vollziehen, und wenn sie damit zugleich in authentischer Weise im Selbstvollzug der Kirche stehen, dann führt dies auf eine theologische Würdigung der weltlichen Welt in einem lehramtlichen Text hinaus. Dies muss stets mitbedacht werden, dass eine klerikalistische Abwertung der Laien Ausdruck einer kirchlichen Weltverneinung ist und dass umgekehrt eine kirchliche Würdigung der Laien eine Würdigung der Welt in ihrer Profanität mit einschließt. Denn so wie die Kirche den Laien minder bewertet hat, indem sie ihn in ihrem inneren Spektrum eher der Welt zugeordnet hat, so entdeckt sie nun durch ihn die Welt in dem Maß, wie sie ihn würdigt.

Die Ernsthaftigkeit, mit der das Konzil durch die Reflexion auf die Laien die Welt ›entdeckt‹, dokumentiert das Dekret in Artikel sieben, der von der zeitlichen Ordnung handelt. Dieser, der profanen Welt in ihrer Gestaltbarkeit durch die Menschen, spricht das Konzil einen »Eigenwert« zu, so dass die zeitlichen Güter ihren Wert nicht mehr aus der Hingeordnetheit auf ein Vollendungsziel erhalten, sondern in sich haben, weil Gott ihn nämlich »in sie gelegt« hat, so dass der gesamten zeitlichen Ordnung eine »natürliche Gutheit« zukommt. Diese schöpfungstheologische Begründung des Eigenwerts der Welt ist grundlegend und geht einer Thematisierung der negativen Dimensionen der Welt voraus. Das Konzil macht an dieser Stelle deutlich, dass es die ›Wende zum Subjekt‹ durchaus nachvollzogen hat: So wie die natürliche Gutheit der zeitlichen Dinge eine »spezifische Würde durch die Beziehung dieser Dinge zur menschlichen Person« gewinnen, so wird ihnen Entstellung und Zerstörung durch den Missbrauch zugefügt, den Menschen von ihnen machen. Nicht ›die Welt‹ ist schlecht, oder kann an und für sich schlecht werden, sondern es ist der Gebrauch, den der Mensch von der Welt macht, der schlecht und verderblich sein kann. Durch ihre Sendung ist die Kirche ganz der Welt zu- und nicht abgewandt: Sie soll den Menschen helfen, »die gesamte zeitliche Ordnung richtig aufzubauen und durch Christus auf Gott hinzuordnen«. Die Laien sind in besonderer Weise Träger dieser Aufgabe der Kirche. Über die Laien entdeckt die Kirche des Konzils nicht nur die Welt; über die Thematisierung des Apostolats der Laien formuliert sie auch einen bestimmten Begriff der weltlichen Welt. Diese wird nicht als statisch vorgegebene Wirklichkeit aufgefasst, sondern als vom Menschen gestalteter und zu gestaltender Zeit-Raum des Lebens, der mit dieser Gebundenheit an die Aktivität des Menschen zugleich in seiner Fragilität angesprochen ist. Das Konzil würdigt die Welt in ihrer Weltlichkeit (in ihrer Autonomie), gibt sie aber auch als den Zeit-Ort des Heils der Menschen zu verstehen.

Zur Ausübung ihres Apostolats sind die Laien mit besonderen Gaben des Heiligen Geists beschenkt (AA 3). Das Dekret denkt hier nicht an inhaltlich bestimmbare und etwa von solchen Gaben des Geists, die dem Klerus vorbehalten wären, unterscheidbare Charismen. Es sagt das nur, um nochmals die eigene, kirchlich unableitbare Würde der Laien zu betonen, die ihnen kraft ihrer Zugehörigkeit zum Volk Gottes zukommt. Den Hirten mag es zustehen, »über Echtheit und geordneten Gebrauch der Charismen zu urteilen«. Aber sie dürfen den sich den Laien ursprünglich mitteilenden Geist nicht auslöschen. Das Leitungsamt (in) der Kirche steht demnach für die Prüfung der Charismen oder genauer: der charismatischen Äußerungen, aber, wenn es im Sinn des Geists vor sich gehen soll, in transparenter und diskursiver Weise – also eher in der Weise eines gemeinsamen Klärungsverfahrens –; die Ausübung dieses Amts geschieht im Sinn der und nicht gegen die Förderung der von Christus her im Geist zu ihrer Sendung berufenen Laien.

4. Laienapostolat und Weltverhältnis der Kirche

Die in biblischen Zitaten und Anspielungen gehaltene Beschreibung des geistlichen Lebens der Laien (AA 4) bewegt sich innerhalb des zuvor gesetzten Rahmens eines ›Stehens-in-der-Welt‹ und verlässt ihn nicht. Um dies deutlich zu machen, wird eigens darauf hingewiesen, dass die Hilfen, welche die Kirche zur Nährung und Lebendigerhaltung des geistlichen Lebens bereithält, allen voran die Liturgie, von den Laien in der Weise in Anspruch genommen werden sollen, dass es nicht zu einer Abspaltung des geistlichen von ihrem alltäglichen Leben kommt. Die Verwirklichung ihrer Sendung vollführen die Laien deswegen in einer sich überkreuzenden Doppelbewegung: Sie wirken daran, »die Herrschaft Gottes auszubreiten und die zeitliche Ordnung mit dem Geist Christi zu durchdringen und zu vervollkommnen« (vgl. a. AA 2); zugleich müssen sie ihr geistliches Leben von ihrer jeweiligen Lebenssituation her durchprägen lassen. Seine konkrete Gestalt gewinnt das geistliche Leben der Laien – das heißt die je personale Verwirklichung und Anverwandlung der großen Aufgabe des Apostolats – von jenem Stehen-in-der-Welt her, das die Laien auszeichnet. Nochmals sei es vermerkt: Die Grundlinie des Dekrets schließt es eigentlich aus, dass diese Auszeichnung der Laien in einem ›ständischen‹ Sinn zu verstehen ist und die Kleriker an ihr nicht Anteil hätten. ›In der Welt‹ stehen die Laien als dem Volk Gottes Zugehörige. Hier fallt der Begriff des Laien mit dem des getauften Gläubigen einigermaßen in eins. Dieser nämlich soll sozusagen den weltlichen Stoff seines Lebens nehmen und aus ihm sein geistliches Leben formen. Den langen vierten Artikel abschließend, weist das Dekret auf Maria als vollendeten Typos dieser im konkreten Leben verwurzelten Realisation »eines solchen geistlichen und apostolischen Lebens« hin.

Wenn die bisher schon deutlich gewordene elliptische, also von zwei Polen bestimmte Struktur des Laienapostolats noch weiter ausgeführt wird, dann um deutlich zu machen, dass dieses Apostolat sich gewissermaßen nicht in den Grenzen der sichtbaren Kirche vollzieht, sondern in den beiden Ordnungen von Kirche und Welt (AA 5). Die Ausformulierung des Weltauftrags der Kirche geschieht hier also über die Klärung des Laienapostolats. Ist es zu viel gesagt, dass die Kirche des II. Vatikanums mit *Apostolicam actuositatem* bekennt, dass sie die Gewinnung eines schöpferischen Welt-Verhältnisses – und damit die Gewinnung ihrer eigenen Sendung – den Laien verdankt?

Die Schlussbemerkung dieses Artikels (man sollte sie nicht überlesen), dass in beiden Ordnungen der Laie sich seines Gewissens bedienen soll, heißt nichts anderes als dass die Heilige Synode ihn dazu aufruft und ermuntert, in der Verwirklichung seines Apostolats von einer personalen, also von ihm selbst her zu verantwortenden Freiheit auszugehen und sie zu gebrauchen. Es entspricht der hier angedeuteten personalen Perspektive, wenn in einem ausführlichen achten Artikel die Verwirklichung des Apostolats als aus der Liebe hervorgehend beschrieben wird. Von der personalen Liebe wird gesagt, dass sie erst da vollends zum Ausdruck kommt, wo sie den Anderen in seiner Personalität zu würdigen in der Lage ist, wenn sie letztlich »im Nächsten das Bild Gottes« sieht (AA 8). In der Anerkennung der Gottebenbildlichkeit des Anderen als der Anerkennung seiner Eigenwürde und Unverfügbarkeit erfüllt sich Liebe als jene Freiheit, die sich erst in der Anerkennung anderer Freiheit verwirklicht.[70]

Das Dekret behandelt auch die unterschiedlichen *Bereiche* und *Formen*, in denen die Laien ihr Apostolat zu verwirklichen suchen. Mit der Nennung von Pfarrei und Bistum, sowie von zwischenpfarrlichen und interdiözesanen, ja nationalen und internationalen Handlungsfeldern, bis hin zu den »Nöten des über den ganzen Erdkreis verstreuten Volks Gottes« wird nicht nur ein Bogen von der Kirche ›vor Ort‹ hin zur Weltkirche gespannt; es wird zugleich deutlich, dass die Weltkirche nur in den Blick kommt, wenn die Wahrnehmung statischer, voneinander abgegrenzter Bereiche auf eine Wahrnehmung der interkommunikativen Dimension hin erweitert wird. In der gleichen Öffnungsbewegung überschreitet die Beschreibung der Handlungsfelder der Laien die Grenzen der Kirche, indem nicht nur die »Bedürfnisse[] von Stadt und Land genannt werden, sondern diese Öffnung auf die Welt zu ihre Grenze erst in der Wahrnehmung der globalen, täglich zunehmenden Migration findet. Diskret deutet der Text eine Analogie zwischen dem über den gesamten Erdkreis verstreuten Gottesvolk und dieser weltweiten Migration, also gesamtmenschlichen Heimatlosigkeit an, ohne diese Analogie weiter auszudeuten als eben durch das Verbindende der Sendung der Laien. Auf dem Hintergrund dieser Analogie wird deutlich, dass die eingangs dieses Artikels (AA 10) unübersehbar markierte aktive (Mit-)Verantwortung der Laien für das Leben und Tun der Kirche von der Verantwortung für die Menschheit nicht ablösbar ist (vgl. AA 14). Zudem fordert eine christliche Realisation dieser Weltverantwortung zur ökumenischen Zusammenarbeit auch in dem auf, was die katholische Tradition Apostolat nennt (AA 27).

Einem weiteren Ort der Verwirklichung des Laienapostolats ist ein eigener Artikel vorbehalten (AA 11): der Ehe. Der hohen Bedeutung, die der Ehe und der Familie für die Kirche, aber auch für die Gesellschaft, beigemessen wird, entspricht die Zuerkennung eines hohen Maßes an Eigenaktivität des Ehe- oder Familienapostolats im Gesamt der kirchlichen Sendung: »Die christlichen Eheleute sind füreinander, für ihre Kinder und die übrigen Familienangehörigen Mitarbeiter der Gnade und Zeugen des Glaubens.« Ihren Kindern, aber eigentlich auch füreinander, sind sie dies erstinstanzlich, was Karl Rahner und Herbert Vorgrimler in dem Satz zusammenfassen: »Die Gatten sind einander die ersten und wichtigsten Seelsorger.«[71] Die auch sakramental nicht anders als über diesen Weg der Eigenverantwortlichkeit in die Kirche eingegliederten christlichen Familien verwirklichen ihr Apostolat in einer *familiaren Gastfreundschaft*, die etwa in der Aufnahme verlassener Kinder an Kindes Statt oder überhaupt in der freundlichen Aufnahme Fremder Verwirklichung findet. Auch von einem Apostolat der Jugend wird gesprochen (AA 12); man möchte den Aufbruch der Jugendkultur in den sechziger Jahren aufnehmen und mit den Ansprüchen der Kirche versöhnen. Heute versucht sich die Kirche mit einigem Erfolg (aber auch mit jeweiliger Verspätung) in den Idiomen der Pop-Kultur; der kommerziell induzierten Übereinkunft beitretend, dass Jugendkultur eine eventualistische Grundstruktur habe, versteht es die Kirche mittlerweile, sich popkulturell anschlussfähig in medialen, papstzentrierten Großereignissen zu inszenieren.

Was die *Formen* anbetrifft, schätzt das Dekret – in Konsequenz des anthropologischen Personalismus folgerichtig – das *Apostolat des Einzelnen* hoch ein. In den diesbezüglichen Ausführungen (AA 16f) tritt die Dimension des *Zeugnisses*, die dem Apostolat generell zukommt, mit besonderer Deutlichkeit hervor. So wie aber das christliche Glaubenszeugnis auf die Verwirklichung in kirchlicher Gemeinschaft hinstrebt, vollzieht sich auch der personal verfasste Mensch in Gemeinschaft. Das *Apostolat der Gemeinschaft* »entspricht also in glücklicher Weise ebenso einem menschlichen wie einem christlichen Bedürfnis« (AA 18). – Die faktisch bestehenden, untereinander durchaus verschiedenen Vereinigungen des Laienapostolats in der Kirche – sehr viele von ihnen kommen »durch die freie Entschließung der Laien« zustande und werden »nach ihrem klugen Urteil geleitet« (AA 24) – sollen darin konvergieren, die Einheit zwischen Glauben und Leben zu fördern (AA 19). Die Verschiedenheit der Laienorganisationen soll nicht ohne Not vervielfältigt werden. Mit einem eigenen Artikel (AA 20) wird die Katholische Aktion bedacht. Die genannten Charakteristika der Katholischen Aktion treffen weitgehend für alle Laienorganisationen zu; ihr Spezifikum besteht wohl darin, der »Oberhoheit der Hierarchie selbst« unterstellt zu sein. Die Einrichtungen der Katholischen Aktion werden vom Konzil »nachdrücklich« empfohlen. Nicht gesagt wird, wie diese Empfehlung sich mit der grundsätzlichen Würdigung des Laienapostolats als vom Geist Gottes selbst gewirkt und nicht auf ein Delegat der Hierarchie zurückgehend verträgt. Unmissverständlich ist zugleich, dass sich keines der Laienwerke aus eigenem Recht, ohne Zustimmung der Hierarchie, katholisch nennen kann (AA 24). Die Hierarchie kann zudem eine unterschiedliche Förderung der Laienwerke praktizieren – »freilich unter Wahrung … auch der notwendigen Möglichkeit der Laien, in eigener Verantwortung zu handeln«. Wenn aber in einer engen Anbindung eines solchen Laienwerks an die Hierarchie von einer Übertragung gewisser Aufgaben in Katechese, Liturgie und Seelsorge an die Laien die Rede ist, wird jene eben noch zugesprochene Eigenverantwortlichkeit der Laien ausdrücklich ausgeschlossen. – Dann wiederum werden Bischöfe und Priester gemahnt, Rechte und Pflichten auch des Apostolats der Laien zu respektieren, weil es sich letztlich um ein allen gemeinsames Apostolat handelt (AA 25).

In mehreren Artikeln über die »Bildung zum Apostolat« (so die Überschrift des VI. Kapitels) führt das Dokument auf, was ähnlich auch in anderen Konzilsdokumenten zum Thema gesagt wird, vor allem in *Gravissimum educationis* und *Optatam totius*. So erweist sich hinsichtlich des Apostolats einmal mehr, dass der christliche Glaube nicht bildungsfeindlich ist; vielmehr bedarf seine verständige Aneignung, seine Einwurzelung unter den Menschen und seine Weitergabe an sie der Bildung aller Glaubenszeugen, der Bildung in religiösen wie weltlichen Dingen.

5. Schlussreflexion

Dass das Konzil mit diesem Dokument eine grundsätzliche Frage behandelt, zeigt sich schon in den Debatten um den Titel dieses Dekrets: Vorgeschlagen wird nämlich auch, *De participatione laicorum in Ecclesiae apostolatu* (*Über die Teilnahme der Laien am Apostolat der Kirche*) oder *De laicis in apostolatu Ecclesiae* (*Über die Laien im Apostolat der Kirche*) als Titel oder Untertitel zu wählen. Beide Formulierungen zielen darauf ab, die Laien im integralen Zusammenhang der Kirche aufgehen zu lassen. Der von Anfang an gewählte und sich auch durchsetzende Titel *De apostolatu laicorum* (*Über das Apostolat der Laien*) sagt unmissverständlich die Eigenständigkeit der Sendung der Laien in der Kirche aus. Damit wird auch der durchgängige Tenor des Texts benannt. Dass die Laien in der Verwirklichung ihres eigenständigen Apostolats den Zusammenhang der Kirche zu wahren haben, steht außer Frage. Nicht so selbstverständlich und deswegen wichtig hingegen ist die an Klerus und Kirchenleitung adressierte Aufforderung, dass diese die Laien in der Ausübung ihres eigenständigen Apostolats ermuntern und unterstützen (und also nicht behindern) sollen (vgl. AA 3; 24f). Das Konzil öffnet hier den Weg zu einem (wenn man an die Geschichte des Verhältnisses zwischen Klerus und Laienschaft denkt) neuen Vertrauen, von dem die Beziehung zwischen Klerikern und Laien geprägt sein soll. Man wird die hier einschlägigen Handlungen der nachkonziliaren Kurie daraufhin zu prüfen haben, inwieweit sie sich von diesem Vertrauen haben tragen lassen. Festzuhalten bleibt, dass in *Apostolicam actuositatem* die Würdigung der Laien und die Hochschätzung ihres Apostolats untrennbar mit der (durch sie vermittelten) wertschätzenden Entdeckung der Welt in ihrer Weltlichkeit durch die Kirche verbunden ist.

Die Pastorale Konstitution über die Kirche in der Welt von heute *Gaudium et spes*

1. Zur Textgeschichte

Unter den 69 Entwürfen, die von den Vorbereitungskommissionen erstellt worden sind, findet sich kein Schema zu einer späteren Pastoralkonstitution. Ein solches Dokument ist nicht vorgesehen, ja als Genre vollkommen unbekannt gewesen. Es hat aber zwei Schemata gegeben: eines zur *Sozialordnung*, erarbeitet in der Verantwortung der Theologischen Vorbereitungskommission unter Kardinal Ottaviani, näherhin unter Federführung Pietro Pavans, der maßgeblich an der Abfassung der Enzyklika *Pacem in terris* beteiligt ist; ein weiteres Schema hat das *soziale Handeln der Christen* zum Thema und ist in der Vorbereitungskommission für das Laienapostolat unter Federführung des ersten Bischofs des Ruhrbistums, Franz Hengsbach, ausgearbeitet worden. Diese beiden Texte werden in die Geschichte, die zur Pastoralkonstitution hinführt, eingehen. Die Ungeplantheit der Pastoralkonstitution spiegelt sich auch in dem institutionellen Manko, dass ihr keine eigene Kommission zugeordnet ist. Auf Vorschlag Kardinal Leo-Josef Suenens' wird eine Gemischte Kommission gebildet, die von der Theologischen Kommission und der Kommission für das Laienapostolat beschickt wird. Unter der Leitung von Bischof Guano ist sie während der Konzilsarbeit an der Konstitution federführend, aber nicht die einzige beteiligte Kommission. Zu den hauptsächlich befassten Koordinatoren der Textgeschichte gehören (neben Kardinal Suenens) Bischof Gérard Philips von Löwen und Prälat Charles Moeller, von dem ein bedeutender Kommentar zur Pastoralkonstitution stammt.[72] Im Lauf der Reduktion der vorbereiteten Schemata zunächst auf die Zahl siebzehn (am Ende der ersten Sitzungsperiode), dann auf dreizehn (im Juni 1964) schält sich auch ein Schema heraus, das während der überwiegenden Arbeitszeit des Konzils namenlos bleibt und deswegen schließlich einfach Schema XIII heißt. Aus ihm wird die Pastoralkonstitution hervorgehen.

Was allerdings erst bis zum Herbst 1964 einigermaßen als Schema XIII Gestalt gewinnt, hat eine komplizierte Vorgeschichte. Im

Sommer 1963 liegt eine erste, aus den oben genannten Schemata entstandene Textversion vor. Dieser Text soll entsprechend der Unterscheidung in *Ecclesia ad extra* und *Ecclesia ad intra*, die Kardinal Suenens, von Johannes dazu aufgefordert, im Dezember 1962 in der Konzilsaula vorstellt, die Dimension der *Kirche nach außen* darlegen (die *Kirche nach innen* ist Gegenstand der Kirchenkonstitution). Er ist durchgängig vom Naturrecht bestimmt, nimmt deswegen auch keine biblische Argumentation in Anspruch und betrachtet die Welt als die hinsichtlich der Doktrin der Kirche zu Belehrende. Kardinal Suenens sorgt in der Koordinierungskommission für das Scheitern dieses Texts. Ein zweiter Text, der die in allen Entwürfen bis hin zum Endtext bestehende Zweiteilung so deutet, dass der erste Teil die unveränderliche Lehre der Kirche, der zweite Teil eine Art Sozialkatechismus enthält, ist Gegenstand mehrerer Überarbeitungen, zum Teil in kleinen Kreisen. Unter der Ägide Kardinal Suenens' und unter der Mitarbeit unter anderem von Yves Congar und Karl Rahner entsteht im September 1963 der so genannte Mechelner Text, der zwar die Welt nicht mehr primär unter dem Gesichtspunkt der Belehrung wahrnimmt, ihr aber nach wie vor keine konstitutive Bedeutung für eine Orientierung der Kirche *nach außen* zumisst. Auch dieser Text scheitert, wohl ob seiner für manche bereits zu großen Weltzugewandtheit. Im Februar 1964 entsteht ein weiterer, der so genannte erste Zürcher Text. Vorausgegangen ist eine Intervention des Generalsekretärs der Kommission *Faith and Order* des Ökumenischen Rats der Kirchen, Lukas Vischer. In einem Brief an Bischof Guano informiert Vischer über eine Studie von *Faith and Order* mit dem Titel: *Die Herrschaft Christi über die Kirche und über die Welt*. Dieser und andere beigefügte Texte üben in der Auswahl der Themen und in der Art ihrer Behandlung einen gewissen Einfluss auf die weitere Vorbereitung der Pastoralkonstitution aus. So erscheint im ersten Zürcher Text die Welt nicht mehr nur als Objekt der kirchlichen Sendung, sondern umgekehrt wird festgehalten, dass die Kirche ihrerseits an der Welt partizipiert. Die ersten Worte der Einleitung zu diesem Text werden durch alle Überarbeitungen bis zum Endtext erhalten bleiben: »*Freude* und Trauer, *Hoffnung* und Ängste der Menschen …«. Der so genannte zweite Zürcher Text stellt eigentlich eine Kette kontinuierlicher Überarbeitungen (von März bis Sommer 1964) hin zu einem Schema, das den Vätern vorgelegt werden könne, dar. Das Prinzip der Zweiteilung wird hier so umgesetzt, dass man einem eigentlichen Schema eine Reihe von fünf (schwächer gewichteten) *adnexa* zu den Themen Ehe und Familie, Kultur, Wirtschaftsleben, Völkergemeinschaft und Friede beifügt. Diese Anhänge sind als Kompromiss gedacht, um die Befassung des Texts mit den konkreten Problemen der Welt wenigstens *unterhalb* einer lehrmäßigen Ebene zu ermöglichen. Damit würde aber die eigentliche Zielrichtung der Pastoralkonstitution verfehlt werden. Die Debatten um das Schema XIII sind so gravierend, dass Paul VI. entscheidet, das Konzil um eine vierte Sitzungsperiode zu verlängern.

So wird noch in der III. Sitzungsperiode der Text (in der üblichen Zählung Text 3) ein erstes Mal beraten. Diese erste Plenardebatte führt zu entscheidenden Verbesserungen: So findet erst jetzt der Themenkreis des Atheismus Eingang in das Schema; auch stoßen die *adnexa* auf so positive Resonanz, dass es gelingt, den Status der Konstitution auch auf sie auszudehnen. Von jetzt an wird über eine einheitliche, aus zwei Teilen bestehende Konstitution debattiert. Im Februar 1965 wird aus den Ergebnissen der Beratungen der Text von Ariccia erstellt (Text 4), der noch vor der IV. Sitzungsperiode den Vätern zugesandt wird; der aufgrund der schriftlich eingegangenen Voten entstandene Text 5 geht durch die Beratungen während der IV. Sessio und mündet schließlich in einen sechsten Text, der am 7.12.1965, einen Tag vor der feierlichen Beschließung des Konzils, mit 2309 Ja-Stimmen bei 75 Ablehnungen verabschiedet und promulgiert wird. Am selben Tag in derselben Sitzung findet die »Tilgung der Erinnerung an den gegenseitigen Bann von 1054 aus dem Gedächtnis der Kirchen von Rom und Konstantinopel« durch Paul VI. und den Ökumenischen Patriarchen von Konstantinopel, Athenagoras, statt.

2. Ein besonderer Text

Gaudium et spes ist nicht nur der umfangreichste Text, den das Zweite Vatikanische Konzil verabschiedet hat, sondern sicher auch der bedeutendste. Nur wenige Dokumente – man denke etwa an *Nostra aetate* und an *Dignitatis humanae*, die zudem eine Wegstrecke ihres Entstehens miteinander teilen – sind in dem Maß eigenständige Hervorbringungen des Konzils selbst, sind so unrückführbar auf Vorarbeiten des vorkonziliaren Kommissionsapparats wie dieses Dokument. Man wird einwenden, dass *Gaudium et spes* ein Abspaltungsprodukt der Genese von *Lumen Gentium* sei, und womöglich ist diese Herkunftsbindung mit verantwortlich für den Konstitutionsrang dieses Texts. Der eigentliche Begründungszusammenhang ist aber umgekehrt: Die auf dem Konzil sich aktuierende Kirche erkennt durch die Arbeit des Konzils, dass eben diese konziliare Selbstvergewisserung der Kirche sich in einer Situation der Frage ereignet, die durch eine herkömmliche ekklesiologische und lehramtliche Weise, von der Kirche zu reden, nicht erfasst werden kann: Es ist die Situation der Frage nach der Kirche in der Welt von heute. Das Konzil selbst hat in dem Maß, wie es die Inspiration Johannes' XXIII. aufzugreifen und auszubuchstabieren versucht hat, diese Situation der Frage gewissermaßen zugelassen, wenn nicht mit hervorgebracht: Indem es nämlich die Kirche auf die Welt hin geöffnet hat, hat es die Welt eingeladen, das Konzil nach seiner Bestimmung des Verhältnisses der Kirche zu ihr, der Welt, zu befragen. Die Situation der Frage nach der Kirche, in der das Konzil sich teils vorfindet und die es teils mit herbeigeführt hat, ist also gar nicht mehr im klassischen Sinn ekklesiologisch, also auf dem Weg einer innerkirchlichen Selbstverständigung, erfassbar, weil sie in der Weise die Kirche umfasst, wie die Welt die Kirche (in ihrer Sichtbarkeit) umfasst. Noch mit der Sprache interner kirchlicher Selbstverständigung – der Ekklesiologie – hat das Konzil jenen Punkt gesetzt, von dem her diese Selbstverständigung sich in nicht wieder zurückholbarer Weise auf die Welt hin öffnet: indem die Kirche als »Sakrament, das heißt Zeichen und Werkzeug für die innigste Vereinigung mit Gott wie für die Einheit der ganzen Menschheit« (LG 1) sowie als »allumfassendes Heilssakrament« (LG 48) bezeichnet wird. Nicht von ungefähr werden beide Formulierungen in der Pastoralkonstitution zitiert (GS 42, 45). Aber auf diesem Weg hat die Kirche die Welt eingeladen, sie, die Kirche, zu beanspruchen. Die Beanspruchung der Kirche durch die Welt findet während des Konzils real statt – durch das weltweite, öffentliche und medial vermittelte Interesse am Konzil, das den konziliaren Organisationskräften zunächst unheimlich ist; erst nach und nach lernt man einen würdigen Umgang mit der Presse.[73]

Darin besteht das unausrechenbar Neue an *Gaudium et spes*: Mit diesem Dokument deduziert das Konzil nicht eine kirchliche Lehre, wiewohl betont wird, nichts an dem Dargelegten könne nicht auf eine anerkannte Lehre der Kirche zurückgeführt werden (GS 91), sondern es antwortet aus der Situation der Frage heraus an die Welt oder der Welt, die sozusagen schon gefragt hat. Man wird also sagen müssen, dass die Kirche sich mit *Gaudium et spes* nicht nur auf die Welt hin öffnet, sondern dass *diese* Selbstverständigung der Kirche von vornherein von der Welt her mit angestoßen und in irgendeiner Weise auch mit verantwortet wird. Auf dem Konzil hat sich ereignet, dass die Kirche in ihrer Selbstvergewisserung nicht mehr mit sich selbst spricht, sondern mit der Welt. Zum Dokument geworden ist dieses Ereignis in der Pastoralen Konstitution *Gaudium et spes*.

Als der Welt antwortend präsentiert sich *Gaudium et spes* bereits mit den ersten Sätzen; mit den bekannten Einleitungsworten macht die Kirche sich »Freude und Hoffnung, Trauer und Angst der Menschen von heute, besonders der Armen und Bedrängten«, zueigen (GS 1). Insofern die Kirche, die auf Jesus Christus zurückgeht, der sich in seinem Geist, den er ihr gesandt hat, gegenwärtig setzt, zugleich »aus Menschen gebildet« ist, kann die Konstitution von einer engsten Verbundenheit der Kirche »mit der Menschheit und ihrer Geschichte« sprechen. Die besondere, vielleicht einzigartige Situation von *Gaudium et spes* wird im Vorwort ausdrücklich thematisiert: Mit dieser Konstitution, also mit einem kirchlichen Dokument von hohem Geltungsrang, der eigentlich für eine innerkirchliche Bindungskraft des in einem solchen Dokument Dargelegten steht, adressiert sich das Konzil »an alle Menschen schlechthin in der Absicht, allen darzulegen, wie es Gegenwart und Wirken der Kirche in der Welt von heute versteht« (GS 2). Man wird hier eine Selbstverpflichtung des Konzils zur Rechenschaftsablage vor der Welt mithören müssen. Man wird auch mithören, dass die Kirche sich in *Gaudium et spes* in einer verbindlichen Weise (Konstitution!) auf sich selbst besinnt, *indem* sie sich auf die Welt bezieht. Noch bevor der Text davon handelt, dass die Kirche auch Hilfe von der Welt erfährt (GS 44), bringt das Konzil in den Artikeln des Vorworts zum Ausdruck, dass die Kirche in ihrem konziliaren Prozess der Selbstvergewisserung auf den Dialog mit der Welt angewiesen ist.

Die Pastoralkonstitution bietet übrigens keine eindeutige Definition dessen, was sie unter ›Welt‹ versteht. Das mag seinen Grund darin haben, dass man das weite Bedeutungsspektrum dieses Begriffs – es reicht mindestens von der Welt als Schöpfung Gottes über die Welt des Johannesprologs bis hin zu Welt als Ort des Profanen – insgesamt mitschwingen lassen will. Am ehesten wird noch jener Hinweis für eine solche Bestimmung des Weltbegriffs genommen werden können, demzufolge die Welt »der Schauplatz der Geschichte der Menschheit« ist (GS 2).

Noch einmal wird die Kirche als der Menschheitsfamilie »eingefügt« bezeichnet, nämlich unter Verwendung des Volk-Gottes-Begriffs, um dann, in engem Zusammenhang hiermit, das thematische Programm von *Gaudium et spes* zu benennen. Ohne falsche Scheu vor einer Verkürzung kann das Konzil hier den Heilsauftrag der Kirche in profanen Worten aussagen: Die Hinwendung der Heilskräfte, welche die Kirche von Christus im Heiligen Geist empfängt, zur Welt, zielt auf den Menschen in seiner Personalität und Sozialität. Das sind die beiden elementaren Dimensionen des Leitthemas von *Gaudium et spes*: Leitthema ist der Mensch; stets geht es um die Rettung, Erhaltung, Verteidigung, Entfaltung, Befreiung, Vollendung des Menschen als Person und Wesen der Gemeinschaft.

In ihrem Angebot an die Welt zur Mitarbeit an der »Errichtung jener brüderlichen Gemeinschaft aller« ordnet die Kirche dieser Konstitution sich in spezifischer Weise in die Sendung Jesu Christi ein, indem sie auch für sich selbst verpflichtend macht, dass dieser gekommen ist, »zu retten, nicht zu richten; zu dienen, nicht sich bedienen zu lassen« (GS 3). Hier artikuliert sich der pastorale Geist von *Gaudium et spes*, der wiederum sich von der Initiative Johannes' XXIII. leiten lässt, der für die Kirche, welche manchmal Widerspruch und Irrtum »mit größter Strenge verurteilt« hat, konstatiert, dass sie heute eher »das Heilmittel der Barmherzigkeit« gebraucht.[74] Es ist dabei offensichtlich, dass der Indikativ, den der Papst hier verwendet, als ein Imperativ oder Optativ zu lesen ist.

3. Der Ausgangspunkt: Die Wahrnehmung der Welt

In einer sieben Artikel umfassenden Einleitung entwickelt die Konstitution eine Wahrnehmung der Situation der Menschen in der Welt von heute. Dies geschieht auf eine durchaus von den modernen Gesellschaftswissenschaften informierte Weise. Dabei wird ein Grundgedanke Johannes' XXIII. aufgegriffen, indem diese Wahrnehmung der Gegenwartssituation als ein Forschen nach den »Zeichen der Zeit« gedeutet wird (GS 4). Der Papst hat unter »Zeichen der Zeit« nicht einfach all das verstanden, was sich zu einer gegebenen Gegenwart zuträgt, sondern geschichtlich-politisch-kulturelle Aufbrüche in bzw. aus Situationen des Mangels, der Ausbeutung, der Unterdrückung.[75] In der Enzyklika *Pacem in terris* vom 11. April 1963 nennt er etwa die Arbeiterfrage, die Frauenemanzipation und die Entkolonisierung.[76] *Gaudium et spes* entwickelt an anderer Stelle ein pneumatologisches Verständnis vom Lesen der Zeichen der Zeit: »Im Glauben daran, dass es vom Geist des Herrn geführt wird, der den Erdkreis erfüllt, bemüht sich das Volk Gottes, in den Ereignissen, Bedürfnissen und Wünschen, die es zusammen mit den übrigen Menschen unserer Zeit teilt, zu unterscheiden, was darin wahre Zeichen der Gegenwart oder der Absicht Gottes sind. Der Glaube erhellt nämlich alles mit einem neuen Licht … Das Konzil beabsichtigt, vor allem jene Werte, die heute besonders in Geltung sind, in diesem Licht zu beurteilen und auf ihren göttlichen Ursprung zurückzuführen« (GS 11). In Artikel vier nun beobachtet das Konzil zunächst allgemein eine Gegenwart der beschleunigten und tief greifenden Veränderungen, die sowohl schöpferische Aufbrüche beinhaltet als auch Potentiale für Verlust und Gründe für Angst. Die Konstitution spricht deswegen von »Wachstumskrise« (GS 4): Die Welt steuert zugleich auf ungeheure Spannungen zu – zwischen Armut und Reichtum, Freiheit und Knechtung, den ideologischen Blöcken, hinsichtlich der modernen Anforderungen an die Einzelperson und die Familien –, und sie entdeckt zugleich in zunehmendem Maß ihre Einheit, die globale Interdependenz aller menschlicher Wirklichkeit. Die rasanten Entwicklungen ereignen sich in Wissenschaft und Kultur, vor allem in den Naturwissenschaften und der Technik, aber auch im zunehmenden Gewahrwerden des Menschen als eines geschichtlichen Wesens, so dass insgesamt ein mehrdimensionaler »Wandel der Wirklichkeit«, bzw. des Weltbilds festzustellen ist (GS 5). Dieser Wandel betrifft zugleich die konkret-materiellen Lebensbedingungen; die Konstitution nennt Industrialisierung und Verstädterung, die Perfektion der Kommunikationsmittel (GS 6). Wenn seitdem auch vierzig Jahre vergangen sind, dürfen die Grundannahmen dieser Analyse als immer noch aktuell angesehen werden; sie lassen eine Fortschreibung bis in unsere Gegenwart zu: Die Industrialisierung ist in die so genannten Schwellenländer weitergewandert; die Egalisierung aller Lebensräume durch Verstädterung und Medialisierung hat sich erst in den Jahrzehnten nach dem Konzil weltweit durchgesetzt; die naturwissenschaftlich-technische Durchprägung unseres Weltbilds ist mit den Debatten um die Ergebnisse der Hirnforschung, sowie um Gentechnik und Euthanasie in eine neue, den Menschen mehrfach unmittelbar bedrängende Phase getreten. Vielleicht lässt sich die prognostische Kraft von *Gaudium et spes* daran erkennen, dass die Konstitution dies alles natürlich nicht vorausgesehen, aber doch eine Perspektive entworfen hat, die zur Erfassung auch dieser Entwicklungen weiter formuliert werden kann.

All dies hat unmittelbare Auswirkungen auf das religiöse Bewusstsein und die religiöse Praxis (GS 4). Das Konzil nimmt sie differenziert wahr und ist von einem billigen Kulturpessimismus, wie er heute wieder so manche, auch kardinale, Sonntagspredigt anschärft, weit entfernt: *Einerseits* beinhalten nach der Einschätzung der Konstitution diese Entwicklungen das Potential zur Reinigung des religiösen Bewusstseins »von einem magischen Weltverständnis und von noch vorhandenen abergläubischen Elementen« und fordern einen personal vertretenen und vollzogenen Glauben; *andererseits* geben, wie lakonisch festgestellt wird, »breite Volksmassen das religiöse Leben praktisch auf« (GS 7). *Gaudium et spes* liegt es jedoch fern, die »breiten Volksmassen« aufzugeben. Seine Botschaft richtet sich an die Menschen in der Welt von heute.

Man wird hier sehr deutlich sehen müssen, dass nicht die Sorge um die Religiosität der Menschen im Zentrum der Aufmerksamkeit der Konstitution steht, sondern die Sorge um die Zukunft der Welt, die freilich eine fundamentale Resonanz im religiösen Leben der Menschen hat. In dieser Sorge wird die gegenwärtige Welt aber nicht als Ort des Unheils wahrgenommen, sondern in ihrer Ambivalenz. Eine wesentliche Dimension dieser Ambivalenz erblickt das Konzil darin, dass der menschheitsgeschichtliche Fortschritt nicht in der Lage ist, die Grundsehnsüchte der Menschen nach einer umfassenden, unverstümmelten Selbstverwirklichung in Personalität und Sozialität mit zu artikulieren, denn er bewegt sich eben im Bereich des Materiellen (GS 9), und das »geistliche Wachstum hält damit nicht gleichen Schritt« (GS 4). Dies gilt um so mehr für die Grundfragen nach dem Menschen selbst, nach dem Sinn seiner Existenz angesichts von Leid, Bösem und Tod, die alle auch bei höchstmöglichen materiellen Befriedigungsstandards unbeantwortet bleiben (GS 10). Aus der unüberbrückbaren Spannung zwischen einem prinzipiell erschwinglichen materiellen Wohlstand und der ebenso prinzipiellen Unbeantwortbarkeit jener Existenzfragen durch ihn gewinnt die Konstitution gar ein Kriterium zu einer negativ dialektischen Bewertung des Fortschritts: Worin besteht sein Sinn, wenn er die Grundfragen des Menschen unbeantwortet lässt, womöglich auf fatale Weise verdrängt: »Wozu diese Siege, wenn sie so teuer erkauft werden mussten?« (GS 10). – Die der Kirche anvertraute Antwort, dass Jesus Christus »Schlüssel, … Mittelpunkt … und Ziel der ganzen Menschheitsgeschichte« ist, liegt nicht in der Linie des menschheitsgeschichtlichen Fortschritts, in dem Sinn, dass sie von ihm nicht hervorgebracht werden kann. Aber dieser *Vorbehalt* bedeutet *keine Denunziation* menschlicher Fortschrittsanstrengungen, sondern öffnet den Blick auf ihre letztgültige Würdigung.

4. Die Personwürde des Menschen

In einem ersten umfangreichen Hauptteil entfaltet die Konstitution eine grundsätzliche Erörterung des Standorts der Kirche in der Welt. Dies wird in vier Kapiteln unter den Themen der Personalität (GS 12–22), der Sozialität (GS 23–33) und der Produktivität des Menschen (GS 33–39), sowie der Aufgabe der Kirche (GS 40–45) behandelt. Einleitend wird noch einmal die Eingefügtheit des Volks Gottes in die Menschheit als Grundlage seines weltlichen Engagements betont; die Konstitution sieht Kirche und Welt in einem Verhältnis des »gegenseitigen Dienens« stehen, in welchem »die Sendung der Kirche sich als eine religiöse und gerade dadurch höchst humane erweist« (GS 11).

Die personale Würde des Menschen wird einleitend in seiner *Gottebenbildlichkeit* begründet; deren Beziehung auf Mann und Frau (Gen 1,27) öffnet Personalität von vornherein auf personale Gemeinschaft (GS 12). In der Folge werden die *essentials* einer Theologischen Anthropologie etwas traktathaft abgehandelt: Der gottebenbildliche Mensch ist auch *Sünder* (GS 13); wohl zerstört sie ihn nicht vollends, »sie mindert aber den Menschen selbst, weil sie ihn hindert, seine Erfüllung zu erlangen«. – Die Behandlung der *leib-seelischen Verfasstheit* des Menschen (GS 14) vermeidet jeden falschen dualistischen Zungenschlag. Sie betont die Teilhabe des Menschen an der Stofflichkeit der Welt durch seine Leiblichkeit. Weil diese Teilhabe den Menschen mit begründet, muss er seine Leiblichkeit wertschätzen, und durch sie die stoffliche Welt. Zugleich hat der Mensch die Erfahrung und das Bewusstsein von der Widerständigkeit seines Leibs. Das Konzil bezieht dies sofort und ausschließlich auf die Sünde; man könnte Schwäche, Schmerz, Krankheit, aber auch die ganz alltäglichen Grenzen körperlicher Belastbarkeit anführen, um zu einer Wahrnehmung der Passivität des Leibs zu gelangen. Wie auch immer, der Mensch muss sich zu seiner Leiblichkeit verhalten und geht schon deswegen nicht in ihr auf. Die Konstitution (sie arbeitet an dieser Stelle mit einem reduzierten Begriff des Körpers als anonyme Stofflichkeit) verwendet den nicht unbelasteten, aber bedenkenswerten Begriff der Innerlichkeit, um dieses Nichtaufgehen im Stofflichen zu bezeichnen und geht dann auf die konventionellen Begriffe des Herzens und der unsterblichen Seele über. Der begriff der Innerlichkeit vermag es aber, die sozusagen im Stoff unserer leiblichen Existenz nicht abbildbare, inkommunikable Tiefendimension der Personalität auszusagen.

Insofern dem Menschen nicht nur ein ›Mehr-als-Leiblichkeit‹ zuzusprechen ist, sondern dieses ›Mehr‹ sich gewissermaßen als menschliche Wirklichkeit von eigener Instanz realisiert – wofür eben der Begriff der Seele steht –, ist der Mensch auch jenes Wesen, das nach der Wahrheit seiner Existenz und der Wirklichkeit überhaupt fragt. Die sich hier zwanglos anschließende Thematisierung des Menschen als Wesen der *Vernunft* (GS 15) traut dieser viel zu; die (durch die Sünde geschwächte, aber nicht verunmöglichte) Einsicht in »geistig-tiefere Strukturen der Wirklichkeit« ist aber noch gar nicht die volle Ausschöpfung menschlicher Vernunftfähigkeit: Diese sieht das Konzil erst in der sanften Suche nach dem und in der Liebe zum Wahren und Guten gegeben und nennt die Vernunft, der diese Verwirklichung ihrer selbst gelingt, Weisheit. – Fragt die Vernunft nach dem, was das Leben erfüllt, nach dem Wahren, das zugleich das Gute ist, ist damit für den Bereich des konkreten Lebensvollzugs die ethische Dimension der Vernunft angesprochen, welche die Konstitution unter dem Begriff des *Gewissens* thematisiert (GS 16). Den Doppelcharakter des Gewissens als die Stimme, welche die Person zuinnerst aussagt und doch auch, wie eine fremde Stimme, gegen ihr Handeln Einspruch erhebt, bringt die Konstitution zum Ausdruck, indem sie das Gewissen einerseits als »die verborgenste Mitte und das Heiligtum des Menschen« bezeichnet, und andererseits von seiner Bezogenheit auf ein »Gesetz, das er [der Mensch] sich nicht selbst gibt, sondern dem er gehorchen muss«, spricht, und das »von Gott in seinem Herzen eingeschrieben ist«. Dieses Gesetz (ein Begriff, dessen rein juridisches Verständnis hier eine Verkürzung bedeuten würde, der vielmehr für die ›objektive‹, nicht verfügbare Dimension der Werteordnung steht) findet seine Erfüllung in der Einheit von Gottes- und Nächstenliebe. Die Hochschätzung des Gewissens durch das Konzil findet seinen deutlichsten Ausdruck in der Aussage, dass auch jenes Gewissen, das »aus unüberwindlicher Unkenntnis irrt« (nicht aber das »durch Gewöhnung an die Sünde fast blind« gewordene), seine Würde nicht verliert. – Die vom Begriff der Personalität des Menschen durch die Dimensionen seiner Entfaltung bis hin zum gewissen stets vorausgesetzte *Freiheit* wird schließlich eigens thematisiert (GS 17). Der sich in Selbstbewusstsein und Handlungsfähigkeit vollziehende Mensch kann dies nur in Freiheit. Die theologische Aussage von der Begnadetheit menschlichen Freiheitsvollzugs dürfte freilich zu eng gefasst sein, wird die Gnade als Kompensat der die Freiheit verwundenden Sünde aufgefasst. Dies legt aber die entsprechende Formulierung der Konstitution nahe.

Der *Tod*, dessen Thematisierung im Zusammenhang mit der Sünde sich bei einem bestimmten theologischen Verständnis nahe legt, wird als jenes Grunddatum menschlicher Existenz zu verstehen gegeben, an dem sie zu zerbrechen und unterzugehen droht, und das zugleich Anstoß für den Protest gegen den Untergang ist. Am Tod entzündet sich der »Keim der Ewigkeit« (GS 18). Allzu eindeutig bindet die Konstitution den Tod an die Sünde (als durch sie hervorgebrachte Strafe) und kann diesen (aus Schrift und Tradition vertrauten) Gedanken nicht mit der zur Geschöpflichkeit des Menschen gehörenden (und damit gottgewollten) irdischen Befristetheit seiner Existenz (i.e.: seiner Sterblichkeit) in Ausgleich bringen: Der Auferstehungsgedanke, er beinhaltet noch einmal eine

Würdigung der leiblichen Existenz des Menschen, formuliert ja nicht nur eine Hoffnung für die Sünder, sondern für die Menschen schlechthin.

Die mit dem Auferstehungsgedanken gemeinte Hoffnung auf eine sich endgültig durchsetzende Gemeinschaft Gottes mit den Menschen bietet der Konstitution Anlass, an dieser Stelle mehrere Artikel über den *Atheismus* als der Leugnung einer solchen Gottesverwiesenheit des Menschen anzuschließen (GS 19–21). Die Vorgehensweise ist differenziert. Der systematische oder philosophische Atheismus (GS 20) wird heute, anders als zu Zeiten des Konzils, nicht mehr das zentrale Gegenüber einer christlichen Apologetik darstellen, wohl aber der Atheismus als Religionskritik und als »Protest gegen das Übel in der Welt« (GS 19). Nicht zu unterschätzen ist daneben die gegenwärtige Bedeutung eines unreflektierten, unartikulierten Atheismus, eines blanken Indifferentismus hinsichtlich der Frage nach Gott oder einem Göttlichen, der von der Konstitution nur gestreift wird. Sie erklärt den Atheismus insgesamt als ein nicht ursprüngliches, sondern reaktionäres Phänomen; die besondere Verantwortung der Gläubigen und der Kirche besteht darin, dass es ihr fehlgehendes Glaubenszeugnis sein könnte, die den Atheismus als Reaktion hervorruft (GS 19). Die Haltung der Kirche zum Atheismus wird in *Gaudium et spes* selbstverständlich auch, aber nicht einmal vorrangig, durch dessen Verurteilung bestimmt, sondern mehr noch dadurch, dass sie sich »vom Gewicht der Fragen, die der Atheismus aufgibt«, herausfordern lässt (GS 21). In einem apologetischen Tonfall beteuert der Text, dass die Gottesbezogenheit des Menschen seiner Würde nicht widerstreitet, da sie in Gott gründet (die Konstitution antwortet damit auf den Heteronomievorwurf), und dass die eschatologische Vollendungshoffnung nicht von der Welt ab-, sondern auf sie hinlenkt (dies als Antwort auf den Vertröstungsvorwurf; vgl. auch GS 34, 39, 43, 57). Im Sinn der pastoralen Grundorientierung der Konstitution dürfte der Selbstverpflichtung der Kirche zur Zusammenarbeit auch mit den Nichtglaubenden um des richtigen Aufbaus der Welt willen ein besonderes Gewicht zukommen (GS 21). Kein taktischer Opportunismus leitet hier das Konzil, sondern schlicht die Sendung der Kirche zur Verkündigung der Frohbotschaft: »Denn sehr genau weiß die Kirche, dass ihre Botschaft dann dem tiefsten Verlangen des menschlichen Herzens entspricht, wenn sie die Würde der menschlichen Berufung verteidigt und denen, die schon an ihrer höheren Bestimmung verzweifeln, die Hoffnung wiedergibt.«

In einer Sprachbewegung, die einerseits stark durch biblische Zitate und Anspielungen geprägt ist und die sich andererseits vom christologischen Basistopos der Inkarnation leiten lässt, wird Christus als die unüberbietbar würdigende Ausformulierung jener »Würde der menschlichen Berufung« dargestellt. Aufgrund der eher binnenkirchlichen Redeweise unerwartet, sachlich aber folgerichtig, wird die zuvor schon angeklungene wohlmeinende Aufmerksamkeit der Kirche für die Atheisten hier christologisch aufgegriffen und begründet: Der in Christi Tod sich »für alle« gegenwärtig setzende allgemeine Heilswille Gottes schließt mit ein, »dass der Heilige Geist allen die Möglichkeit anbietet, diesem österlichen Geheimnis in einer Gott bekannten Weise verbunden zu sein« (GS 22). Die Kirche anerkennt die Möglichkeit einer nicht offensichtlichen, nicht innerhalb der verfassten, sichtbaren Kirche sich artikulierenden, sondern nur Gott bekannten und damit der Kirche unbekannten Verbundenheit von Menschen mit dem Geheimnis des sich in Jesus aus Nazaret gegenwärtig setzenden Gottes.

5. Die Sozialität des Menschen

Die Konstitution sieht den Menschen nicht nur als Person sich vollziehen, sondern stets auch in Sozialität. In einem zweiten Kapitel dieses ersten Hauptteils behandelt sie deswegen die menschliche Gemeinschaft. Diese wird von vornherein im Weltmaßstab verstanden: Im erreichten Stadium der Menschheitsgeschichte vollziehen sich alle einzelnen Entwicklungen in weltweiter Vernetzung. Das Konzil spricht der Sache nach von einer Situation der Universalisierung der Zusammenhänge menschlicher Handlungsprozesse und bewertet diese Entwicklung als im Einklang mit der göttlichen Heilsverheißung stehend und verwendet den – vielleicht einer allzu traditional orientierten Gesellschaftskonzeption verhafteten – Begriff der Familie, die zu bilden alle Menschen aufgerufen sind (GS 24). Im genannten Artikel werden Bausteine zu einer theologischen Bewertung der Gemeinschaftlichkeit des Menschen gesammelt, ohne dass diese freilich zu einer kohärenten Theologie der Sozialität weiter entwickelt werden würden: Der Bezug auf Joh 17,20–22 (»… dass alle eins werden … wie auch wir eins sind«) stellt das Verständnis einer trinitarisch prästabilisierten Gemeinschaft in Einheit vor, die nur noch verwirklicht werden muss; die Zuspitzung hingegen der Nächstenliebe auf ein Konzept von Selbstvollzug, demzufolge der Mensch »sich selbst nur durch die aufrichtige Hingabe seiner selbst vollkommen finden kann«, impliziert ein Verständnis von Gemeinschaft, die nur auf dem krisenhaften Weg einer Dialektik von Selbstverzicht und -gewinn angestrebt werden kann und deren Erreichen keineswegs gewährleistet ist.

Die Sozialität wird also als zur Personalität mitkonstitutive (wenn auch ihr nachgeordnete) anthropologische Grundgegebenheit gesehen. Der Mensch als Person vollzieht sich nur in seinen gesellschaftlichen Bezügen, die er also braucht, um Person sein zu können, die ihn aber auch unfrei machen können. Die Ambivalenz der Sozialität besteht darin, dass die gesellschaftlichen Netze und Institutionen zu strukturellen Verbreitungsmedien der Sünde werden können (die dennoch ihren Ursprung nicht in ihnen, sondern in der Personalität hat) (GS 25). Die eingangs dieses Kapitels behandelte Universalisierung der gesellschaftlichen Kontexte wirkt sich auf Begriff und Sache des Gemeinwohls so aus, dass dieses nicht mehr regional begrenzt gedacht werden kann; seine Verwirklichung impliziert deswegen von vornherein die Zugänglichkeit für alle Menschen. Die Konstitution definiert Gemeinwohl als »Gesamtheit jener Bedingungen des gesellschaftlichen Lebens, die sowohl den Gruppen als auch den einzelnen Gliedern ein volleres und leichteres Erreichen der eigenen Vollendung ermöglichen« (GS 26). Aufmerksamkeit verdient die Verwendung der Komparative; sie schreibt der Definition von Gemeinwohl den Gedanken geschichtlicher Entwicklung ein. Entsprechend heißt es wenig später: »Die gesellschaftliche Ordnung muss sich ständig weiterentwickeln, muss in Wahrheit gegründet, in Gerechtigkeit aufgebaut und von Liebe beseelt werden und muss in Freiheit ein immer humaneres Gleichgewicht finden.« Die Konstitution spricht hier nicht von gewissen Gesellschaften (und von anderen nicht); sie stellt die menschliche Gesellschaft schlechthin unter den Vorbehalt einer permanenten Reformbedürftigkeit (wie ja übrigens auch die Kirche selbst; vgl. etwa UR 4.6). Wie generell die gesellschaftliche Ordnung nicht um ihrer selbst willen da ist, sondern der Verwirklichung des Gemeinwohls für alle dient, so ist jede konkrete Gesellschaft auf dem Fundament der Würde der menschlichen Person zu errichten. Interpersonal realisiert sich diese darin, dass alle »ihren Nächsten ohne Ausnahme als ›anderes Ich‹ ansehen« (GS 27). Hinsichtlich der Gesellschaft begründet das Konzil hiermit seine Ächtung von Mord, Völkermord, Abtreibung, Euthanasie, Selbsttötung, Folter, psychischem Zwang, unmenschlichen Lebensbedingungen, Polizeiwillkür, Verschleppung, Sklaverei, Prostitution, Frauen- und Kinderhandel, unwürdigen Arbeitsbedingungen. All dies verletzt die Personwürde, fügt der menschlichen Kultur Schaden zu und ist »in höchstem Maß ein Widerspruch gegen die Ehre des Schöpfers«. Die notwendige und hier verneinte Achtung der Personwürde sieht die Konstitution erst in Bezug auf den Anderen, ja auf den Gegner verwirklicht (GS 28), so wie Jesu Inanspruchnahme des Gebots der Nächstenliebe ihre volle Bedeutung erst im Gebot der Feindesliebe (Mt 5,43f) erhält, also dort, wo für die entgegengebrachte Achtung und Liebe keine Gegengabe im Tausch erwartet werden darf.

Die Ebene der Sozialität, die nicht auf jene der (Inter-) Personalität reduziert werden kann, wird in den Bahnen der Würdeargumentation, die das Konzil hier gewählt hat, erst mit dem Gedanken der Gleichheit aller Menschen erreicht (GS 29). Die Anerkennung der Gleichheit aller ist nicht mehr gebunden an den engen Radius personaler *face-to-face*-Beziehungen, sondern begibt sich auf das offene Feld der zunehmend vermittelten und indirekten, ja anonymen sozialen Beziehungen zwischen Menschen, die sich womöglich nie begegnen und doch in einem gesellschaftlich vermittelten Verantwortungs- oder Anerkennungsverhältnis stehen. Die Konstitution weist selbst auf die Notwendigkeit einer wirklichen Wahrnehmung der nicht auf Personalität reduzierbaren Sozialität hin, wenn sie die Unzulänglichkeit einer individualistischen Ethik offen legt und es allen als »heiliges Gesetz« auferlegt, »die Forderungen aus der gesellschaftlichen Verflochtenheit unter die Hauptpflichten des heutigen Menschen zu rechnen« (GS 30).

Dieses Kapitel abschließend und all das zuvor Gesagte nun in einem Blick auf die Kirche selbst bündelnd, macht das Konzil unmissverständlich deutlich, dass auch das Heil nicht individualistisch, sondern in Gemeinschaft empfangen wird: Die Inkarnation bezeichnet das Eingehen des Worts Gottes »in die menschliche Lebensgemeinschaft«; geschichtlich will sich die göttliche Einkehr in die Sphäre der Menschen sichtbar in der Gemeinschaft der Kirche verwirklichen (GS 32).

6. Die Produktivität des Menschen

Neben Personalität und Sozialität hält die Konstitution die Arbeit für eine wesentliche Bestimmung des Menschseins und befasst sich deswegen in einem dritten Kapitel mit dem schöpferischen Tätigsein des Menschen. In einer Problemexposition wird festgestellt, dass der technische Fortschritt – man müsste hinzufügen, der Fortschritt und die gesellschaftliche Geltung der praktischen Ingenieurs- und der theoretischen Naturwissenschaften – den Menschen in den Stand einer weitgehenden Naturbeherrschung versetzt hat. Das Problem wird nicht in dieser Gegebenheit selbst gesehen, sondern in der daraus für die Kirche erwachsenden Pflicht, »das Licht der Offenbarung mit der Sachkenntnis aller Menschen in Verbindung zu bringen« (GS 33). Die Verkündigung des Glaubens soll also den Menschen in seiner gegenwärtigen Handlungs- und Wissenskompetenz würdigen. Dieser Grundsatz hat seine theologische Begründung im dem Menschen vom Schöpfer mit der Gottebenbildlichkeit gegebenen Auftrag zur schaffenden Weltgestaltung; er soll »die Welt in Gerechtigkeit und Heiligkeit regieren« (GS 34). Auch die alltägliche Arbeit des Broterwerbs ist in der Perspektive dieser grundsätzlichen Würdigung zu sehen. Wie es eine Kontinuität – und keinen prinzipiellen Gegensatz – zwischen Gottes Schöpfertum und dem hervorbringenden Handeln der Menschen gibt, so steht umgekehrt die christliche Botschaft einer tätigen Sorge um die Welt nicht im Weg, sondern verpflichtet zu ihr (vgl. 21, 39, 43, 57). Diese positive Würdigung menschlicher Arbeit findet in GS 35 eine Fortsetzung und zugleich eine Verschiebung innerhalb des Verständnisses von Arbeit: Durch sein schaffendes Tun vervollkommnet der Mensch sich selbst; er entwickelt sich weiter und drückt sich in seinen Hervorbringungen aus. Dieses Tätigsein wird ganz in der Perspektive der »Erreichung einer größeren Gerechtigkeit, einer umfassenderen Brüderlichkeit und einer humaneren Ordnung der gesellschaftlichen Verflechtungen« gesehen; Besitz, oder gar Reichtum, und technischer Fortschritt werden von dieser visionären Dynamik abgekoppelt, sind nicht ausschlaggebend für sie. Mit aus dem Blick gerät dadurch aber auch die Frage nach den materiellen Bedingungen je größerer Gerechtigkeit und humanerer Gesellschaft. Die Anerkenntnis des Eigenwerts menschlichen Schaffens führt zur Anerkenntnis der »Autonomie der irdischen Wirklichkeiten« (GS 36). Sowohl der Schöpfungswirklichkeit als auch der von Menschen geschaffenen, geschichtlich-gesellschaftlichen Wirklichkeit spricht die Konstitution »ihren festen Eigenstand, ihre eigene Wahrheit, ihre eigene Gutheit sowie ihre Eigengesetzlichkeit und ihre eigenen Ordnungen« zu. Die profane Wirklichkeit ist nicht gegenüber der Wirklichkeit des Glaubens defizitär oder depraviert; auch sie hat ihren Ursprung in Gott.

Erst im Anschluss an diese ausführliche Würdigung menschlicher Arbeit und der irdischen Wirklichkeit geht die Konstitution zunächst auf die Gefahren ein, die sich aus einer Verabsolutierung der Autonomie der geschöpflichen Sphäre ergeben, welche letztlich dazu führt, dass »das Geschöpf sich selbst durch das Vergessen Gottes unverständlich« wird (GS 36); sodann weist sie auf die Verletztheit der menschlichen Handlungsfähigkeit durch die Sünde hin (GS 37). Der Fortschritt, an sich ein Gut, vereint faktisch Gutes mit Bösem und bringt so stets verzerrte Selbst-Verständigungen des Menschen in der Materialität seiner Geschichte hervor. Die Konstitution ruft die christliche Grundüberzeugung von der durch die Erlösung wieder ausdrücklich gemachten Bezogenheit aller Wirklichkeit auf ihren Schöpfer ins Gedächtnis – deren Autonomie hierdurch nicht aufgehoben, sondern begründet wird –; im Licht dieser Orientierung kann der Mensch die irdischen Dinge, sich selbst und sein Tun je besser erkennen, handhaben und verwirklichen. Die Konstitution führt diesen Gedanken weiter, gewissermaßen bis ins Ostergeheimnis hinein: Menschliches Handeln vollendet sich nicht in sich selbst, sondern es wird und ist schon vollendet in Jesus Christus. Weil dem so ist, sind die menschlichen Anstrengungen zur Humanisierung der Welt auch in ihrem Scheitern nicht vergebens. Insofern die Chiffre des Ostergeheimnisses für Tod und Auferstehung Jesu steht, ist freilich mit ihr ausgesagt, dass die von Jesus Christus erwirkte, angeldhaft gegenwärtige Vollendung nicht als bruchlose Kontinuation des Bestehenden sich ergeben wird, sondern als – krisenhafte, weil über das Kreuz vermittelte – »Umwandlung der Welt« entsprechend dem »neue[n] Gebot der Liebe« (GS 38). Diese Vollendung, die das menschliche Schaffen mit aufnimmt, von ihm aber nicht hervorgebracht werden kann, wird schließlich mit dem Hoffnungsbild der Apokalypse vom »neuen Himmel und der neuen Erde« (Offb 21,1) zum Ausdruck gebracht (GS 39). Vergehen wird die Entstellung der Welt durch die Sünde; verwirklichen und erfüllen wird sich Gerechtigkeit und Friede; überwunden wird der Tod; bleiben wird die Liebe samt ihren Werken: eintreten wird Seligkeit. Wiederum erinnert die Konstitution daran, dass eine solche eschatologische Hoffnungsperspektive nicht auf ein Jenseits vertröstet, sondern »die Sorge für die Gestaltung dieser Erde … ermutigen« soll. Die eschatologische Hoffnung spricht nicht von einem Irgendwanneinmal, sondern in unsere Gegenwart hinein (vgl. GS 21, 34, 43, 57).

7. Die Aufgabe der Kirche in der Welt von heute

Schon in den vorangegangenen Kapiteln hat die Konstitution ihre Analyse der Welt von heute in eine kurze theologische Stellungnahme münden lassen. Nun aber stellt sich die Frage, was die Aufgabe der Kirche in dieser Welt ist, denn die Bearbeitung dieser Thematik hat sich die Konstitution von Anfang an zur Aufgabe gemacht. Vieles ist schon gesagt worden, und sei es implizit, und muss jetzt nur noch mit Nachdruck versehen und gebündelt werden. In einem ersten Abschnitt dieses den ersten Hauptteil abschließenden vierten Kapitels situiert das Konzil die Kirche in ihrem Verhältnis zur Welt (GS 40). Es bestimmt dieses Verhältnis als wechselseitig. Anhand solcher Fundamentalaussagen kann der Konstitutionscharakter von *Gaudium et spes* unmittelbar erschlossen werden: denn hiermit wird die bis zur Jahrhundertwende vorherrschende und auch lehramtlich favorisierte und nutzbar gemachte Ekklesiologie der Kirche als *societas perfecta* stillschweigend verabschiedet. Kirche als perfekte Gesellschaft bedeutet, dass sie von Gott her für sich selbst mit allem ausgestattet ist, mit allen Einrichtungen, Instrumenten und Strukturen, um als sichtbare Gesellschaft in der Welt, unabhängig von allen weltlichen Institutionen, Instrumenten und Strukturen, existieren zu können. Selbstredend kann eine solche Kirche in kein Verhältnis der Wechselseitigkeit zur Welt eintreten. Wird aber das Weltverhältnis der Kirche genau hierdurch, durch die Wechselseitigkeit, bestimmt, wird damit die Verwiesenheit auf die Welt wenigstens formal ausgesagt. Kurz: *Gaudium et spes* ist tatsächlich die zweite Kirchenkonstitution des Konzils.

Hinsichtlich der Bestimmung des Gesellschaftscharakters der Kirche hält *Gaudium et spes* sich eng an *Lumen Gentium*; wichtig ist die Betonung des menschlichen, gesellschaftlich-kulturellen Anteils an der sichtbaren Kirche, die Konstitution spricht hier von einem »Ineinander des irdischen und himmlischen Gemeinwesens«, das nur »im Glauben« begriffen werden kann. Wie auch immer, dieses Ineinander bindet die Kirche konstitutiv an die Welt. Aufgrund dieser Bindung vollzieht sie ihre Sendung, indem sie »zu einer humaneren Gestaltung der Menschenfamilie und ihrer Geschichte« beiträgt. Um ihrer weltzugewandten Sendung willen schätzt die Kirche »unbefangen« alles hoch, was die anderen »Kirchen und kirchlichen Gemeinschaften« in kooperativer Weise zur Erfüllung derselben Aufgabe beitragen. Mehr noch, die Konstitution weitet diesen Bogen der Kooperation auf die ganze Welt aus: Die katholische Kirche ist »der festen Überzeugung, dass sie selbst von der Welt … viele und mannigfache Hilfe zur Wegbereitung für das Evangelium erfahren kann.«

Die Konstitution gliedert nun die Entfaltung der von der Kirche der Welt angebotenen Hilfe in Entsprechung zur zuvor eingeführten Unterscheidung in Personalität, Sozialität und

Produktivität des Menschen: Im wesentlichen macht sich hier die Kirche das, was zuvor hinsichtlich des Wesens und Werts dieser anthropologischen Grunddimensionen entfaltet und theologisch begründet worden ist, als Verwirklichung ihrer Sendung in der Welt zu eigen (GS 41–43). Auf diesem Hintergrund sind einige Akzente von Bedeutung. So etwa die ausdrückliche Anerkennung der (richtigen) »Autonomie der Schöpfung und besonders des Menschen« und die damit in sachlichem Zusammenhang stehende Hochschätzung der Menschenrechte durch die Kirche, die diese nicht nur vom Evangelium her begründet sieht, sondern wie ein Evangelium, wie eine Frohbotschaft, behandelt, indem sie sich nämlich kraft dieser Konstitution verpflichtet, die Rechte der Menschen zu verkünden (GS 41.3)

Im Zusammenhang mit der Sozialität weist die Konstitution darauf hin, dass die Sendung der Kirche nicht politischer, wirtschaftlicher oder sozialer, sondern religiöser Natur ist. Damit wird nicht doch wieder die Verabschiedung der Kirche aus der Welt eingeleitet, sondern zunächst einmal die Würdigung der wechselseitigen Unabhängigkeit von Kirche und Welt markiert. Die Konstitution legt zugleich dar, dass diese religiöse Sendung der Kirche sich in der kirchlichen Wahrnehmung der politischen, wirtschaftlichen und sozialen Situation der Menschen unmittelbar auswirkt (GS 42). Die Konstitution erklärt, dass die Kirche die Hervorbringungen der menschlichen Gesellschaften und Kulturen schätzt und in Anspruch nimmt, dass sie aber »an keine besondere Form menschlicher Kultur und an kein besonderes politisches, wirtschaftliches oder gesellschaftliches System gebunden ist« (GS 42). Sie kann diese von Hochschätzung geprägte Ungebundenheit nutzen, um ein Band zwischen den unterschiedlichen Kulturen zu bilden, sofern diese es zulassen. Dieselbe Ungebundenheit – bei gleichzeitiger Wertschätzung des Humanums in seinen jeweiligen kulturellen Konkretionen – schließt aber auch die (hier nicht ausdrücklich genannte) Möglichkeit und Notwendigkeit der Verwirklichung von Kirche unter den Bedingungen der Verfolgung mit ein.

Im Mittelpunkt der nun wieder aufgegriffenen Würdigung des menschlichen Schaffens steht die bereits mehrfach präludierte Erinnerung, dass der christliche Glaube nicht zur Flucht vor den, sondern zur Erfüllung der irdischen Pflichten anhält. »Ein Christ, der seine irdischen Pflichten vernachlässigt, versäumt damit seine Pflicht gegenüber dem Nächsten, ja gegen Gott selbst und bringt sein ewiges Heil in Gefahr« (GS 43). Nicht überlesen werden darf die Öffnung der Sendung der Kirche auf ein plurales Wirken in der Welt hin; kommt es bei gleicher Gewissenhaftigkeit zu unterschiedlichen Bewertungen derselben Situation, darf keine Partei die kirchliche Autorität ausschließlich für sich beanspruchen. Keineswegs ist die Kirche in ihren Gliedern durch die Jahrhunderte in ihrem Engagement für die Welt stets auf der Höhe ihrer Sendung gewesen, sie hat im Gegenteil gefehlt; dies bekennend, sagt die Konstitution: »Wir selber dürfen dieses Versagen nicht vergessen, sondern müssen es unerbittlich bekämpfen«. Sie sagt auch, dass die Kirche »in ihrer lebendigen Beziehung zur Welt an der Erfahrung der Geschichte immerfort reifen muss« (GS 43). Einen Schritt dieses Reifungsprozesses hat *Gaudium et spes* selbst zuvor angedeutet, indem die Konstitution nämlich dem Bedauern der Kirche über die Missachtung der Autonomie der Wissenschaft Ausdruck verleiht (GS 36). Der im Hintergrund stehende »Fall Galilei« findet keine ausdrückliche Erwähnung im Endtext; es wird bis zur klärenden Stellungnahme Johannes Pauls II. dauern, bis das hier Versäumte nachgeholt werden wird (2.11.1992).

Die Väter haben sich aber nicht nur mit der Hilfe, welche die Kirche der Welt zukommen lassen kann, befasst, sondern auch mit jener Hilfe, welche die Kirche von der Welt erfährt und dem einen eigenen Artikel gewidmet (GS 44). Seine Bedeutung hat dieser Artikel vor allem darin, dass er existiert. Die Kirche anerkennt in wertschätzender Weise, dass sie nicht selbstgenügsam sichtbar in der Welt sein kann, sondern auf diese angewiesen und mit ihr verflochten ist. An Hilfen, welche die Kirche von der Welt erfährt, werden näherhin die

»Sprache und Vorstellungswelt der Völker« und insbesondere »die Weisheit der Philosophen« genannt, auf welche die Kirche zur Artikulierung der Botschaft Christi angewiesen ist; des weiteren bedarf die Kirche der »Hilfe der in der Welt Stehenden«; als sichtbare, verfasste Gemeinschaft nimmt sie auch die gesellschaftlichen Strukturen der Menschen in Gebrauch. Aufgrund dieser Verflochtenheit der Kirche mit der Welt leistet jeder, der die Gemeinschaft der Menschen voranbringt, auch der Kirche selbst »eine nicht unbedeutende Hilfe«.

In einer theologischen Schlussreflexion wird dieses Verhältnis in Wechselseitigkeit, in welchem die Kirche mit der Welt verbunden ist, unter dem aus *Lumen Gentium* vertrauten Begriff der Kirche als »allumfassendes Sakrament des Heils« zusammengefasst (GS 45).

8. Die Pastoralkonstitution: Eine Theologie der Welt

Der zweite Hauptteil der Konstitution ist »wichtigen Einzelfragen« gewidmet. Das Konzil will sich »im Licht des Evangeliums und der menschlichen Erfahrung« besonders den schweren Nöten, »welche die Menschheit in hohem Maß bedrängen«, zuwenden (GS 46). Die Fragen, die das Konzil ansprechen möchte, werden in die Bereiche »Ehe und Familie« (1. Kapitel, GS 47–52), »Kultur« (2. Kapitel, GS 53–62), »Wirtschaftsleben« (3. Kapitel, GS 63–72), »politisches Leben« (4. Kapitel, GS 73–76), »Friede und Völkergemeinschaft« (5. Kapitel, GS 77–90) geordnet. Das Spektrum der behandelten Fragen ist zu umfangreich, als dass es in dieser kurzen Darstellung annähernd repräsentiert werden könnte. Lediglich einige Akzentuierungen können vorgenommen werden, die exemplarisch zu verstehen sind.

Die Bedeutung dieses zweiten Hauptteils liegt in seinem theologischen Ansatz. Er schert nicht aus der Gesamtkonstitution aus, führt aber eigentlich erst durch, was eingangs dieses Kapitels über *Gaudium et spes* gesagt worden ist: Dass mit dieser Konstitution ein lehramtlicher Text vorliegt, der nicht aus einem kirchlich verwalteten Glaubens- oder Offenbarungsschatz an die Welt austeilt, sondern in der Welt, ausgehend von der Materialität ihrer Fragen und Nöte, eine theologische Reflexion durchführt. Wird man nicht sagen müssen, dass sich insbesondere in diesem Vorgehen Papst Johannes' Empfehlung für das Konzil wieder findet, nicht noch einmal die Dogmen des gemeinsamen Glaubens der Kirche vorzulegen, sind diese doch hinlänglich bekannt, sondern einen »Sprung nach vorwärts« zu wagen?[77] Um *Gaudium et spes* von seinem zweiten Hauptteil her zu verstehen, bedarf es einer theologischen Hermeneutik, die den Weg von der Materialität der Fragen und Nöte der Welt zu einer theologischen Reflexion als genuin theologischen Weg ausweisen kann. Die gesamttheologisch bis heute unbeantwortete Frage (es gibt einzelne Ansätze), die *Gaudium et spes* vorgelegt hat, ist die Frage nach einer Theologie, die es nicht nur am Rand, sondern wesentlich mit ›fremdem‹ Material (die Fragen und Nöte der Welt) und ›fremder‹ Methodologie (die Konstitution nimmt vor allem die Sozialanalyse in Anspruch, was hinsichtlich der Grundsatzfrage exemplarisch zu nehmen ist) zu tun hat und in der Befassung mit diesem ›Fremden‹ bereits Theologie ist. – All das kann hier nur angedeutet werden.

9. Theologie der Welt im Durchgang durch ihre konkreten Fragen und Nöte

Was die behandelten Einzelfragen anbetrifft, sollen die folgenden Aspekte hervorgehoben werden:

Hinsichtlich von *Ehe und Familie* lässt *Gaudium et spes* sein Eheverständnis auf dem Gedanken des Bunds gegründet sein; die Ehe ist ein Bund – und nicht primär ein Vertrag, durch den die Partner einander das Recht auf den Leib übertragen (GS 48; vgl. aber can. 1081 § 2 CIC/1917). Es wird die kirchliche Lehre vorgetragen, dass die Ehe auf die »Zeugung und Erziehung von Nachkommenschaft hingeordnet« ist, zugleich aber wird von verschiedenen Ehegütern gesprochen, die alle von größter Bedeutung sind. Die Orientierung auf Nachkommenschaft soll deswegen auch »ohne Hintansetzung der übrigen Eheziele geschehen« (GS 50). Zur zentralen Dimension der Ehe wird die Liebe erklärt; sie ist es auch, die im eigentlichen Vollzug der Ehe »in besonderer Weise ausgedrückt und verwirklicht« wird (GS 49). Die Liebe, von der die Ehe erfüllt sein soll, »geht in frei bejahter Neigung von Person zu Person, umgreift das Wohl der ganzen Person« und führt aufgrund dieser freien Bejahung des Anderen »die Gatten zur freien gegenseitigen Übereignung ihrer selbst«. Aufgrund der zentralen Bedeutung, die *Gaudium et spes* der Liebe für die Ehe beimisst, kann die Konstitution sagen: dort, wo einem Ehepaar die Erfüllung des Kinderwunschs versagt bleibt, »besteht die Ehe dennoch als volle Lebensgemeinschaft und behält ihren Wert sowie ihre Unauflöslichkeit« (GS 50).

Hinsichtlich der *Kultur* nimmt die Konstitution eine zunehmende gesellschaftliche Vernetzung der Lebensumstände der Einzelnen wahr, das Stichwort Massenkultur fällt, sowie eine Universalisierung der Kultur (GS 54). Insofern immer mehr Menschen sich aktiv in den Kulturprozess einschalten können und insofern dieser die Perspektive auf das miteinander verbundene Wohl von immer mehr Menschen öffnet, bewertet das Konzil diese Entwicklungen positiv (GS 55). Unter Kultur versteht es ein Ensemble von Grundakten, näherhin: Selbstentfaltung, Weltaneignung, Humanisierung der gesellschaftlichen Ordnung, Selbst-Ausdruck in Kunst und Wissenschaft. Insofern die Kulturarbeit des Menschen Ausführung des Schöpfungsauftrags ist, kann auch die eschatologische Hoffnung der Christen nicht gegen eine Arbeit an der Humanisierung der Welt stehen, sondern fordert zu ihr auf und stützt sie (GS 57, vgl. auch 21, 34, 39, 43). In einer gewissen Analogie zur Selbstoffenbarung Gottes in die Kulturen der Menschen hinein nimmt auch die Kirche die Kulturen in Anspruch, um das Evangelium in der jeweils annehmbaren Weise zu verkünden; die Kirche ist ihrerseits kulturproduktiv, und zwar im Vollzug ihrer Sendung – ohne dass die

Konstitution deswegen von einer eigenen christlichen Kultur sprechen würde – (GS 58); auch der Kirche obliegt es, den Freiraum der Kultur sowie die »gewisse Unverletzlichkeit«, die der Kultur unter Wahrung der Personrechte und der rechte der Gemeinschaft zukommt (GS 59), zu achten. Auch im Kontext der Thematisierung von Kultur kommt die Konstitution auf die christliche Bildung zu sprechen; bedeutsam sind einige Äußerungen über die Theologie: Diese soll interdisziplinär arbeiten; sie steht in einer doppelten Verpflichtung der Offenbarung und auch der eigenen Zeit gegenüber; vor allem aber wünscht die Konstitution eine große Zahl von Laien im Studium der Theologie. Auch die Forderung der Freiheit der theologischen Forschung – für Kleriker wie Laien – gilt es festzuhalten (GS 62).

Hinsichtlich des *Wirtschaftslebens* macht die Konstitution einige bedeutsame Ausführungen. Zurückgewiesen wird die Ideologie des Ökonomismus, der etwa die Produktivität der Wirtschaft über den ihr geziemenden Dienst am Menschen stellt (GS 64). Vom Ökonomismus unterscheidet die Konstitution die Eigengesetzlichkeit der Ökonomie; sie wird ihr genauso zuerkannt wie insgesamt der geschaffenen Wirklichkeit. Eine Reihe von Bestimmungen über das Verhältnis von Mensch und Ökonomie lässt sich dem Kantischen Grundgedanken zuordnen, dass die Menschen einander stets als Zwecke für sich und letztlich nicht als Mittel für anderes ansehen dürfen; so sagt die Konstitution, indem sie sich dem Problem der Gastarbeiter zuwendet, dass diese »nicht als bloße Produktionsmittel« behandelt werden dürfen (GS 66), was heute ebenso für die ungeheure Zahl der weltweiten Wanderarbeiter zu sagen ist. Dasselbe Kriterium wendet die Konstitution auch in ihrer Beurteilung der Automation an: Primär von Bedeutung ist, dass die Menschen Arbeit, Zugang zur (Aus-)Bildung und einen Lebensunterhalt haben. Dem genannten Kriterium entnimmt die Konstitution auch eine Definition von Arbeit: Diese ist nämlich »unmittelbarer Ausfluss der Person« (GS 67). Schon daraus leitet sich ein (Person-)Recht auf Arbeit und eine Pflicht zu gewissenhafter Arbeit ab. Die Arbeit hat aber auch eine theologische Würde; der Mensch verbindet sich durch sie »mit dem Erlösungswerk Jesu Christi selbst« (GS 67). Noch die Forderungen nach einem der Arbeit angemessenen Lohn und nach der durch den Lohn vermittelten materiellen Gewährleistung eines umfassend entfalteten Lebens – materiell, kulturell, spirituell – stehen in der Perspektive jenes Kriteriums, demzufolge es nicht geschehen darf, »dass die Werktätigen geradezu zu Sklaven ihres eigenen Werks werden«. Deutlich die Position der Arbeiter stärkend, fordert die Konstitution in großer Nähe zur Enzyklika *Mater et magistra* (AAS [1961] 408, 424, 427) und zur Soziallehre Oswald von Nell-Breunings die »aktive Beteiligung aller an der Unternehmensgestaltung (*curatio*)«; sie stützt und stärkt das Recht der Arbeiter auf Gewerkschaftsbildung und das Recht auf Streik (GS 68).

Von großer Bedeutung ist die Bewertung des Eigentums, die sich in die generelle Lehre der Konstitution über die irdischen Dinge einerseits und die Personwürde des Menschen andererseits einfügt: Dem Privateigentum übergeordnet ist, dass alle irdischen Güter zunächst einmal Gemeingut sind, als welches sie von Gott her »zum Nutzen aller Menschen und Völker bestimmt« sind (GS 69). Ihr Nutzen muss also allen zugute kommen. Damit ist der Wert der Einrichtung des Privateigentums nicht zurückgewiesen (vgl. GS 71) – es kann gewissermaßen als ein möglicher, der *conditio humana* angemessener Modus der Verbreitung des Nutzens der irdischen Güter betrachtet werden –, aber es steht in einem Verpflichtungsverhältnis. Man wird andererseits aus der Unterscheidung und Hierarchisierung von Gemeingut und Privateigentum sicher ableiten müssen, dass es irdische Güter gibt, die gewiss nicht in Privateigentum übergehen dürfen, weil von ihnen unmittelbar die Lebensgrundlage einer großen Zahl von Menschen abhängt: Wasser, Saatgutzüchtungen der Bauern, genetische Codes von Pflanzen und Tieren und auch vom Menschen. All dies und noch viel mehr steht in akuter Gefahr der Privatisierung und ökonomischen Ausbeutung, bei gleichzeitigem Ausschluss der ursprünglichen Nutznießer eines ungehinderten Zugangs oder einer ungehinderten Verfügung. Für die, die auf diesen oder anderen

Wegen vom Zugang zu den materiellen Grundlagen ihres Lebens abgeschnitten werden, kennt die Konstitution das durch alte menschliche Tradition gesicherte Recht, »vom Reichtum anderer das Benötigte an sich zu bringen« (GS 68). Aber weder dieses Recht noch die benachbarte Pflicht zur Almosenfürsorge ersetzt das Menschenrecht auf den freien Zugang zum Gemeingut der irdischen Dinge. Die dieses wichtige Kapitel abschließenden Betrachtungen zum Verhältnis von »Wirtschaft und Reich Gottes« (GS 72) sind leider schwach; es wird theologisch kaum ausreichen, die Mitarbeit der Christen im Feld der Ökonomie unter den Leitbegriff der rechten Ordnung zu stellen, da der Ordnungsgedanke an sich unzureichend ist, das *theologoumenon* der *basileia* zu fassen. Die Mitarbeit an Gerechtigkeit und Frieden in der Welt, die die Konstitution von den Christen erwartet – wird mit ihr bloß eine rechte Ordnung eingehalten oder am Reich Christi mitgearbeitet?

Hinsichtlich des *politischen Lebens* ist zunächst hervorzuheben, wie die Konstitution ihre durchgängige Wahrnehmung der menschlichen Entwicklung als ein Geschehen von universalem Zusammenhang auch hier wieder zur Geltung bringt, indem sie ein weltweites Streben nach einer neuen politisch-rechtlichen Ordnung feststellt. Dieses alle Völker erfassende Streben zielt auf den besseren Schutz der Bürger- und Menschenrechte, ist Ausdruck eines wachsenden Verlangens nach stärkerer politischer Partizipation, öffnet sich der Wahrung der Minderheitenrechte, fordert Toleranz und verlangt die Rechtsgleichheit aller Bürger (GS 73). Dass die politische Gemeinschaft im Kontext eines solchen gesellschaftlichen Strebens normativ beansprucht werden kann, hat seinen Grund darin, dass sie dem Gemeinwohl dient. Aufgrund dieser Bindung gehört die politische Gemeinschaft »zu der von Gott vorgebildeten Ordnung« (GS 74), ohne dass hiermit die Entscheidung für eine bestimmte Staatsform formuliert wäre. Dennoch wird man sagen können, dass *Gaudium et spes* mit Art. 75 das Kriterium des Gemeinwohls als am ehesten durch die Demokratie erfüllbar sieht. In einer Gesellschaft, die diesen Kriterien zugewandt ist und die deswegen in der göttlichen Ordnung steht, obliegt dem Menschen (und dem Christen) eine Pflicht zum Mitwirken; wo hingegen Gemeinwohl und staatliche Ordnung auseinander treten, erkennt *Gaudium et spes* den Staatsbürgern ein Recht auf Widerstand zu; sie sollen »sich nicht weigern, das zu tun, was das Gemeinwohl objektiv verlangt« (GS 74). Das Mitwirken der Christen am politischen Leben kann nicht monolithisch geschehen; sie sollen auch untereinander Meinungsverschiedenheiten dulden (GS 75); die Konstitution führt die wichtige Unterscheidung zwischen dem politischen Handeln der Christen in eigenem Namen und im Namen der Kirche (in Verbindung mit den Hirten) ein (GS 76). Mit diesen beiden Differenzierungen trägt *Gaudium et spes* der Situation der Kirche »in einer pluralistischen Gesellschaft« Rechnung. Die Kirche sieht ihre Aufgabe in der politischen Gemeinschaft darin, die Entfaltung von Gerechtigkeit und Liebe unter den Völkern zu fördern. Indem sie das tut, fördert sie zugleich »die politische Freiheit der Bürger und ihre Verantwortlichkeit«: Indem sie ihrer religiösen Sendung nachkommt, wirkt die Kirche notwendig ins Politische hinein. Um ihrer Sendung gerecht werden zu können, darf die Kirche mit keiner politischen Gemeinschaft verwechselbar sein. Die Konstitution geht so weit, hieraus die Notwendigkeit der Unterscheidung oder Trennung von Staat und Kirche abzuleiten – bis hin zu jener Verzichtserklärung, derzufolge die Kirche »ihre Hoffnung nicht auf Privilegien« setzt, sondern »auf die Ausübung von legitim erworbenen Rechten verzichten [wird], wenn feststeht, dass durch deren Inanspruchnahme die Lauterkeit ihres Zeugnisses in Frage gestellt ist«.

Die vorhin angesprochene Linie von *Gaudium et spes*, die Entwicklungen in der Welt von heute selber wiederum im Weltmaßstab wahrzunehmen, mündet in das fünfte Kapitel des zweiten Hauptteils, das dem *Frieden und dem Aufbau der Völkerfamilie* gewidmet ist. Die Hochschätzung des Friedens als stets neu zu erbringendes »Werk der Gerechtigkeit« (Jes 32,17) und als »Frucht der Liebe«, sowie die grundsätzliche

Ablehnung des Kriegs, die bis zur Respektsbezeugung denen gegenüber geht, die sich aller Gewaltmittel entschlagen und zum Maßstab ihrer Verteidigung machen, was den jeweils Schwächeren zu Gebot steht – dies alles sieht die Konstitution zum Bild geworden in Jesus Christus, der am Kreuz Hass und Feindschaft »an seinem Leib« (»in seiner Person«) getötet hat, wie in Anlehnung an Eph 2,16 formuliert wird (GS 78). Da die gegebene Weltsituation den Krieg nicht ausschließt, sondern kennt, formuliert *Gaudium et spes* einige Schlussfolgerungen aus jener Ablehnung des Kriegs für eine Welt unter den Bedingungen des Kriegs. Wie kann in Zeiten des Kriegs die Option des Friedens geltend gemacht werden? – In der Erinnerung der bleibenden Gültigkeit des Völkerrechts, in der entschiedenen Verurteilung von Völkermord und Ausrottung von Minderheiten, in der Bekundung »höchster Anerkennung« für die Verweigerung verbrecherischer Befehle, im Geltendmachen bestehender internationaler Konventionen, in der Betonung des Rechts auf Wehrdienstverweigerung, in der Charakterisierung des Militärdiensts als Dienst an der »Sicherheit und Freiheit der Völker«, was mit einschließt, dass »das Recht auf sittlich erlaubte Verteidigung einer Regierung« nicht abgesprochen werden kann (GS 79). Man möchte meinen, dass sich aus den Grundoptionen von *Gaudium et spes* die in Art. 80 formulierte Verurteilung des totalen Vernichtungskriegs zwanglos ergibt; es haben aber US amerikanische Konzilsväter (Kardinal Spellman, Kardinal Shehan, Erzbischof Hannan) in einem Akt falschen Patriotismus' (die USA sind in Vietnam) gemeint, gegen diesen Artikel agitieren zu müssen.

Der Aufbau der Völkergemeinschaft dient der Durchsetzung des Friedens, indem er durch den Abbau von Ungerechtigkeiten zwischen den Menschen und Völkern vorangetrieben wird und durch die Stärkung und Weiterentwicklung der internationalen Organisationen; *Gaudium et spes* denkt hier an die Organisationen und Werke der Vereinten Nationen, aber auch an das, was man heute Nichtregierungsorganisationen nennt (GS 83f). Die Christen stehen, als Glieder einer weltumspannenden Kirche, in der Pflicht zur Mitarbeit, aber auch die Kirche als Institution, weswegen es als zweckmäßig angesehen wird, ein Institut der Gesamtkirche für die Verbreitung von Gerechtigkeit und Liebe zu schaffen, was mit der Einrichtung des Sekretariats für soziale Gerechtigkeit 1966 geschieht.

10. Schlussreflexion

Abschließend betont die Konstitution, dass sie den »Schatz der kirchlichen Lehre« in den Dienst der Menschen dieser Zeit, »ob sie an Gott glauben oder ihn nicht ausdrücklich anerkennen«, stellen will, in den Dienst der Gestaltung der Welt »entsprechend der hohen Würde des Menschen« (GS 91). Hier wird noch einmal deutlich, dass nach dem Verständnis von *Gaudium et spes* eine Selbstvergewisserung der Kirche auf den Umweg durch die Welt angewiesen ist. Dieser Umweg wird vom Selbstverständnis der Kirche gefordert. Das solchermaßen der Sendung der Kirche entsprechende Engagement für die bzw. in der Welt führt die Kirche an die Seite aller, die dieses Engagement teilen: an die Seite der getrennten christlichen Geschwister, der Gläubigen in nichtchristlichen Religionen, aber auch an die Seite jener, die »die hohen Güter der Humanität pflegen, deren Urheber aber noch nicht anerkennen«, schließlich gar in den Dialog mit den Gegnern der Kirche (GS 92). Als eine Adresse an die Zweifler in den eigenen Reihen muss verstanden werden, wenn die Konstitution, Mt 7,21 zitierend, sagt: »Nicht alle, die sagen ›Herr, Herr‹, werden ins Himmelreich einkehren, sondern die den Willen des Vaters tun« (GS 93).

Es entspricht der Größe dieses Texts – er hat hierin den Geist Johannes' XXIII. authentisch bewahrt –, dass er den eigenen Reichtum in die Perspektive dessen stellt, »der Macht hat, gemäß der in uns wirkenden Kraft weitaus mehr zu tun als alles, was wir erbitten und ersinnen« (GS 93; Eph 3,20). Indem die Konstitution Gott die Ehre gibt, gibt sie ihren Reichtum als Schatz seiner Gabe zu verstehen: Sie legt keine Agenda der

Machbarkeit vor, sondern präsentiert den Reichtum des von Gott Ermöglichten. Nicht zurückgenommen, sondern begründet wird durch diese Schlussgeste, mit der die Konstitution ihr Verdanktsein zum Ausdruck bringt, die den gesamten Text tragende *Freude der Hoffnung*. Sie wird als in Gottes Hinwendung zur Welt und den Menschen gründend gedeutet; sie artikuliert sich in jener Sorge um die Welt, in der die Kirche sich gemäß der Botschaft von *Gaudium et spes* zu vollziehen hat.[78]

Das Dekret über Dienst und Leben der Priester *Presbyterorum ordinis*

1. Zur Textgeschichte

Die Vorbereitungskommission erarbeitet unter ihrem Präsidenten Kardinal Pietro Ciriaci, der auch Präfekt der Konzilskongregation ist, drei Schemata, die von der Konziliaren Kommission zu einem Schema *De Clericis* (*Über die Kleriker*) verarbeitet werden, das am 9.3.1963 vorgelegt wird. Eine überarbeitete Fassung wird an die Konzilsväter verschickt, deren Anmerkungen bis zum 1.10.1963 eintreffen. Diese werden eingearbeitet, und ein neues Schema *De Sacerdotibus* (*Über die Priester*) entsteht. Dem Vorschlag, man möge eine Theologie des Priestertums in den Text aufnehmen, folgt die Kommission mit der Begründung nicht, dass dies einen Übergriff in die deutlich lehrmäßig orientierte Arbeit der Kommission der Kirchenkonstitution bedeuten würde. Gleichwohl will man dem stark auf Fragen der Disziplin ausgerichteten und deswegen juridisch gefärbten Text des Schemas ein pastoraleres und theologischeres Profil geben.

Am 23.1.1964 fällt die Koordinierungskommission die Entscheidung, das Schema möge auf wenige Leitsätze reduziert werden, eine Maßnahme, die, wie gesehen, mehrere Schemata betrifft. Bereits im März kann dieselbe Kommission einen Text von zehn Leitsätzen billigen, worauf dieser an die Väter verschickt wird, die vor Beginn der III. Sitzungsperiode schriftliche Anmerkungen einreichen. Deren Einarbeitung führt zu einer Erweiterung des Texts auf zwölf Leitsätze. Erst in dieser Phase der Textentstehung findet übrigens, veranlasst durch eine gemeinsame Erklärung der deutschen und skandinavischen Bischöfe, der Gedanke Eingang in das Schema, dass Priester und Laien vor aller Unterscheidung gemeinsam Glieder der einen christlichen Gemeinschaft sind (vgl. hierzu im Endtext PO 9). Die nun vorliegende, arg reduzierte Textfassung lässt den Vorschlag aufkommen, zusätzlich eine Botschaft an die Priester (ohne den Rang eines konziliaren Dekrets) zu verfassen, was die Koordinierungskommission billigt. Doch dazu kommt es nicht: In der am 13.10.1964 beginnenden ersten Debatte des Texts in der Konzilsaula setzt sich schnell die Forderung nach Ausarbeitung eines wirklichen Schemas durch, woraufhin der Text zur völligen Überarbeitung an die Kommission zurückgegeben wird. Den daraufhin entstandenen, völlig neu erarbeiteten Text erhalten die Väter am 10.11.1964, einen Tag vor Ende der III. Sitzungsperiode. Wiederum ändert sich die Bezeichnung des behandelten Gegenstands: Nicht mehr die Kleriker, aber auch nicht mehr die Priester schlechthin, sondern die Presbyter, sie bilden gewissermaßen die zweite Stufe des Priesterstands, werden im Titel genannt: *De Presbyterorum*. Eine weitere bedeutende Änderung: Zunächst handelt der Text nun vom Dienst und erst dann vom Leben der Priester, um deutlich zu machen, dass das Priesteramt nicht um seiner selbst oder der Empfänger, sondern um der Anderen willen verliehen wird.

Wiederum kommt es zu etlichen Anmerkungen und Ergänzungsvorschlägen der Väter. Bevor freilich in der Aula die Debatte dieses Texts am 14.10.1965 aufgenommen wird, kommt es zu einem Brief Pauls VI., in dem er die Väter auffordert, die Frage des Zölibats nicht in der öffentlichen Sitzung zu behandeln. Es haben nämlich vor allem brasilianische Bischöfe die Initiative ergriffen, die Möglichkeit einer Öffnung des Zugangs zur Priesterweihe (unter bestimmten Bedingungen und aus bestimmten Gründen) auch für verheiratete Männer zu debattieren. Dazu kommt es also nicht, aber zu der weiter unten in diesem Kapitel skizzierten theologischen Einschätzung des Zölibats (vgl. unten das in Abschnitt 4 zu PO 16 Gesagte). In der Debatte findet der Text überwiegend positive Resonanz; Kardinal Léger bemängelt das Fehlen der Entfaltung einer den Priestern wirklich gemäßen Spiritualität (vgl. hierzu die Schlussreflexion).

Am 16.10.1965 wird das in manchem leicht veränderte Schema als Basis einer abschließenden Überarbeitung angenommen. Am 7.12.1965, einen Tag vor Ende des Konzils, kommt es zur feierlichen Schlussabstimmung – 2390 *Placet*, vier *Non placet* – und zur Promulgierung von *Presbyterorum ordinis* durch Paul VI.

2. Die Gestalt des priesterlichen Diensts

Das Konzil äußert sich mehrfach über die Priester (vgl. SC 17–19. 129; LG 28; CD 28–32; OT). Die Bedeutung und Schwierigkeit des priesterlichen Diensts lässt den Konzilsvätern aber ein eigenes Dekret notwendig erscheinen (PO 1). Es ist in engem Zusammenhang mit den Debatten um die Kirchenkonstitution entstanden. Deswegen überrascht es nicht, dass *Presbyterorum ordinis* seine Darlegungen zum Priesterstand mit einer Erinnerung an das gemeinsame Priestertum aller Glaubenden beginnt: »Es gibt darum kein Glied [der Kirche], das nicht Anteil an der Sendung des ganzen Leibs hätte« (PO 2; vgl. LG 10). Diesem wird der amtliche Dienst in Vermittlung durch die paulinische Lehre der verschiedenen Dienste und Charismen (Röm 12,4; 1Kor 12,4–31a) eingefügt. Innerhalb der Ordnung des besonderen Priestertums wiederum haben die Priester »in untergeordnetem Rang« an Weihe und Sendung des Bischofs Anteil. Diese Zuordnung entspricht der Lehre, derzufolge in der Bischofsweihe die Fülle des Weihesakraments gegeben ist (vgl. LG 26; CD 15). Dieselbe Zuordnung erschwert allerdings eine Akzentuierung der eigenen Sendung der Priester (vgl. PO 13).

Als erstes Element des priesterlichen Diensts nennt das Dekret den *Dienst am Evangelium*, der zugleich als Dienst an der Einheit des Gottesvolks identifiziert wird (PO 2). Die Verkündigung des Evangeliums ist eine Hauptaufgabe des Priesters, denn das »Volk Gottes wird an erster Stelle geeint durch das Wort des lebendigen Gottes (PO 4). In Ausübung dieses Diensts am Wort sind die Priester Mitarbeiter der Bischöfe; sie üben in der Verkündigung gleichsam ein priesterliches Lehramt aus. Wenn aber das Dekret den Auftrag, das Wort Gottes zu lehren, mit der Mahnung an die Priester verbindet, niemals ihre eigenen Gedanken vorzutragen (PO 4), zeigt sich hierin ein verblüffendes Missverstehen des Wesens der Verkündigung, die doch als personal zu vertretendes Zeugnis und nicht automatenhaft geschehen soll. Ein Verbot der Artikulierung der Botschaft vermittels eigener Gedanken und Worte wird überdies im Text selbst faktisch wieder aufgehoben, indem die Verkündiger aufgefordert werden, das Wort Gottes »nicht nur allgemein und abstrakt« darzulegen, sondern »die ewige Wahrheit des Evangeliums auf die konkreten Lebensverhältnisse« anzuwenden. Die

Bedeutung, die das Dekret der Wortverkündigung beimisst, äußert sich auch in einer eigenen Würdigung des Wortgottesdiensts; er ist auch Ort der Belehrung über die sakramentale Praxis, deren *verständig*-gläubigen Mitvollzug das Dekret als notwendig erachtet. Vor allem aber sind die »Sakramente Geheimnisse des Glaubens, der aus der Predigt hervorgeht und durch die Predigt genährt wird« (PO 4).

Das Dekret sieht das Dienstamt des Priesters seine Vollendung in der Feier der Liturgie finden (PO 2). In der Liturgie vor allem erfüllt der Priester seine *Heiligungsaufgabe* (PO 5). Auch in der Feier der Sakramente wird die Verbindung des Priesters zum Bischof manifest; wie *Lumen gentium* 28 spricht auch *Presbyterorum ordinis* 5 davon, dass die Priester in der Feier der Sakramente den Bischof – insofern er in Bezug auf seine Ortskirche die Einheit der Kirche bezeichnet – »gewissermaßen gegenwärtig« machen. Eine solche Sprache rückt den Bischof in eine große Nähe zum in den Sakramenten sich gegenwärtig setzenden Christus selbst. Auch wenn diese Nähe durch den Rückgriff auf die Amtstheologie des Ignatius von Antiochien vorgeprägt ist,[79] bedarf sie der Aufklärung hinsichtlich der wesentlichen Differenz zwischen dem Bischof und Christus, womöglich bis hin zum gänzlichen Verzicht auf eine solche Rede vom Gegenwärtigmachen des Bischofs im Vollzug der Sakramente: Wenn man sagt, dass in den sakramentalen Vollzügen Christus sich gegenwärtig setzt und zugleich mit sagt, dass die kirchliche sakramentale Praxis Selbstvollzug der Kirche ist, so ist der Betonung des Handlungsanteils der einen Kirche am jeweiligen sakramentalen Geschehen Genüge getan – und ohnehin schon in einer das ökumenische Verhältnis strapazierenden Sprache.[80]

Hinsichtlich des *Hirtenamts* der Priester trifft das Dekret die bemerkenswerte (wenn auch theologisch gebotene) Aussage, dass die Priester in Ausübung ihres Hirtenamts jeden Gläubigen »zur Entfaltung seiner persönlichen Berufung nach den Grundsätzen des Evangeliums, zu aufrichtiger tätiger Liebe und zur Freiheit, zu der Christus uns befreit hat«, verhelfen soll (PO 6). Wiederum begegnet der Gedanke, dass das Leitungsamt seinen Sinn darin hat, den Gläubigen bei der Entfaltung ihrer personalen und religiösen Selbständigkeit zu unterstützen (vgl. LG 37). Es soll also nicht entmündigen, sondern ein Hilfsinstrument zur Gewinnung von Mündigkeit sein: »Noch so schöne Zeremonien und noch so blühende Vereine nutzen wenig, wenn sie nicht auf die Erziehung der Menschen zu christlicher Reife hingeordnet sind.« – Nicht nur vor diesem Hintergrund gewinnt die Mahnung des Dekrets ihre Bedeutung, dass die Priester, wiewohl sie sich der Welt nicht gleichmachen sollen, aufgrund ihrer Weihe und Sendung berufen sind, »auch nicht von irgendeinem Menschen getrennt zu werden«; vielmehr sollen sie »in dieser Welt mitten unter den Menschen leben« (PO 3).

3. Der Priester im Kontext seiner Beziehungen

Das Dekret wendet sich noch einmal ausdrücklich der Beziehung der Priester zu den Bischöfen, ihren Amtsbrüdern und der Laien zu. Hinsichtlich des *Verhältnisses zu den Bischöfen* kommt zum bisher schon Gesagten hinzu, dass die Bischöfe die Priester »als ihre notwendigen Helfer und Ratgeber im Dienstamt der Belehrung, der Heiligung und der Leitung des Gottesvolks« und »als ihre Brüder und Freunde« betrachten sollen (PO 7). Das Dekret empfiehlt die Schaffung eines Priesterrats beim Bischof. – Hinsichtlich der *Beziehung zu den anderen Priestern* spricht der Text von einer Verbundenheit »in inniger sakramentaler Bruderschaft« (PO 8). In einer Aufzählung der Aufgaben der Priester wird auch die Teilhabe am Los der Arbeiter durch die Verrichtung von Handarbeit genannt, womit der Text den Dienst der Arbeiterpriester würdigt und ihr Verbot durch Papst Pius XII. (1954) stillschweigend zurücknimmt. – Hinsichtlich der *Beziehung zu den Laien* erinnert das Dekret daran, dass die Priester mit ihnen zusammen »Jünger des Herrn« und durch die Taufe »Brüder unter Brüdern« sind (PO 9). Gewissermaßen stehen geblieben und mit dem soeben gezeichneten Bild der Geschwisterlichkeit zwischen Priestern und Laien nicht vereinbar ist die Aufforderung an die Laien, »ihren Hirten und Vätern in Kindesliebe verbunden« zu sein.

Dass die Laien an den Sorgen und Nöten der Priester Anteil nehmen und ihnen helfen sollen, entspricht wiederum der Geschwisterlichkeit, insoweit jedenfalls diese Weisung auf dem Prinzip der Gegenseitigkeit beruht. – Hinsichtlich der *Priesterberufungen* bevorzugt das Dekret eine wohltuend nüchterne Betrachtungsweise; der Ruf zum Priestertum wird »nicht auf außerordentliche Weise den zukünftigen Priestern zu Ohren« gelangen, sondern »aus Zeichen zu ersehen und zu beurteilen [sein], durch die auch sonst der Wille Gottes einsichtigen Christen im täglichen Leben kund wird« (PO 11).

4. Das Problem einer Spiritualität der priesterlichen Existenz

Die ungeheure Spannung, in der die priesterliche Existenz sich heute vollzieht, dokumentiert das Dekret (ungewollt) in der Behandlung des Lebens der Priester. Da ist als der eine Pol das Ideal eines sakramentalen Priestertums, dementsprechend die durch ihre Weihe vermittelte Gleichförmigkeit mit Christus sich im priesterlichen Leben als immer größere, individuell verwirklichte Heiligkeit auszeitigen soll (PO 12); auf der anderen Seite steht der Pol des realen pfarrlichen Lebens in Hektik und Zersplitterung. Indem das Dekret vor einem Leben in betriebsamer Zerrissenheit warnt (PO 14), zeichnet es ein präzises Bild der Realität. Zwischen diesen Polen sollen die Priester einen eigenen Weg zur Heiligkeit, eine eigene Spiritualität entwickeln. Diese soll ihren Ausgang von der aufrichtigen und unermüdlichen Ausübung der priesterlichen Ämter nehmen (PO 13). Sicherlich ist es richtig, das Fundament einer Spiritualität in dem zu gründen, was ohnehin aufgrund der jeweiligen Sendung das alltägliche Tun ausfüllt, jedoch ist damit noch nicht allzu viel gesagt, bestenfalls einer schädigenden Esoterik gewehrt. Die Frage einer eigenen, also weder an das monastische noch an das Laienleben sich anlehnenden Spiritualität der Weltpriester dürfte eine der größten Nöte heutiger priesterlicher Existenz sein.

Wie schon *Lumen gentium*, bemüht sich auch *Presbyterorum ordinis* um eine Neufassung des Gehorsamsgedankens auf der Basis des neuzeitlich-modernen Freiheitsdenkens (PO 15; vgl. LG 42). Gehorsam verliert den Ruch der Selbstdemütigung und der Einwilligung in Verknechtung und Ausbeutung: Zunächst wird der Verzicht auf den eigenen Willen als Forschen nach dem jeweiligen Willen Gottes aufgefasst. Von diesem religiösen Gehorsam ist noch einmal der kirchliche Gehorsam (nicht zu trennen, aber) zu unterscheiden; von ihm heißt es, dass die Priester den Leitern »verantwortungsbewussten und freien Gehorsam« entgegenbringen sollen. Wenn dennoch einschränkungslos von einem Gehorsam gegenüber den Vorschriften der Kirchenoberen die Rede ist, ja sogar davon gesprochen wird, dass die Priester »gern« alles hingeben und sich selbst dazu, dann wird dieser Gehorsam doch wieder mit der »je reiferen Freiheit der Kinder Gottes«, die er hervorbringt, in Verbindung gebracht. Dadurch aber wird die Freiheit zum Kriterium des Gehorsams erklärt: Der Gehorsam, von dem hier die Rede ist, muss jener sein, der die Freiheit befördert. Vollends wird dies durch den Rückverweis auf den Gehorsam Jesu deutlich: Wer hat unbefangener, freier gegenüber jeder irdischen Autorität gehandelt als Jesus in seinem Gehorsam zum Vater?

Die Spur der evangelischen Räte weiter verfolgend, handelt das Dekret von der Bedeutung der Keuschheit im priesterlichen Leben (PO 16). Hier ist festhaltenswert, dass *Presbyterorum ordinis* den Zölibat als »in vielfacher Hinsicht dem Priestertum angemessen«, aber »nicht vom Wesen des Priestertums selbst gefordert« ansieht; es verweist auf die andere frühchristliche Praxis und auf die Tradition der Ostkirche, in der es »hoch verdiente Priester im Ehestand gibt«. Für den Zölibat werden also Konvenienzgründe geltend gemacht, von welchen grundsätzlich gilt, dass sie »in ihrem Gewicht mit den Erfordernissen einer Zeit, eines Landes, mit der realen Möglichkeit, einen genügend großen Klerus zu finden, immer wieder verglichen werden müssen«.[81]

Schließlich sich dem Rat der Armut zuwendend, ruft das Dekret die Priester auf, die »irdischen Güter als Geschenke

Gottes zu würdigen« (PO 17). Dieser Würdigung wird ein realer Ort zugewiesen, nämlich »der freundschaftliche und brüderliche Verkehr untereinander und mit den übrigen Menschen«. Sich diesen Gütern nicht in falscher Weise zu verbinden, wird als Gewinnung von Freiheit aufgefasst. Der Rat der Armut ist also, wie auf ihre Weise auch die Räte des Gehorsams und der Keuschheit, ein Rat der Freiheit.

Im Rahmen einiger Hinweise zur Unterstützung des geistlichen Lebens der Priester erklärt das Dekret die wissenschaftliche Weiterbildung und die stets zu vervollständigende allgemeine Bildung der Priester für notwendig.

5. Schlussreflexion

Abschließend zeichnet das Dekret die Situation der Priester weder idealistisch noch auferlegt es ihnen eine Haltung des Heroismus. *Presbyterorum ordinis* spricht unverblümt von der Erfahrung der Vergeblichkeit seelsorglichen Bemühens und der Einsamkeit priesterlicher Existenz, von der daraus entstehenden Mutlosigkeit (PO 22). Wenn das Dekret im Anschluss an diese nüchterne Diagnose auf die johanneische Theologie der Hingabe des Sohns durch den Vater zu sprechen kommt (vgl. Joh 3,16), zielt es damit nicht auf die soteriologische Induzierung einer Opferhaltung. Vielmehr will es den Zuspruch wagen, dass der Einsatz der Priester für die Menschen und für die Welt auch dann seine Rechtfertigung hat, wenn nicht nur kein sichtbarer Erfolg zu verbuchen ist, sondern die Situation eigentlich keinen Grund zur Hoffnung bietet, ja sogar jedem Hoffnungsgrund widerspricht. Die Hingabe Jesu (als Handeln des Sohns und des Vaters) erscheint in der knappen Skizze des Dekrets nicht unter dem Leitmotiv des Opfers – so dass *Presbyterorum ordinis* durch diese soteriologische Meditation auch von den Priestern nicht Opfer fordert –, sondern als realsymbolische Gegenwärtigsetzung der Hoffnung in einer Situation der Hoffnungslosigkeit. In diesem Sinn, so der Zuspruch des

Dekrets, mögen sich die Priester ermutigt wissen. Vielleicht kann diese Schlussreflexion von *Presbyterorum ordinis* als geeigneter Ausgangspunkt zur Entwicklung einer seelsorglichen Spiritualität genommen werden, die freilich nicht exklusiv wäre, sondern als eine Akzentuierung im Kontinuum gemeinchristlicher Spiritualität zu gelten hätte.

Das Dekret über die Missionstätigkeit der Kirche *Ad gentes*

1. Zur Textgeschichte

Die Vorbereitungskommission, ihr Präsident ist der Präfekt der Propagandakongregation, Kardinal Grégoire-Pierre Agagianian, nimmt ihre Arbeit im Oktober 1960 auf.[82] Bis Anfang Februar 1962 ist ein erstes Schema erstellt, das eigentlich aus sieben Einzelschemata besteht, die lose zu Kapiteln zusammengefügt sind. Fünf der sieben Einzelthemen werden der Zuständigkeit der Missionskommission entzogen und anderen Schemata zugeordnet. Dies gilt etwa für die Themenbereiche der Disziplin (der Kleriker und des Volks) sowie für die Liturgie. Erst nach Ende der ersten Sitzungsperiode beginnt die Konziliare Kommission (wiederum unter Kardinal Agagianian) mit der Arbeit an einem neuen Schema; die Kommission zeigt sich als gespalten, die Arbeit gestaltet sich kontrovers. So liegt ein zweiter Entwurf (Schema B) erst Anfang Juni 1963 vor, wird von der Koordinierungskommission kritisch aufgenommen und nochmals überarbeitet den Vätern zugeschickt. Weil die zurücklaufende Kritik der Väter massiv ist und die nach wie vor bestehenden Spannungen in der Kommission wieder aufbrechen, wird eine Neuabfassung unvermeidlich. Sie liegt am 3.12. unter dem Titel *De Missionibus* vor und wird wiederum an die Väter verschickt. Anfang 1964 lässt die Zentralkommission den Beschluss verlautbaren, dass alle bislang noch nicht in der Aula debattierten Schemata auf wenige Vorschläge (*propositiones*) und Leitsätze zu reduzieren sind. Dies bedeutet für die Missionskommission einen paradoxen Arbeitsauftrag, denn sie muss nun einerseits kürzen und andererseits die Anmerkungen der Väter einarbeiten. Am 13.5. liegt ein reduziertes Schema unter dem neuen Titel *De activitate missionali Ecclesiae* vor (Schema C), das am Ende vierzehn Leitsätze umfassen wird. Am 6.11.1964, am Tag der Eröffnung der Debatte, erscheint Paul VI. in der Aula, ein präzedenzloser Vorgang, und hält eine kurze Ansprache, in der er das Schema zur Annahme empfiehlt. Maßgeblich beeinflusst durch eine Intervention von Kardinal Frings am Folgetag, wird das Rumpfschema von den Vätern abgelehnt und die Erarbeitung eines vollgültigen Dekrets gefordert. In Klausur in einem Haus der Steyler Missionare in Nemi bei Rom erarbeitet die Kommission Mitte bis Ende Januar 1965 einen neuen Entwurf, der im Juni den Vätern vorgelegt wird (Schema D). Die Debatte über diesen Text beginnt am 7.10., nach Abschluss der Debatte über *Gaudium et spes*. Sie führt zu seiner Annahme als Grundlage für eine letzte Überarbeitung. Die daraufhin revidierte Fassung (Schema D 2) geht am 9.11. an die Väter, die wiederum eingebrachten Modi werden eingearbeitet, ohne dass es zu substantiellen Änderungen an den bereits approbierten Kapiteln kommen darf. In der feierlichen Schlussabstimmung am 7.12.1965 stimmen 2394 Väter *Placet*, fünf *Non placet*. Am selben Tag wird das Dekret über die missionarische Tätigkeit der Kirche *Ad gentes* von Paul VI. promulgiert.

2. Zur Grundlegung einer Theologie der Mission

Auch das Missionsdekret ist im Zug der Überarbeitungsgeschichte seiner Entwürfe zunehmend in Anlehnung an die im Entstehen befindliche Kirchenkonstitution erarbeitet worden. Wenn es deswegen gleich im Eröffnungssatz *Lumen Gentium* 48 mit der ekklesiologischen Grundaussage zitiert, das die Kirche »das umfassende Sakrament des Heils« ist (AG 1), dann bezeichnet es damit auch den missionarischen Wesenskern de Kirche; es macht die Kirche in ihrem Wesen aus, zu den Völkern (*ad gentes*) gesandt zu sein, und zwar zu ihrem Heil.

Auf der Basis, die in diesem bedeutungsvollen Eröffnungssatz gelegt ist, ruht auch die theologische Grundlegung der Mission auf, mit der das erste Kapitel des Dekrets befasst ist (AG 2–9). Dass die »pilgernde Kirche« ihrem Wesen nach missionarisch *ist*, also Mission nicht (neben anderem) betreibt, dass sie – so übersetzt *Ad gentes* das Wort »missionarisch« – »als Gesandte unterwegs« ist, begründet der Text an dieser Stelle nicht durch einen Rekurs auf die neutestamentlichen, nachösterlichen Missionsaufträge (vgl. Mk 16,15f; Mt 28,19f;

Lk 24,47f; Apg 1,8), sondern in dem heilshaft der Welt und den Menschen sich zuwendenden Gott selbst, darin nämlich, dass die Sendung der Kirche »ihren Ursprung aus der Sendung des Sohns und der Sendung des Heiligen Geists« herleitet (AG 2). Die missionarische Sendung der Kirche zu den Völkern entspringt also »dem Liebeswollen des Vaters« (*caritas Dei Patris*). In dieser Herleitung ist zugleich der Maßstab jedes missionarischen Selbstvollzugs der Kirche zu sehen. Gottes liebender Wille zur heilvollen Selbstvergegenwärtigung unter den Menschen lässt sich nicht auf eine nur innerliche Wirklichkeit begrenzen, auch kann seine Gegenwart nicht gewissermaßen das Ergebnis religiös-menschlicher Bemühungen sein, wenn durch diese auch die Menschen für die Frohbotschaft geöffnet werden können, sondern Gott will *selbst* in die *Öffentlichkeit* der menschlichen Geschichte eintreten (AG 3). Deswegen kann das Dekret auch sagen, dass die Kirche als sichtbare Gemeinschaft in der Intention dieses Liebeswollens Gottes liegt (AG 2). Zentrum dieser Gemeinschaft ist aber nicht sie selbst, sondern Jesus Christus als jene »neue und endgültige Weise« des Eintritts Gottes in die Geschichte. Die Kirche gründet aber nicht nur in der Sendung des Sohns, sondern auch in der Sendung des Heiligen Geists; durch diese letztere Gegründetheit wird die Kirche als das sichtbare und (von Gott her) dauerhafte Fortbestehen der in Jesus Christus zum geschichtlichen Ereignis gewordenen Liebeszuwendung des Vaters in der und durch die Geschichte bezeichnet (AG 4). – Hinsichtlich der fundamentaltheologisch und dogmatisch einschlägigen Frage nach der Art und Weise, wie die begründende Rückführung der Kirche auf Jesus Christus theologisch durchgeführt werden kann, gibt das Dekret einen wichtigen Hinweis, indem es die Gründung der Kirche als Tat des Auferstandenen (vor seiner Entrückung) auffasst (AG 5).

3. Die missionarische Situation

Die Mission, die also Aufgabe der Kirche in allen ihren Selbstvollzügen und auf allen Ebenen ihrer institutionellen Struktur ist, wird näher durch die zwei Handlungskomplexe der Verkündigung des Evangeliums und der Einpflanzung der Kirche bestimmt (AG 6). Die missionarische Situation wird nicht aus der Sendung der Kirche abgeleitet, sondern als Aufeinandertreffen dieser kirchlichen Sendung und einer konkreten, kulturell-gesellschaftlich-geschichtlich bestimmten Konstellation aufgefasst. Diese Konstellation kann so geartet sein, dass die Kirche, wiewohl sie »die Gesamtheit oder die Fülle der Heilsmittel umgreift« – und zwar nicht aus eigener Autorität, sondern aufgrund der Treue des vermittels ihrer sich in die Geschichte hinein zusagenden Gottes –, das Evangelium Jesu Christi nicht in der ihr erschlossenen Ausdrücklichkeit vorlegen kann (AG 6). Die Art und Weise des missionarischen Selbstvollzugs der Kirche wird also mit bestimmt von der jeweiligen kulturell-gesellschaftlich-geschichtlichen Konstellation. Wenn aber auch in den »Anfängen und Stufen« missionarischer Tätigkeit jeweils die Kirche sich selbst vollzieht, spricht nichts dagegen, dass auch in diesen weniger expliziten Weisen der Verkündigung die Heilsmittel der Kirche ganz präsent sind, nur eben in jeweils ›kontextueller Verhüllung‹. Also wird das auch dann gelten, wenn die Missionare in Würdigung der jeweiligen Situation »klug und zugleich mit großem Vertrauen wenigstens Zeugnis ablegen für die Liebe und Güte Christi und so … ihn in gewissem Sinn gegenwärtig werden lassen«. Womöglich ist in dieser nicht individualistisch einzuengenden, sondern durchaus die Kirche insgesamt einschließenden Zeugnisgabe ein Weg der missionarischen Präsenz der Kirche in den so genannten spätmodernen Gesellschaften, also bei uns, zu sehen. Im Sinn des Missionsdekrets wäre dies zwar keine endgültige, aber auch keine reduktive, sondern eine vollgültige (wenn auch gewissermaßen verhüllte) Weise kirchlicher Selbstvergegenwärtigung. Deren Nicht-Endgültigkeit markiert das

Dekret durch den Hinweis, dass Gottes Heilswille auf sichtbare Gegenwart in der Geschichte hindrängt, deren verfasster Ausdruck Taufe und Kirche sind (AG 7). Dass die Kirche wohl die Fülle der Heils*mittel*, nicht jedoch die Fülle des Heils selbst hat, kommt in der theologisch wichtigen Aussage zum Tragen, dass Gott auch jene Menschen, die »das Evangelium ohne ihre Schuld nicht kennen, auf Wegen, die er weiß, zum Glauben führen kann«: auf Wegen also, welche die Kirche nicht kennt (sondern nur Gott), die deswegen auch nicht mit dem Weg, der die Kirche ist, zusammenfallen. Theologisch nicht eingeholt ist hier freilich, wie ein solches Zum-Glauben-Kommen ohne Verkündigung des Worts Gottes, die ja den Glauben hervorruft und nährt (vgl. PO 4), gedacht werden kann.

In großer Nähe zur Pastoralkonstitution (vgl. GS 42f.) spricht das Dekret von einem gleichsam natürlichen Nutzen der missionarischen Tätigkeit für die Menschen, insofern »das Evangelium in der Geschichte, auch der profanen, den Menschen ein Ferment der Freiheit und des Fortschritts« war und »sich immerfort als Ferment der Brüderlichkeit, der Einheit und des Friedens dar[bietet]« (AG 8). Die Kirche selbst steht dafür ein, insofern sie ethnische, kulturelle und politische Grenzen wesentlich überschreitet und deswegen nirgendwo fremd sein kann.

Durch die große Zahl derer, die das Evangelium »noch nicht oder doch kaum vernommen haben« (AG 10) – oder nicht in adäquater Weise –, sieht sich die Kirche dazu aufgefordert, in allen diesen Gruppen gegenwärtig zu sein, indem sie die jeweiligen kulturellen und religiösen Traditionen kennen lernt und »mit Freude und Ehrlichkeit … die Saatkörner des Worts« aufspürt, »die in ihnen verborgen sind«. Nicht usurpatorisch soll die Kirche also auftreten, sondern die Reichtümer in diesen Kulturen kennen lernen, im Licht des Evangeliums erhellen und befreien (AG 11). In Entsprechung zur Praxis Jesu soll die Kirche vor allem bei den Armen und Leidenden gegenwärtig sein. »Sie nimmt an ihren Freuden und Schmerzen teil; sie weiß um die Erwartungen und die Rätsel des Lebens, sie leidet mit in den Ängsten des Tods. Denen, die Frieden suchen, bemüht sie sich in brüderlichem Gespräch zu antworten, indem sie ihnen Frieden und Licht aus dem Evangelium anbietet« (AG 12). Mit solchen Aussagen über die geschwisterliche, prosoziale *compassion* als hervorragende Weise kirchlicher Präsenz unter den Menschen richtet das Dekret einen eindrucksvollen Maßstab für den kirchlichen Selbstvollzug in der Welt auf. Die darauf fußende kirchliche Praxis soll sich auch auf alle Entwicklungs- und Befreiungsanstrengungen der Menschheit richten, freilich ohne je sich in die Leitung der Staatswesen einzumischen.

Die Verkündigung, als welche sich, wie gesehen, die Mission einesteils vollzieht, wird im Folgenden in ihrer öffnenden und zur Umkehr herausfordernden Wirkung bei den Adressaten, so sie sie annehmen, betrachtet (AG 13). Bezogen auf die vertrauten Lebenskontexte solcher Menschen, die das Christentum annehmen, gehen mit ihrer Umkehr (oder Bekehrung) Bruch und Trennung einher; die ebenfalls vermittelte und erfahrene Erfüllung (die »Freude, die Gott nicht nach Maß austeilt«; Eph 1,6) steht zu diesen Kontexten womöglich zunächst in einem Verhältnis der Fremdheit und bedarf der Zeit und der Geduld, um sich in ihnen zu verwurzeln und auszuwirken. Unter Verweis auf die Erklärung zur Religionsfreiheit wird in diesem Zusammenhang die Anwendung von Zwang oder auch von Verführung zur Annahme des Glaubens streng verboten (AG 13). So wie die durch die Verkündigung ausgelöste Krise der Umkehr eine Zeit der Integrierung in die Lebenskontexte der Bekehrten erfordert, so bedarf die Einpflanzung der Kirche, als welche andernteils die Missionsarbeit sich vollzieht, ebenso des sorgfältigen Aufbaus, wozu auch die Einrichtung eines »genügend langen« Katechumenats gehört (AG 14). Der Aufbau der christlichen Gemeinschaft in der Mission soll die jeweiligen kulturellen Schätze aufnehmen; er soll im Geist der Ökumene geschehen (AG 15); er muss mit der Gründung eines einheimischen Klerus einher gehen; die Situation in den »jungen Kirchen« lässt die von *Lumen Gentium* 29 geforderte

Wiedereinführung des ständigen Diakonats dringend geboten sein (AG 16). Der Dienst der Katechisten wird dankbar gewürdigt (AG 17). Die Bedeutung der Orden für die Mission, aber auch für eine vielfältige Vergegenwärtigung der Sendung Christi in den jungen Kirchen, wird hervorgehoben (AG 18).

4. Innere und äußere Bedingungen der Kircheneinpflanzung

Die Einpflanzung der Kirche: Deren Erörterung verlangt den Blick auf die Teilkirchen selbst, auf die Kirche ›vor Ort‹. Teilkirchen im Missionskontext sind erst errichtet, Kirche ist erst in ihrer sichtbaren Struktur eingepflanzt, wenn es zur Ausbildung einer lebensfähigen Diözese gekommen ist (AG 19). Dieser grundsätzlichen Bestimmung folgt eine Einschränkung, deren Bedeutung etwas im *clairobscur* kirchlicher Sprache verbleibt: »Wenn sich aber in manchen Gegenden Gruppen von Menschen finden, die von der Annahme des katholischen Glaubens dadurch abgehalten werden, dass sie sich der besonderen Erscheinungsweise der Kirche in ihrer Gegend nicht anpassen können, so wird vorgeschlagen, dass für eine solche Situation in besonderer Weise Sorge getragen werde, bis alle Christen in einer Gemeinschaft vereint werden können.« In einer Fußnote wird auf die Personalprälatur hingewiesen (AG 20). Bedeutsam für die innerkirchliche Struktur ist wiederum die Aussage von der Unverzichtbarkeit der Laien für die volle, sichtbare Verwirklichung der Kirche: »Die Kirche ist nicht wirklich gegründet, hat noch nicht ihr volles Leben, ist noch nicht ganz das Zeichen Christi unter den Menschen, wenn nicht mit der Hierarchie auch ein wahrer Laienstand da ist und arbeitet« (AG 21). Schließlich öffnet das Dekret den Blick wieder auf die missionarische Situation selbst: Das Einpflanzungsgeschehen macht die je neue theologische Besinnung auf die Offenbarung aus den jeweiligen sozio-kulturellen Kontexten der missionarischen Situation heraus notwendig

(AG 22). An anderer Stelle nennt das Dekret als zeitgenössische Elemente dieser Kontexte die »Wandlungen …, die die Verstädterung, die Wanderung der Bevölkerung und der religiöse Indifferentismus bewirken« (AG 20). Im zuvor genannten Zusammenhang betont das Dekret noch einmal die Würdigung der jeweiligen kulturell-religiösen Kontexte durch die in ihnen sich einpflanzende Kirche, indem es dies mit dem Begriff der Inkarnation in Verbindung bringt und dieses inkarnatorische Moment der Einpflanzung sodann in Aufgreifen altkirchlicher (griechischer) Theologie als »wunderbaren Tausch« bezeichnet (AG 22).

Was nun die Missionare selbst als jene zur Mission Beauftragte und Gesandte anbetrifft, sagt das Dekret, dass unbeschadet der generellen missionarischen Sendung der Kirche die Berufung zum Missionar noch einmal von eigener Art ist (AG 23). Was jedoch in biblischer Sprache als Merkmale der missionarischen Sendung genannt wird (AG 24), beschreibt eigentlich die Sendung der Christen schlechthin. Wiederum wird, wie schon in anderen Dokumenten, der Bedeutung der Bildung und speziellen Ausbildung ein großes Gewicht für die volle Entfaltung der jeweiligen Sendung, hier also der Mission, beigelegt (AG 25f). Die instrumentelle Seite der Mission, ihre Organisierung, wird auch nicht übergangen. Hier ist besonders die vom Konzil durch dieses Dekret veranlasste Reform der Kongregation zur Ausbreitung des Glaubens, *De Propaganda fide*, hervorzuheben, die in der kurialen Ordnung allein zuständig für die Mission ist (AG 29).

5. Schlussreflexion

Ad gentes hat das theologische Bewusstsein dafür geschärft, dass Mission kein Geschäft ist, welches die Kirche unter anderem auch noch betreibt, sondern dass sie in ihrem Wesen missionarisch ist. Der Blick in heute gängige Dogmatiken belehrt allerdings darüber, dass diese Lehre des Vatikanum keinen konstitutiven Eingang in die Ekklesiologie gefunden hat. Vielleicht auch deswegen, weil die Mission unter dem Verdacht des Usurpatorischen steht. *Ad gentes* steht aber für ein anderes Missionsverständnis: Die Kirche ist in allen ihren Gliedern und institutionellen Ebenen missionarisch orientiert, weil und insofern sich hierin das ihr aufgetragene »lebendige Verantwortungsbewusstsein gegenüber der Welt« (AG 36) manifestiert. Es liegt genau auf dieser Linie, wenn der französische und der deutsche Episkopat in jeweils eigenem Idiom die missionarische Dimension der Kirche wieder entdeckt und geltend macht für ein Neuverständnis der Präsenz der Kirche in unseren (post-)säkularen, jedenfalls nicht mehr durch ein kirchlich repräsentiertes Christentum geprägten Gesellschaften.[83]

Die Theologie der Mission, wie sie *Ad gentes* entwickelt, hat keinen Platz für kurzfristige und zahlenmäßig spektakuläre Bekehrungserfolge. In der Perspektive dieser Theologie hat es deswegen auch keinen Sinn, auf aggressiv missionierende evangelikale Gruppen mit gleicher Münze zu antworten: Ihrem Selbstverständnis gemäß, wie es im Missionsdekret niedergelegt ist, betrachtet die katholische Kirche Mission, wie gesagt, gerade nicht als ein quasi-ökonomisches oder geostrategisches Expansionsgeschäft. *Ad gentes* gibt vielmehr den völlig unspektakulären, schwer evaluierbaren, theologisch aber adäquaten Hinweis, dass der Erfolg der Mission – verstanden als Sorge um die Welt – abhängt von der inneren Ausstrahlung und dem authentischen Zeugnis der Christen und der Kirche (AG 36). Es geht um dieses »Zeugnis des Lebens«, das die Kirche in jedem ihrer Glieder und als Institution stets wieder neu zu geben hat, um der Welt willen. Das sorgende Bemühen um die Welt – die Mission – muss getragen sein von einer stets neuen, selbstkritischen Besinnung auf die Quelle der eigenen Kirchlichkeit – von der (Neu-)Evangelisierung. Mit *Ad gentes* ist freilich zu präzisieren: Die (stets neu zu gewinnende) Evangelisierung der Kirche als Rückbesinnung auf die Quellen, die uns nähren, kann nicht integristisch, mit dem Rücken zur

Welt, geschehen, sondern sie ereignet sich heute aus den soziokulturellen Kontexten der Welt heraus. Damit ist die missionarische Situation aber dieselbe wie die pastorale Dimension, wie sie von *Gaudium et spes* beschrieben wird: Die Kirche vergewissert sich ihrer selbst vermittels ihres Antwortens auf die Fragen der Welt.

Die Erklärung über die Religionsfreiheit *Dignitatis humanae*

1. Zur Textgeschichte

Das Thema der Religionsfreiheit erscheint zunächst nur im Kapitel IX des Schemas zur Kirchenkonstitution, nämlich im Zusammenhang mit der Behandlung des Verhältnisses von Staat und Kirche. Dort will man mehrheitlich katholische Staaten auf die Nichtgewährung der negativen Religionsfreiheit für die anderen Religionen und Bekenntnisse verpflichten (siehe hierzu weiter unten) und von mehrheitlich nichtkatholischen Staaten die volle Gewährung der positiven Religionsfreiheit für die katholische Kirche fordern. Dies stößt bei etlichen Vätern auf Kritik, wird aber nicht weiter diskutiert, da die Beziehung zwischen Staat und Kirche aus dem Kirchenschema herausgenommen wird. Genau die hier nicht weiter debattierte Asymmetrie der Beanspruchung der Religionsfreiheit für sich und ihrer Nichteinräumung für die Anderen wird aber in der Relatio des Bischofs von Brügge, Emiel-Jozef de Smedt, zum ersten Schema eines Texts zur Religionsfreiheit (nun als V. Kapitel des Ökumenismusdekrets) als Begründung für die Notwendigkeit einer Erklärung des Konzils über die Religionsfreiheit angegeben.

In der Vorbereitungszeit erarbeitet das Sekretariat für die Einheit der Christen einen Text über die religiöse Freiheit, der am 18.6.1962 von Kardinal Bea der Vorbereitenden Zentralkommission vorgelegt wird, die ihn mit der Begründung ablehnt, dass das Einheitssekretariat für die Erarbeitung von Texten, die dem Konzil vorgelegt werden, nicht zuständig sei. Dieser Politik der Ausbremsung des Einheitssekretariats wird erst ein Riegel vorgeschoben, als Johannes XXIII. am 22.10.1962 das Einheitssekretariat in den Rang einer Konzilskommission erhebt.

Die erste Version des späteren Texts über die Religionsfreiheit, der in die Konzilsaula gelangt, ist das erwähnte V. Kapitel des Ökumenismusdekrets. Es wird am 19.11.1963 an die Väter übergeben. Man beschließt jedoch, die eingehende Behandlung der Religionsfreiheit auf die nächste, die III. Sitzungsperiode, zu verschieben. Einige Väter halten die Thematik der Religionsfreiheit für so wichtig und über die ökumenische Frage hinausgehend, dass sie ein eigenes Dokument wünschen. Die Koordinierungskommission macht sich diesen Wunsch zueigen und gibt ihm am 18.4.1964 einen offiziellen Charakter. In dem in dieser Zeit ausgearbeiteten Schema rückt die Würde der Person ins Zentrum der Argumentation für die Religionsfreiheit. Dieses so entstandene zweite Schema wird vom 25. bis 28.9.1964 debattiert, mit zum Teil denkbar kontroversen Stellungnahmen, ohne dass es zu einer Abstimmung kommt. Von einigen Vätern wird die Frage nach der Zuständigkeit für die weitere Bearbeitung eines Texts über die Religionsfreiheit aufgeworfen, und es bedarf eigens der Herbeiführung einer Entscheidung, um die bisher bestehende Zuständigkeit des Einheitssekretariats zu bestätigen. Das nun unter Einarbeitung der Bemerkungen der Väter erstellte dritte Schema wird als *Textus emendatus* (verbesserter Text) nun vollends als selbständiges Dokument behandelt. Mit diesem Schema ist die Grundstruktur gegeben, die auch in den folgenden Bearbeitungen bis hin zum Endtext weitgehend erhalten bleiben wird. Dieser Text wird den Vätern am 17.11.1964 übergeben; eine für den 19.11. angesetzte Abstimmung wird aufgrund der Intervention einer gewissen Zahl von Vätern ausgesetzt; es kommt zu einer scharfen Auseinandersetzung um die Vorgehensweise auch der Konzilsleitung, schließlich zur Delegierung des Falls durch den Papst an das Konziliare Verwaltungsgericht, mit dem Ergebnis, dass es auch in dieser III. Sitzungsperiode keine Abstimmung über das Schema gibt. Stattdessen sind die Väter zur erneuten Einreichung von Bemerkungen eingeladen; ein viertes Schema, der *Textus reemendatus* (der wiederum verbesserte Text), wird erarbeitet und am 27.5.1965 vom Papst zur Verteilung an die Väter zugelassen. Das Schema wird als erstes in der IV. Sitzungsperiode debattiert (15.–17. und 20.9.1965). Neben einer großen Zahl von Vätern, die den Text vorbehaltlos oder grundsätzlich, unter Einschluss von Änderungswünschen, unterstützen, gibt es auch eine Gruppe, die ihn für unannehmbar hält.

Angesichts dieser prekären Lage drängt das Einheitssekretariat auf eine Abstimmung, um zu einer klaren Grundlage für ein weiteres Vorgehen zu gelangen. Wiederum versuchen Kräfte, bis hinein in die Leitungsorgane des Konzils, eine solche Abstimmung zu hintertreiben. Erst durch Intervention Pauls VI. kommt es am 21.9.1965 zu einer solchen Abstimmung, durch die das Schema als Grundlage für eine endgültige Bearbeitung akzeptiert wird. Hierauf wird bis zum 22.10. ein fünftes Schema, der *Textus recognitus*, erstellt. In diesem Stadium der

Textgenese werden Veränderungen vorgenommen, die geeignet sind, den Vorwurf des Indifferentismus zu entkräften: Zum einen wird durch eine Unterüberschrift präzisiert, dass die Religionsfreiheit als soziale oder bürgerliche Freiheit verstanden und behandelt wird. Zum anderen werden verstreute Aussagen des Texts im Vorwort zu einer deutlichen Bestätigung der Lehre von der in der katholischen Kirche verwirklichten wahren Religion zusammengezogen (vgl. hierzu weiter unten). Dieses Schema wird in mehreren Abstimmungen mit großer Mehrheit angenommen, allerdings mit etlichen Zustimmungen *iuxta modum*, was eine weitere Bearbeitung notwendig macht. Das sechste Schema, der *Textus denuo recognitus*, bezieht sich noch ausdrücklicher auf die Lehre der letzten Päpste. Es kommt zu einer endgültigen, feierlichen Abstimmung am 7.12.1965 über diesen Text; *Dignitatis humanae* wird mit 2308 *Placet* bei 70 *Non placet* angenommen und am selben Tag durch Paul VI. promulgiert.

2. Die Begründung der Religionsfreiheit aus der Personwürde

Bezeichnend für *Dignitatis humanae* ist nicht nur, dass die Religionsfreiheit aus der Personwürde des Menschen begründet wird, sondern auch, dass diese Erklärung wie andere Konzilstexte ein dynamisches Verständnis des Verhältnisses der Menschen zu sich selbst hat. Deswegen kann die Erklärung zur Religionsfreiheit darin ein Zeichen unserer Zeit erblicken, dass den Menschen die Personwürde immer mehr zu Bewusstsein kommt (DH 1, vgl. DH 9): Indem *Dignitatis humanae* von der Religionsfreiheit handelt, spricht die Erklärung also mit Bedacht in diese Zeit. Das wird man auch vierzig Jahre nach dem Konzil so noch sagen können.

Die Verankerung der Religionsfreiheit in der Personwürde ist auch mit Blick darauf von Bedeutung, dass die Erklärung noch auf dem Weg zu einer ausdrücklichen Würdigung der Religionsfreiheit und ihrer theologischen Begründung die Lehre von der wahren Religion, die in der katholischen Kirche verwirklicht ist (vgl. LG 8), bekräftigt (DH 1). Dies bedeutet aber nicht, dass die wahre Religion von der Religionsfreiheit gewissermaßen unberührt bleibt, sondern dass die Begründung der Religionsfreiheit ins Zentrum des Glaubenguts dieser Religion gehört. Die »allgemeine Grundlegung der Religionsfreiheit«, so die Überschrift des ersten von zwei Teilen der Erklärung, nimmt also ihren Ausgang in der Begründung der Religionsfreiheit in der Personwürde. Diese Begründetheit ist sowohl eine Offenbarungswahrheit als auch »durch die Vernunft selbst« erkennbar (DH 2). Die Erklärung sieht den Menschen als ein Wesen der Freiheit. Dafür steht ihre Verwendung des Personbegriffs ein. Die Freiheitsrechte des Menschen betreffen alle Akte seines Selbstvollzugs. Sie einzuschränken hieße den Menschen selbst zu verletzen. Das Spektrum der Selbstvollzüge oder der Akte des Menschen – und damit auch das Spektrum seiner Freiheitsrechte – findet seine höchste Verwirklichung im Akt personaler Zustimmung zur göttlichen Wahrheit (DH 3), weswegen »die Verwirklichung und Ausübung der Religion … ihrem Wesen nach vor allem in inneren, willentlichen und freien Akten [besteht], durch die sich der Mensch unmittelbar auf Gott hinordnet«. Die Religionsfreiheit ist also nicht an und für sich höchstes Gut der Personwürde, aber wesentlicher Effekt des notwendigen Rechts auf freien Selbstvollzug, insofern dieser sich im Glaubensakt erfüllt. Die Religionsfreiheit kann deswegen auch nicht, etwa durch falschen oder irrenden Gebrauch, verwirkt werden, da sie ja »nicht in einer subjektiven Verfassung der Person, sondern in ihrem Wesen selbst begründet« ist (DH 2).

Die Freiheit des Glaubensakts als höchste Form des Selbstvollzugs begründet die Religionsfreiheit aber erst, wenn die bisher gegebene Bestimmung von Religion erweitert wird, indem gesagt wird, dass der Glaubensakt nicht nur ein inneres Geschehen ist, sondern dass der Mensch mindestens aufgrund seiner Sozialnatur »innere Akte der Religion nach außen zum Ausdruck bringt, mit anderen in religiösen Dingen in Gemeinschaft steht und seine Religion gemeinschaftlich bekennt« (DH 3). Religion als Materialisierung des Glaubensakts in den interkommunikativen Handlungen zu behindern heißt dann den Menschen in der Ausschöpfung seines Selbstvollzugs zu beschneiden. Hierin nun wird die Verankerung der Religionsfreiheit in der Personwürde vollends zugänglich. Zugleich begründet dies die Religionsfreiheit als nicht nur von Einzelpersonen, sondern legitimer Weise auch von Gemeinschaften beanspruchtes Recht (DH 4). Die Erklärung lässt von der Gemeinschaftsdimension der Religion ausdrücklich auch die Familie als eigene religiös bedeutsame Gemeinschaft umschlossen sein (DH 5).

Hinsichtlich der bürgerlichen Gesellschaft bedeutet dieser Begründungszusammenhang – dass der Glaubensakt die höchste Form menschlichen Selbstvollzugs ist und deswegen seine Ausübung durch die Personwürde geschützt ist, dass dieser Akt sich notwendig in äußeren Handlungen auszeitigt und dass diese aufgrund der Sozialität des Menschen interkommunikativ und gemeinschaftsbezogen sind –, dass der Schutz der religiösen Freiheit unmittelbar mit der Wahrung oder Mehrung des Gemeinwohls zu tun hat. Denn, so definiert *Dignitatis humanae* in großer Nähe zu *Gaudium et spes* (GS 26): »Das Gemeinwohl der Gesellschaft besteht in der Gesamtheit jener Bedingungen des sozialen Lebens, unter denen die Menschen ihre eigene Vervollkommnung in größerer Fülle und Freiheit erlangen können; es besteht besonders in der Wahrung der Rechte und Pflichten der menschlichen Person« (DH 6). Der Schutz der religiösen Freiheit obliegt der staatlichen Gewalt ebenso wie der Schutz der Menschenrechte schlechthin. Aus der Bedeutung der religiösen Freiheit für das Gemeinwohl leitet die Erklärung ab, dass das Verhältnis des Staats zu den Religionen nicht neutral sein kann; vielmehr muss er die religiöse Freiheit der Bürger »wirksam« und »tatkräftig« schützen, indem er »für die Förderung des religiösen Lebens günstige Bedingungen« schafft. Die Argumentation der Erklärung erfordert an dieser Stelle freilich die Präzisierung, dass (entsprechend dieser Argumentation) dem religiösen Leben die staatliche Fürsorge nicht aufgrund eines Privilegs zukommt, sondern nur im Zusammenhang der Gemeinwohlrelevanz der Menschenrechte schlechthin.

Innerhalb dieses Argumentationsbogens nicht weiter auffällig, vor dem Hintergrund der Geschichte des Verhältnisses der katholischen Kirche zur Religionsfreiheit aber bedeutsam ist die Aussage im selben Artikel, dass der Staat in Gesellschaften mit dominanter Präsenz einer einzigen Religion seine Fürsorgepflicht hinsichtlich der Wahrung der Religionsfreiheit auch gegenüber allen anderen religiösen Gemeinschaften und den einzelnen Bürgern auszuüben hat. Noch in einem frühen Entwurf zu einem Kapitel IX der Kirchenkonstitution will man Staaten mit mehrheitlich katholischer Präsenz dazu verpflichten, selbst katholisch zu sein.[84] Mit *Dignitatis humanae* hat die katholische Kirche sich dazu durchgerungen, die positive Religionsfreiheit nicht nur für sich zu reklamieren, sondern auch den anderen Religionsgemeinschaften bzw. den Bürgern schlechthin zuzugestehen. Dabei zeigt die gesamte bis hierher nachgezeichnete Argumentation, dass hierin eigentlich kein Zugeständnis im Sinn der Zurücknahme einer genuin katholischen Position vorliegt, sondern im Gegenteil die Freilegung oder Klärung einer solchen katholischen Position unter den Bedingungen der heutigen Gesellschaft. Auf der Basis dieser Argumentation kann die Erklärung sagen, dass es zu keiner Diskriminierung um der Religion willen kommen darf (DH 6).

In bemerkenswerter Weise setzt *Dignitatis humanae* die Inanspruchnahme der Religionsfreiheit nicht absolut, sondern lässt sie vermittelt sein mit der Tatsache, dass sie »innerhalb der menschlichen Gesellschaft verwirklicht« wird (DH 7). Deren Funktionieren aber ist getragen von der »friedvollen Eintracht«, der Sorge um den »ehrenhaften und öffentlichen Frieden«, dem »geordneten Zusammenleben in wahrer Gerechtigkeit« und der »Wahrung der öffentlichen Sittlichkeit«. Dies alles fasst die Erklärung unter den Begriff der öffentlichen Ordnung. Die Wahrung dieser Ordnung setzt nicht der Religionsfreiheit selbst, aber ihrer Ausübung Grenzen. Damit macht die Erklärung deutlich, dass die Religionsfreiheit tatsächlich dem Gemeinwohl dient.

3. Die Begründung der Personwürde aus der Offenbarung

In einem zweiten Argumentationsgang wird nun die theologische Begründung der Religionsfreiheit noch einmal vertieft. Dabei wird zunächst deutlich gemacht, dass die Religionsfreiheit nicht unmittelbarer Offenbarungsinhalt ist; die Offenbarung lässt aber »die Würde der menschlichen Person in ihrem ganzen Umfang ans Licht treten«, in dieser wiederum gründet die Religionsfreiheit (DH 9). Die Erklärung bezieht sich übrigens nicht auf das *theologoumenon* von der Gottebenbildlichkeit des Menschen als biblische Begründung der Personwürde, sondern sie nennt die Verkündigungspraxis Jesu als deren primäre biblische Verankerung. In seiner Verkündigung hat Jesus die Freiheit des Menschen auch in dessen Pflichten gegenüber Gott geachtet. Hierin, so fügt die Erklärung an, sollen die Jünger Jesu seinem Geist folgen. Worin besteht diese Freiheit? Darin, »dass der Mensch freiwillig durch seinen Glauben Gott antworten soll«, denn »der Glaubensakt ist seiner Natur nach ein freier Akt« (DH 10). Nur der vor Gott freie Mensch kann sich aus freien Stücken Gott zuwenden, kann den Glaubensakt als freien – und, wie die Erklärung hinzufügt, »vernunftgemäßen« – Akt tun, kann im Glaubensakt, den er personal vollzieht, sich selbst Gott geben. Auf der Basis dieser Theologischen Anthropologie des frei Glaubenden gelingt es der Erklärung zu sagen, dass »der Grundsatz der Religionsfreiheit nicht wenig bei[trägt] zur Begünstigung solcher Verhältnisse, unter denen die Menschen ungehindert die Einladung zum christlichen Glauben vernehmen, ihn freiwillig annehmen und in ihrer ganzen Lebensführung tatkräftig bekennen können«.

Der Hinweis auf Jesu Praxis und Geschick erfährt noch eine breitere Darlegung (DH 11): Würdigt die Verkündigung Jesu die Freiheit der Menschen, ist sie doch nicht ohne Anspruch an sie. Diesen Anspruch oder Anruf Gottes, wie er in Jesu Verkündigung an die Menschen ergeht, führt die Erklärung zunächst durch die Thematik des Gewissens, dessen Ruf den Menschen verpflichtet, aber nicht zwingt. Jesu Wirken selbst ist, unbeschadet des Bekenntnisses zu ihm als zu dem Herrn, »sanft und demütig von Herzen«, wie die Erklärung mit Bezug auf Mt 11,29 formuliert. Mit Blick auf die Funktionalisierung der neutestamentlichen Wundererzählungen als Glaubensbeweise durch die Apologetik sagt *Dignitatis humanae*, dass die Wunder den Glauben anregen und bestätigen, aber nicht erzwingen sollen. Das Gleichnis vom Unkraut (Mt 13,24–30.36–43), in welchem, weil Weizen und Unkraut gemeinsam ausgesät werden, die Scheidung zwischen beidem dem eschatologischen Handeln Gottes vorbehalten wird, erwähnt die Erklärung wie eine späte Begründung für die Unverwirkbarkeit der Religionsfreiheit durch ihren irrenden Gebrauch. In die Linie der Hochschätzung des Menschen (in seiner Personwürde) durch Jesus gehört für die Erklärung zentral Jesu Umgang mit der (staatlichen) Gewalt, auf den sie dreimal zu sprechen kommt: Jesus lehnt die Prätention eines politischen Messias für sich ab; er anerkennt staatliche Gewalt, indem er sie relativiert (vgl. Mt 22,21); er lehnt die Verteidigung seiner Person und die Durchsetzung seiner Sendung mit dem Schwert ab. Jesu Tod am Kreuz wird gedeutet als sein Offenbarwerden »als der vollkommene Gottesknecht«, der das Gottesreich bringt, indem er »das geknickte Rohr nicht zerbricht und den glimmenden Docht nicht auslöscht« (Mt 12,20; Jes 42,3). Die Apostel, so betont der zweite Abschnitt dieses langen und wichtigen Artikels, sind in ihrer Verkündigung nicht nur auf die Botschaft Jesu verpflichtet, sondern genauso auf die mit ihr wesentlich verbundene Art und Weise ihrer Vergegenwärtigung durch Jesus, in »Rücksicht auf die Schwachen, selbst wenn sie im Irrtum waren«. Sie sind gefordert, dem »Beispiel der Güte und Bescheidenheit Christi« zu folgen. Indem sie das tun, zeigen sie, dass sie nicht eigener Gewalt, sondern der Kraft des Worts Gottes vertrauen.

Die Erklärung fasst diesen biblischen Argumentationsgang zusammen: »Somit verfolgt die Kirche in Treue zur Wahrheit des Evangeliums den Weg Christi und der Apostel, wenn sie erkennt und dafür eintritt, dass der Grundsatz der religiösen Freiheit der Würde des Menschen und der Offenbarung Gottes entspricht.« (DH 12) Es ehrt die Erklärung, dass sie es nicht versäumt zu bekennen, dass die Kirche diesem Geist Jesu bisweilen nicht entsprochen hat. Gleichwohl ist die Kernbotschaft von der Personwürde des Menschen und der damit notwendig zusammengehörenden Religionsfreiheit durch die Fehlhandlungen der Kirche nicht falsifiziert worden. Wo immer diese Kernbotschaft zum Tragen gekommen ist, hat das Evangelium einen Beitrag zur Freiheitsgeschichte der Menschen leisten können (DH 12). Und insofern die Kirche diese evangelische Botschaft von der Freiheit der Menschen sichtbar unter den Menschen vergegenwärtigt, ist es legitim, von der »Freiheit der Kirche« im Gefüge der bürgerlichen Gesellschaft zu sprechen (DH 13). In gewisser Weise übt die Kirche die von ihr beanspruchte Freiheit für die Menschen insgesamt aus; die Erklärung artikuliert dies – ohne Bezug auf LG 1 oder 48 –, indem durch sie die Kirche ihre Glieder bittet, die kirchlichen Handlungen der Gebete, der Fürbitten und der Danksagungen »für alle Menschen« zu verrichten (DH 14).

4. Schlussreflexion

Dignitatis humanae rückt abschließend die Frage der Religionsfreiheit in die Perspektive einer Menschheit, die sich ihrer weltweiten Verbundenheit immer mehr bewusst wird. Die Erklärung betrachtet diese praktische Bewusstwerdung als einen gefährdeten Prozess. Deswegen gewinnt die Durchsetzung der Achtung der religiösen Freiheit an Bedeutung. Dass sie in vielen Verfassungen verankert ist, rechnet die Erklärung zu den »glückhaften Zeichen unserer Zeit« (DH 15). Die Respektierung und Förderung der Religionsfreiheit ist in der Wahrnehmung von *Dignitatis humanae* ein Dienst an der friedlichen Einheit der Menschheitsfamilie. Vor diesem Hintergrund wird man mit Bezug auf die von der Erklärung nicht zitierte Bestimmung der Kirche als »Zeichen und Werkzeug der Einheit für die innigste Vereinigung mit Gott wie für die Einheit der ganzen Menschheit« (LG 1) sagen können, dass die katholische Kirche in der Verteidigung und Verbreitung der Geltung der Religionsfreiheit ihrer Sendung entspricht, auch wenn dies die Respektierung anderer Religionen oder gar der Ablehnung religiöser Bindung bedeutet. Die Kirche würde ihre Gegründetheit im allgemeinen Heilswillen Gottes, wie er sich in Jesus Christus konkret-geschichtlich unwiderruflich gegenwärtig gesetzt hat, zu gering schätzen, wenn sie in der Respektierung anderer Religionen oder gar der Ablehnung religiöser Bindung eine Einschränkung ihrer selbst wahrnehmen würde, denn: Wo die Menschheitsfamilie in gerechter und friedlicher Einigung sich verwirklicht – was eben durch die Religionsfreiheit gefördert wird –, dort kann ja nichts letztlich Unkirchliches geschehen, wenn es auch in nur unausdrücklicher, anonymer oder pseudonymer Verbindung zur sichtbaren Kirche geschieht.

Das Zweite Vatikanische Konzil: Ein Rückblick nach vorn

Dieses Buch ist nicht in der Grundüberzeugung geschrieben worden, dass es sich bei den Dokumenten des Zweiten Vatikanischen Konzils um einfache Kompromisstexte handelte, so als würden sie jeweils die Positionen der widerstreitenden Parteien aufgenommen haben und abbilden. Freilich, die Pragmatik der Rezeption verfährt oft so: Es hat dann den Anschein, als könnte jede beliebige theologische oder kirchenpolitische Position sich auf das Vatikanum berufen. Wer aber den Texten des Konzils *diese* Offenheit unterstellen will, mutet ihnen eine größtmögliche Beliebigkeit der Bedeutung zu und sagt am Ende, dass sie überhaupt keine tragen: Ein Text, der alles beglaubigt, hat im doppelten Sinn keine Bedeutung: Er sagt nichts aus, und er ist ohne Relevanz. Solche Texte sind aber gar nicht interpretierbar. Wären die Dokumente des II. Vatikanums Kompromisstexte im soeben skizzierten Sinn, hätte folglich das vorliegende Buch gar nicht geschrieben werden können. Die Grundüberzeugung, in der es tatsächlich geschrieben worden ist, geht von einer Grundoption oder von einem Ensemble aufeinander bezogener Grundoptionen aus, von der oder dem die Texte durchgängig getragen werden, weil das Konzil selbst diese Grundoption in der dreijährigen (inklusive Vorarbeit fünf-, wenn nicht sechsjährigen) Arbeit identifiziert, entfaltet und artikuliert hat. Ohne Zweifel sind die Texte in unterschiedlicher Dichte Ausdruck jener Option, und fraglos gibt es Brüche und Einbrüche der Konsistenz, dünne Passagen und Texte, Zeugnisse des Streits und auch der Intrige, deutliche Spuren der Gegner jener Option, letztere übrigens durchaus nicht nur zum Schaden der Texte, denn sie können auch in der Verteidigung gegen ihre Kritiker an Aussagekraft gewinnen, was sicher für die Erklärung über die Religionsfreiheit, *Dignitatis humanae*, gilt.

Dies alles gibt es also. Und dennoch sind all diese Mängel, Einschränkungen und Verwerfungen beziehbar auf jene Grundoption, insofern diese nämlich die Texte auf einer grundlegenden Aussageebene prägen und aufeinander beziehen – nicht im Sinn eines starren Systems, sondern dynamisch, entsprechend des Entstehungsprozesses der Texte, der auch ein Lernprozess des Konzils gewesen ist. Als ein materialer Niederschlag dieses Lernprozesses darf der Umstand gewertet werden, dass sowohl die Pastoralkonstitution als auch das Missionsdekret als auch die Erklärung über die Religionsfreiheit – gemeinsam mit dem Dekret über Dienst und Leben der Priester – erst am vorletzten Tag des Konzils verabschiedet worden sind, sie also in ihrer Entstehungsgeschichte das gesamte Konzil geprägt oder begleitet haben. Wenn man nun den konziliaren Lernprozess aufsuchen will, dann (nicht nur, aber besonders) in diesen Texten.

Gäbe es das nicht: an den Texten aufsuchbare Grundoptionen und -aussagen des Konzils, gäbe es nicht das, was man den »Geist des Konzils« nennt, der nicht im Sog der Formel von den Kompromisstexten ausgeschaltet werden kann, dann wäre es so, als hätte dieses Konzil gar nicht stattgefunden; es wäre ein Nicht-Ereignis. Vielleicht liegt das aber im Interesse mancher, welche die Dokumente des Konzils mit der Formel des Kompromisstexts in der Beliebigkeit des Bedeutungslosen still stellen wollen: das Konzil zum Nicht-Ereignis umzudeuten. Es ist aber ein Ereignis, das bis heute nicht eingeholt worden ist. Bevor also dieses Konzil zu einem Konzil des Übergangs erklärt werden kann, muss das, was es eröffnet hat, erst einmal kirchlich eingeholt, in seinen Konsequenzen, und das heißt auch: im kirchlichen Leben und Selbstverständnis, verwirklicht werden. Die konziliare Kirche muss zur alltäglichen Kirche werden. Bereits in einem Vortrag, den er am 12.12.1965, nur vier Tage nach Beendigung des Konzils, in München über das Konzil hält, sagt Karl Rahner: »Freilich wird es lange dauern, bis die Kirche, der ein II. Vatikanisches

Konzil von Gott geschenkt wurde, die Kirche *des* II. Vatikanischen Konzils sein wird«.[85] Solange dies nicht geschehen ist, ist das Zweite Vatikanische Konzil nicht Phänomen des Übergangs, sondern immer noch gegenwärtiges Ereignis, dessen Ausbuchstabierung keineswegs schon eines letzten Worts ansichtig geworden ist.

Wenn nun in der gebotenen Kürze ein Versuch zur Formulierung der Grundoption des Konzils unternommen wird, dann ist dessen Begrenztheit von vornherein zu konzedieren. Er bedürfte mindestens der materialen Auffüllung von den Konzilstexten, aber auch von der Theologie im allgemeinen her. Zudem kann er nicht als Einzelexegese am Text durchgeführt werden. Er setzt also wenigstens den Kurzkommentar der Konzilstexte, wie er in diesem Buch versucht worden ist, voraus.

Die Kirche des II. Vatikanischen Konzils hat sich auf den Weg gemacht, den Menschen näher zu kommen. Sie hat damit das Programmwort Johannes' XXIII. vom *aggiornamento* aufgegriffen und demonstriert, dass hiermit keine womöglich nur aus Propagandazwecken inszenierte Anpassung an einen Zeitgeist gemeint ist, sondern die Notwendigkeit bezeichnet wird, dass die Kirche die Menschen in ihrer jeweiligen Gegenwart antrifft. Notwendig ist dies für die Kirche aus zwei Gründen: Ihre Sendung verpflichtet sie auf das Verbreiten der Heilsbotschaft Jesu Christi unter den Menschen dieser Welt; in dieser missionarischen Grunddimension verwirklicht sich die Kirche durch den personalen Selbstvollzug der Menschen. Das den Menschen Näherkommen der Kirche äußert sich auf dem Konzil vielfältig. Erinnert sei nur an die Liturgiekonstitution *Sacrosanctum Concilium*, deren *cantus firmus* in dem Bemühen besteht, den Menschen den Zugang zu einer aktiven Teilnahme an den Sakramenten nicht zu verstellen, sondern zu erleichtern. In diesen Zusammenhang gehört auch die sukzessive Zulassung der Muttersprache in der Liturgie.

Die in dem Gewicht, das einer *actuosa participatio* der Gläubigen in der Liturgie beigemessen wird, sich äußernde Wertschätzung der Selbsttätigkeit der Menschen ist von einem neuen Offenbarungs- und Glaubensbegriff getragen – neu hinsichtlich seines lehramtlichen Niederschlags, nicht hinsichtlich der theologischen Entwicklung. Offenbarung wird nicht mehr reduktiv als Mitteilung göttlicher Sätze verstanden, die von der Kirche als mit entsprechendem Verbindlichkeitsgrad zu glauben vorgelegt werden; Offenbarung wird vielmehr als heilshafte Selbstmitteilung Gottes aufgefasst, der die Menschen in seiner Hinwendung zu ihnen als sie selbst, in ihrer personalen Mitte, anspricht und fordert. Welche andere Reaktion des Menschen könnte dieser göttlichen Selbstzusage angemessen sein, wenn nicht eine personal, mit der gesamten Existenz verantwortete? Der Glaubensakt wird also nicht mehr als bloßer (intellektueller) Gehorsam gegenüber einer mitgeteilten Wahrheit verstanden, sondern als Grundakt des personalen Selbstvollzugs. In diesem neuen Verständnis von Offenbarung und Glaube als personalem Geschehen zwischen Gott und Mensch ist der Glaubensakt des Menschen nicht anders denn als freier, nicht delegierbarer Akt der antwortenden Selbstverfügung auf den Anruf Gottes denkbar; der Mensch antwortet durch sich selbst: Es ist überhaupt keine weitergehende theologische Würdigung des Menschen in seiner Personalität und Subjektivität – und das heißt eben in seiner Selbsttätigkeit – möglich als sie diesem Verständnis des Glaubensakts zugrunde liegt. Hinsichtlich des Offenbarungsverständnisses entwickelt das Konzil dies in der Konstitution *Dei Verbum*, hinsichtlich des Glaubensbegriffs insbesondere in der Erklärung über die Religionsfreiheit, die nicht zufällig im Titel gebenden *Initium* von der menschlichen Würde spricht. Zudem kommt das Konzil immer dann in einer wertschätzenden Weise auf die Selbsttätigkeit des Menschen zurück, wenn es von der Bildung und Ausbildung der Priester, Ordensleute, Laien, in kirchlichem Dienst Stehenden und allgemein der Gläubigen spricht. Bildung nämlich, also die methodische Aneignung eines verständigen Umgangs mit der Welt und sich selbst, dient letztlich stets der je weiteren Entfaltung und intensiveren Verwirklichung des Selbstvollzugs, kraft dessen der Mensch zugleich in der Welt handelt und sich selbst bezeugt, und durch den allein er glauben kann.

Einher mit der theologischen Würdigung der Selbsttätigkeit des Menschen geht schließlich auch die Entdeckung und Hochschätzung der Welt als Handlungs-Ort des Menschen. Dieser Entdeckungs- und Würdigungsprozess vollzieht sich vorrangig in der Pastoralkonstitution *Gaudium et spes* und im Missionsdekret *Ad gentes*. Auf der Basis der gesamten Argumentation, welche die theologische Würdigung der Selbsttätigkeit des Menschen trägt, wird der Welt als jenem Ort, an dem der handelnde Mensch sich vollzieht, ein relativer Eigenwert zugesprochen, der ihr unbeschadet ihrer letzten Hingeordnetheit auf Gott zukommt. Es ist dann nicht mehr möglich, die ›weltliche‹ und die ›himmlische‹ Orientierung des Menschen prinzipiell gegeneinander auszuspielen. Vielmehr wird die Welt theologisch als der Ort wahrgenommen, an welchem dem Menschen das Heil durch Jesus Christus endgültig zugesagt und anfanghaft realisiert wird und der in die Vollendung mit aufgenommen wird. Niemand, der die Texte sorgfältig und mit wachem Verstand liest, wird hier dem Konzil einen naiven Welt-Optimismus vorwerfen können. Wäre es diesem erlegen, könnte es die Welt gar nicht als Ort der Verwirklichung göttlichen Heils (wieder-)entdecken, sondern würde Welt und Heil miteinander identifizieren müssen. Stattdessen entwickelt das Konzil ein dialektisches Welt-Verständnis, das etwa in der ekklesiologischen Grundbestimmung zum Tragen kommt, welche die Kirche wesentlich auf die Welt hin bezogen sein lässt, nämlich als »allumfassendes Sakrament des Heils« (LG 48). Das Attribut der Allumfassendheit bezieht die Kirche auf die Welt in ihrer Gesamtheit, die auf diese Weise als Ort der Verwirklichung des Heils gewürdigt und zugleich unter den Vorbehalt seiner (Noch-)Nichtverwirklichtheit gestellt wird.

Es ist von nun an nicht mehr möglich, eine vollständige theologische Bestimmung der Kirche unter Absehung von der Welt zu geben. Wann immer die Kirche Rechenschaft ablegt von der Sendung, die sie bewegt, wann immer sie sich ihrer selbst vergewissert, wird sie auch ausgehen müssen von den Fragen und Nöten der Welt, mit der sie in »engster Verbundenheit« steht (GS 1).

Anhang

Anmerkungen

1 Joseph A. KOMONCHAK, *Der Kampf für das Konzil während der Vorbereitung (1960–1962)*, in: Giuseppe Alberigo (Hg.), Geschichte des Zweiten Vatikanischen Konzils, Bd. I, Mainz/Leuven 1997, 189–401, hier: 193, mit einem Zitat aus: Giuseppe RUGGIERI, *Appunti per una teologia*, in: Giuseppe Alberigo (Hg.), Papa Giovanni, Rom-Bari 1988, 256.

2 In der Pfingstansprache vom 5. 6. 1960, zitiert nach: Ludwig KAUFMANN/Nikolaus KLEIN, *Prophetie im Vermächtnis*, Freiburg (CH) 1990, 65.

3 Otto Hermann PESCH, *Das Zweite Vatikanische Konzil. Vorgeschichte – Verlauf – Ergebnisse – Nachgeschichte*, Würzburg 1993, 65.

4 Hans KÜNG, *Konzil und Wiedervereinigung. Erneuerung als Ruf in die Einheit*, Freiburg 1960.

5 PESCH, *Konzil* (Anm. 3), 69.

6 Vgl. hierzu Peter HEBBLETHWAITE, *Johannes XXIII. Das Leben des Angelo Roncalli*, Zürich-Einsiedeln-Köln 1986, 476.

7 Eröffnungsbulle *Humanae salutis*, zitiert nach der deutschen Übersetzung in: HerKorr 16(1961/62), 225–228, das Zitat: 226.

8 Radiobotschaft, zitiert nach der deutschen Übersetzung in: HerKorr 17(1962/63), 43–46, die Zitate: 44.

9 A.a.O., 45. Vgl. hierzu: Marie-Dominique CHENU, *»Kirche der Armen« auf dem Zweiten Vatikanischen Konzil*, in: Conc 13(1977), 232–235.

10 *Humanae salutis*, a.a.O., 226.

11 A.a.O., 225.

12 Eine deutsche Übersetzung der italienischen Fassung von *Gaudet Mater Ecclesia* findet sich mit dem Parallelabdruck von italienischer und lateinischer Fassung in: KAUFMANN/KLEIN, *Prophetie im Vermächtnis* (Anm. 2), 116–150. Die Passage zu den Unglückspropheten findet sich in Nr. 8, a.a.O., 125f, die ironische Abweisung eines doktrinalen Konzils in Nr. 15, a.a.O., 135f.

13 Nr. 16, a.a.O., 137–139.

14 Siehe hierzu auch die Darlegungen zu LG 25 im entsprechenden Kapitel.

15 Die Konzilskommissionen bestehen aus je 16 von den Konzilsvätern gewählten und 8 vom Papst ernannten Mitgliedern. Die Konziliare Liturgiekommission wird von Kardinal Arcadio Larraona, dem Präfekten der Ritenkongregation, die dem Schema von Anfang an ablehnend gegenüber steht, geleitet. Mitglied der Kommission ist auch Erzbischof Lercaro, der keine Leitungsfunktion erhält.

16 Lercaro firmiert in den Akten gar als *Praeses Commissionis de sacra Liturgia*.

17 Karl Rahner/Herbert Vorgrimler, *Kleines Konzilskompendium. Allgemeine Einleitung*, Freiburg-Basel-Wien [21]1989, 24.

18 So kann Thomas von Aquin sagen, dass zum Zeichen der Heilskraft, die aus dem Kreuzesleid Christi hervorgeht, »aus der Seite des am Kreuz hängenden Christus Wasser und Blut strömten, wovon das eine zur Taufe gehört, das andere zur Eucharistie, den beiden hauptsächlichen Sakramenten.« S.th. II, q. 62 a. 5.

19 Die Deutungspräponderanz des Pascha-Mysteriums wird auf eine Initiative Weihbischof Henry Jennys von Cambrai zurückzuführen sein, der als Mitglied der Vorbereitenden Liturgischen Kommission fordert, diesen Gedanken als theologische Grundlage des Liturgie-Schemas zu entfalten.

20 Die Konstitution zitiert hier aus dem Tagesgebet am Dienstag in der Osterwoche.

21 Papst Johannes XXIII., *Gaudet Mater Ecclesia*. Ansprache zur Eröffnung des Zweiten Vatikanischen Konzils (11. Oktober 1962). Der lateinische und italienische Text sowie eine deutsche Übersetzung finden sich in: Kaufmann/Klein, *Prophetie im Vermächtnis* (Anm. 2), 116–150. Das Zitat: 136.

22 Vgl. zur Lehre von den Ämtern Christi die Ausführungen zu LG 10.

23 In mehreren Schritten wird nachkonziliar das Spektrum der Gelegenheiten, zu denen die Kelchkommunion zugelassen ist, erweitert, bis hin schließlich zur Überlassung der Regelung der Kommunion unter beiderlei Gestalten den Bischofskonferenzen und Ortsordinarien durch die Instruktion *Sacramentali Communione* vom 29.6.1970, und der Aufhebung aller Beschränkungen in der dritten Auflage des *Missale Romanum* (2002), wo es nun dem Diözesanbischof erlaubt ist, die Kelchkommunion in allen Fällen zu gestatten, in denen der zuständige Priester es für angebracht hält. Eine detaillierte Darstellung dieser Entwicklung findet sich in: Rainer Kaczynski, *Kommentar zu Sacrosanctum Concilium*, in: HThKVatII 2, Freiburg-Basel-Wien 2004, 132–135.

24 Vgl. die entsprechenden, in SC 59 zusammengefasst präsenten Bestimmungen des Konzils von Trient zur Sakramentenlehre; DH 1604–08.

25 Entsprechend dem klassischen Dreierschema sind dies neben der *leiturgia* die *diakonia* (der Dienst der Liebe aneinander und an der Welt) und die *martyria* (die Bezeugung des Glaubens in der Welt).

26 Theologie und (Religions-)Philosophie haben allerdings mittlerweile das Internet als Gegenstand ihrer Reflexion entdeckt. Vgl. exemplarisch Klaus Müller, *Die Religion des Homo Cyber*, in: Gabriele Sorge (Hg.), Askese und Konsum, Wien 2002, 246–268; Johannes Schaber (Hg.), *Kirche und Internet. Glaubensvermittlung in der virtuellen Welt*, Leutesdorf 2003 (Schriftenreihe der Ottobeurer Studienwoche 4).

27 Das lässt sich etwa an der Auseinandersetzung um die Zeitschrift »Hochland« und ihren Gründer Carl Muth ablesen. Vgl. hierzu Otto Weiss, *Der Modernismus in Deutschland. Ein Beitrag zur Theologiegeschichte*, Regensburg 1995, 458–473.

28 Siehe hierzu Karl Gabriel, *Christentum zwischen Tradition und Postmoderne*, Freiburg-Basel-Wien [7]2000 (= QD 141), 104–119.

29 Der Hinweis auf diese Intervention Weihbischof Wojtylas findet sich in: Hans-Joachim Sander, *Kommentar zum Dekret über die sozialen Kommunikationsmittel*, in: HThKVatII 2, Freiburg-Basel-Wien 2004, 229–261, hier: 245.

30 A.a.O., 237.

31 »Ich anerkenne die eine, heilige, katholische und apostolische römische Kirche als Mutter und Lehrerin aller Kirchen; und ich gelobe und schwöre dem Römischen Bischof, dem Nachfolger des seligen Apostelfürsten Petrus und Stellvertreter Jesu Christi, wahren Gehorsam.« DH 1868.

32 *Haec Ecclesia, in hoc mundo ut societas constituta et ordinata, subsistit in Ecclesia catholica*; DH 4119.

33 Vgl. Hierzu auch Peter Hünermann, *Theologischer Kommentar zur dogmatischen Konstitution über die Kirche*, in: HThKVatII 2, Freiburg-Basel-Wien 2004, 263–582, hier: 366–368.

34 Vgl. Augustinus, Civitate Dei, XVIII, 51, 2; PL 41, 614.

35 Vgl. hierzu etwa Otto Hermann Pesch, *Über die Verbindlichkeit päpstlicher Enzykliken. Dogmatische Überlegungen zur Ehe-Enzyklika Papst Pauls VI.*, in: Ders., Dogmatik im Fragment, Mainz 1987, 253–265.

36 Vgl. Irenäus von Lyon, Adv. haer. III, 2, 2; 3, 1.

37 Vgl. Hierzu den Exkurs zum genannten Titel in: Aloys Grillmeier, *Kommentar zur dogmatischen Konstitution über die Kirche*, in: LThK.E I (Freiburg-Basel-Wien 1966), 156–359, hier: 338–340.

38 De S. Virginitate 6: PL 40, 399.

39 Hierzu ausführlich: Jan Grootaers, *Zwischen den Sitzungsperioden. Die »zweite Vorbereitung« des Konzils und ihre Gegner*, in: Giuseppe Alberigo

(Hg.), Geschichte des Zweiten Vatikanischen Konzils, Bd. II, Mainz/Leuven 2000, 556–561.

40 Vgl. hierzu die oben im Abschnitt drei des Kapitels zur Liturgiekonstitution in Zusammenhang mit SC 36 gemachten Ausführungen.

41 Grootaers, *Zwischen den Sitzungsperioden.* (Anm. 39), 553.

42 Siehe aber zu ökumenischen Bemühungen im Bereich der katholischen Kirche darüber hinaus: Mauro Velati, *Una difficile transizione. Il cattolicesimo tra unionismo ed ecumenismo (1952–1964)*, Bologna: Società editrice il Mulino, 1996.

43 Natürlich fällt auch ein solches konziliares Umkehrereignis nicht vom Himmel, sondern hat seine Vorgeschichte. Zu nennen ist insbesondere die Instruktion *De motione oecumenica* des Heiligen Offiziums vom 20. Dezember 1949. Dieses Dokument enthält bereits die Würdigung der ökumenischen Bewegung als ein auf das »gnadenvolle Wehen des Heiligen Geists« zurückgeführtes Geschehen. Doch bleibt es in der katholischen Kirche, auch hinsichtlich des Lehramts, zunächst ohne erkennbare Wirkung.

44 Die Bestimmung »rechtens« (*iure*) gehört zu jenen neunzehn päpstlichen Änderungen, die im November 1964 in den Text eingefügt werden, nachdem bereits über ihn abgestimmt worden ist.

45 Auch hier liegt eine nachträgliche Änderung auf Geheiß Papst Pauls VI. vor; ursprünglich sollte der Text würdigen, dass jene Patriarchate »von den Aposteln selbst ihren Ursprung herleiten«.

46 Die vom Konzil gefundene Formulierung entspricht der auf der Vollversammlung des Ökumenischen Rats der Kirchen 1961 in Neu Delhi beschlossenen Basisformel: »Der Ökumenische Rat der Kirchen ist eine Gemeinschaft von Kirchen, die den Herrn Jesus Christus gemäß der Heiligen Schrift als Gott und Heiland bekennen und darum gemeinsam zu erfüllen trachten, wozu sie berufen sind, zur Ehre Gottes des Vaters, des Sohns und des Heiligen Geists.«

47 Das protestantische Schrift- und Offenbarungsverständnis hat der verabschiedete Text so wiedergegeben: »Auf Antrieb des Heiligen Geists finden sie in der Heiligen Schrift Gott, der zu ihnen spricht in Christus«. Die im Vergleich dazu deutliche Vorbehalten zum Ausdruck bringende Formulierung des Endtexts geht wiederum auf eine päpstlich veranlasste Änderung zurück: »Unter Anrufung des Heiligen Geists suchen sie in der Heiligen Schrift Gott, wie er zu ihnen spricht in Christus.«

48 Vgl. hierzu: Reinhard Frieling, *Mit, nicht unter dem Papst. Eine Problemskizze über Papsttum und Ökumene*, in: MD 28(1977), 52–60.

49 In drei Generalversammlungen der III. Sitzungsperiode (18., 21. und 22. September 1964) verläuft die Diskussion des unter der Leitung von Kardinal

Julius Döpfner erarbeiteten Schemas zum Bischofsdekret parallel zur Abstimmung über das Kirchenschema.

50 So wird die Intervention Beas von Klaus Mörsdorf wiedergegeben: Klaus MÖRSDORF, *Einleitung zum Dekret über die Hirtenaufgabe der Bischöfe in der Kirche*, in: LThK.E II (Freiburg-Basel-Wien 1967), 128–146, hier: 131.

51 Genauerhin handelt es sich um den letzten und umfangreichsten *Canon* der achtzehn *Canones* des Reformdekrets vom 15. Juli 1563. Der Text findet sich in der deutschen Ausgabe der *Conciliorum Oecumenicorum Decreta* im dritten Band (Paderborn 2002), 750–753.

52 Zitiert bei: Josef NEUNER, *Einleitung zum Dekret über die Ausbildung der Priester*, in: LThK.E II (Freiburg-Basel-Wien 1967), 310–313, hier: 310f.

53 Durch die apostolische Konstitution *Provida Mater Ecclesiae* vom 2. 2. 1947 (ASS 39, 114–124).

54 Nicht ohne Grund verweist die Erklärung in diesem Zusammenhang auf die Enzyklika Papst Pius' XII., *Mit brennender Sorge*, vom 14. 3. 1937 (AAS 29 [1937], 164f).

55 Er ist auch Verfasser des umfangreichen Theologischen Kommentars von *Nostra Aetate* in den Ergänzungsbänden zum II. Vatikanum des LThK^2: Johannes OSTERREICHER, *Einleitende Kommentierung zu Nostra Aetate*, in: LThK.E II (Freiburg-Basel-Wien 1967), 406–478.

56 Vgl. zu Maximus' unrühmlicher Rolle in dieser Frage a.a.O., 448. Siehe zu unverhohlen antisemitischen Vorgängen um das Konzil a.a.O., 467–470.

57 Abgedruckt in: A.a.O., 426.

58 So auch der Tenor der begleitenden Studie der INTERNATIONALEN THEOLOGISCHEN KOMMISSION, *Erinnern und Versöhnen. Die Kirche und die Verfehlungen in ihrer Vergangenheit*, Einsiedeln 2000. Während man ohne Umschweife theologisch sagen kann und muss, dass die Kirche heilig ist, kann man nur in einem gewissen Sinn von ihr sagen, dass sie Sünderin ist: »Die Kirche versteht sich als Sünderin, insofern sie sich in mütterlicher Solidarität die Last der Sünden ihrer Glieder selber auflädt, denn sie möchte in ihrer mütterlichen Liebe mitwirken an der Überwindung der Sünde und dem daraus entstehenden Schaden für den einzelnen und die Gemeinschaft.« (a.a.O., 67; vgl. a. 63) Deutlicher ist hier Gerhard Ludwig Müller im Vorwort zur von ihm besorgten deutschen Ausgabe der Studie; das Spektrum der von Gliedern der Kirche begangenen Verfehlungen lässt die Rede von den »Sünden der Kirche« zu, besonders dann, wenn diese »von denen begangen wurden, die ermächtigt waren, in ihrem [i.e.: der Kirche] Namen zu handeln« (a.a.O., 13).

59 Vgl. Karl RAHNER, *Über die Einheit von Nächsten- und Gottesliebe* (1965), in: Ders., Schriften zur Theologie VI, Einsiedeln-Zürich-Köln ²1968, 277–298.

60 Joseph RATZINGER, *Einleitung zur Dogmatischen Konstitution über die göttliche Offenbarung Dei Verbum*, in: LThK.E II (Freiburg-Basel-Wien 1967), 498–503, hier 500.

61 A.a.O., 502.

62 A.a.O., 501.

63 Im Dekret »Über die Annahme der heiligen Bücher und der Überlieferungen« von 1546 heißt es, dass die von der Kirche angenommene Glaubenswahrheit und -lehre »in geschriebenen Büchern [i.e.: der Heiligen Schrift] und ungeschriebenen Überlieferungen enthalten sind« (... *contineri in libris scriptis et sine scripto traditionibus*; DH 1501). Das offene *et* ersetzt ein ursprünglich vorgesehenes *partim ... partim* (teils ... teils), das eindeutig die Ungenügendheit der Schrift festgeschrieben hätte. Vgl. exemplarisch Josef Rupert GEISELMANN, *Die Heilige Schrift und die Tradition*, Freiburg 1962.

64 Vgl. RAHNER/VORGRIMLER, *Konzilskompendium* (Anm. 17), 362.

65 Ebd.

66 PESCH, *Konzil* (Anm. 3), 273.

67 Siehe zu diesem Zitat und zum Ganzen: Ferdinand KLOSTERMANN, *Einleitung zum Dekret über das Laienapostolat Apostolicam actuositatem*, in: LThK.E II (Freiburg-Basel-Wien 1967), 587–601, hier 596.

68 Vgl. hierzu: Eugenio CORECCO, *Aspekte der Rezeption des Vaticanum II im neuen Codex Iuris Canonici*, in: Hermann J. Pottmeyer/Giuseppe Alberigo/Jean-Pierre Jossua (Hg.), Die Rezeption des Zweiten Vatikanischen Konzils, Düsseldorf 1986, 313–368, bes.: 337–341; Peter NEUNER, *Ekklesiologie*, in: Wolfgang Beinert (Hg.), Glaubenszugänge, Bd. 2, Paderborn 1995, 399–578, bes. 536f. Hier finden sich Hinweise auf die Bischofssynode vom Oktober 1987 sowie auf das darauf zurückgehende päpstliche Schreiben *Christifideles laici* vom 30.12.1988.

69 Die hieraus sich ergebende Frage, wie und warum dann noch von einem eigenen Apostolat der Laien (*apostolatus laicorum*) und nicht einfach von einem Apostolat der Gläubigen (*apostolatus fidelium*) zu sprechen sei, wird auf dem Konzil durchaus gesehen. Das dokumentieren zwei Einzelheiten: In seiner *relatio* vom 5.12.1962 zu einem frühen Textentwurf weist der Sekretär der Vorbereitenden Laienapostolatskommission unter anderem auf die Schwierigkeit hin, dass aus Taufe und Firmung allein noch kein spezifisches Apostolat der Laien herleitbar ist (vgl. Ferdinand KLOSTERMANN, *Einleitung zum Dekret über das Laienapostolat Apostolicam actuositatem*, in: LThK.E II (Freiburg-Basel-Wien 1967), 587–601, hier 588). – Die Konziliare Kommission

trägt nicht mehr »… für das Apostolat der Laien« im Titel, sondern »… für das Apostolat der Gläubigen«. Dieser Wechsel im Subjekt des Apostolats ist freilich für das Dekret selbst so nicht mit vollzogen worden.

70 Siehe zur hier nur angedeuteten freiheitsanalytischen Umformulierung der Gottebenbildlichkeitsthematik Thomas PRÖPPER, *Evangelium und freie Vernunft. Konturen einer theologischen Hermeneutik*, Freiburg-Basel-Wien 2001, bes. 5–39.

71 RAHNER/VORGRIMLER, *Konzilskompendium* (Anm. 17), 386.

72 Vgl. Charles MOELLER, *Einleitung und Kommentar zur pastoralen Konstitution über die Kirche in der Welt von heute Gaudium et spes*, in: LThK.E III (Freiburg-Basel-Wien 1968), 242–592.

73 Vgl. hierzu PESCH, *Konzil* (Anm. 3), 85–88.

74 So in seiner Ansprache zur Eröffnung des Konzils, *Gaudet Mater Ecclesia*, Nr. 16. (Anm. 2), 137f.

75 Der Papst verwendet die Formulierung von den Zeichen der Zeit in der Einberufungsbulle *Humanae salutis* vom 25. Dezember 1961. Er spricht dort von der Ermahnung Jesu, »die ›Zeichen der Zeit‹ zu erkennen und inmitten großer Finsternis die unzählbaren Hoffnungszeichen zu bemerken« (*Discorsi messaggi colloqui del Santo Padre Giovanni XXIII*, Bd. IV, Rom 1963, 868).

76 Vgl. DH 3974–3977.

77 Vgl. *Gaudet Mater Ecclesia*, Nr. 15, in: KAUFMANN/KLEIN, *Prophetie im Vermächtnis* (Anm. 2), 135f.

78 Zum Text gehört auch die Bilanz der verschwundenen Themen, die Charles Moeller aufmacht (Vgl. Charles MOELLER, *Einleitung und Kommentar zur pastoralen Konstitution über die Kirche in der Welt von heute Gaudium et spes*, in: LThK.E III (Freiburg-Basel-Wien 1968), 242–592, hier: 278): der in der Geschichte handelnde Heilige Geist; die durch ihren liturgischen Selbstvollzug die Welt umwandelnde Kirche; der Humanismus der Bergpredigt; die christliche Kosmologie. Ch. Moeller weist auf die Nähe dieser Themen (vielleicht mit Ausnahme des dritten) zur orthodoxen Theologie hin und stellt fest: »Das Anliegen des Textes, so reich es sein mag, ist zu abendländisch geblieben« (ebd.).

79 Vgl. Ign. Smyrn., 8.

80 Vgl. zur evangelischen Kritik des Begriffs der *Sakramente als Selbstvollzüge der Kirche* Ulrich KÜHN, *Sakramente*, Gütersloh 1985 (= HSTh 11), 208–213.

81 RAHNER/VORGRIMLER, *Konzilskompendium* (Anm. 17), 558.

82 Vgl. zur Textgeschichte: Suso BRECHTER, *Einleitung zum Dekret über die Missionstätigkeit der Kirche Ad gentes*, in: LThK.E III (Freiburg-Basel-Wien 1968), 10–21.

83 Vgl. für die deutschen Bischöfe die Dokumente *Zeit der Aussaat* vom 26.11.2000 und *Missionarisch Kirche sein* vom 28.4.2003; sowie für die französischen Bischöfe den Konsultationsprozess *Proposer la foi dans la societé actuelle* (1994–1996).

84 Vgl. hierzu RAHNER/VORGRIMLER, *Konzilskompendium* (Anm. 17), 655.

85 Karl RAHNER, *Das Konzil – ein neuer Beginn. Vortrag beim Festakt zum Abschluss des II. Vatikanischen Konzils im Herkulessaal der Residenz in München am 12. 12. 1965*, Freiburg-Basel-Wien 1966, 21.

Glossar wichtiger Begriffe und Realien

Dekret. Alter kirchenrechtlicher Fachbegriff für einen päpstlichen Erlass rechtlicher, aber auch dogmatischer Art. »Die Dekrete des Konzils sagen, wie eine Lebenswirklichkeit der Kirche geregelt und gestaltet werden soll« (Pesch, Konzil, 80). Das Konzil verabschiedet neun Dekrete: über die Kommunikationsmittel, die Ostkirchen, den Ökumenismus, die Bischöfe, die Priesterausbildung, das Ordensleben, das Laienapostolat, Dienst und Leben der Priester, Missionstätigkeit der Kirche.

Erklärung. Auf dem Konzil geprägter Begriff einer Kategorie von Konzilstexten, der ohne Vorgeschichte ist. Das Konzil verabschiedet drei Erklärungen: über die christliche Erziehung, über das Verhältnis zu den nichtchristlichen Religionen, über die Religionsfreiheit. In den Erklärungen äußert sich das Konzil zu umstrittenen Themen, jedoch nicht um eine Lehrentscheidung durchzusetzen, sondern um Neuland in der Selbstvergewisserung der Kirche zu betreten. Erklärungen sind explorative Texte, mit denen sich das Konzil vortastet.

Geschäftsordnung. Erlassen am 6.8.1962, später mehrfach verändert. Einige Elemente, die von ihr geregelt werden: Das vom Papst ernannte Präsidium des Konzils umfasst zunächst zehn, später zwölf Kardinäle. Hinzu kommen vier Moderatoren (s. dort). Die Debatte eines Konzilstexts wird von der *relatio* (Berichterstattung) des Relators (s. dort) eingeleitet. Daraufhin können sich die Väter zu Wort melden. Dabei wird zuerst über den vorgelegten Entwurf im ganzen, dann über die einzelnen Artikel, Kapitel oder Teile debattiert. Abgestimmt wird in umgekehrter Ordnung. Die große Zahl der Väter – zu Beginn des Konzils sind 2540 stimmberechtigt – lässt spontane Redebeiträge nicht zu; nur wer zuvor beim Präsidium sich schriftlich angemeldet hat, kann in der Debatte sprechen. Die Redezeit wird auf zunächst zehn, dann acht Minuten beschränkt. Der Moderator kann mit einfacher Mehrheit das Ende einer Debatte herbeiführen, damit nicht durch die gesteuerte Prolongierung einer Diskussion Entscheidungen unlauter beeinflusst werden. Neben dem mündlichen Beitrag können auch schriftliche Interventionen eingereicht werden. *Abstimmung*: Zur Annahme eines Schemas bedarf es einer Zweidrittelmehrheit, für die Ablehnung genügt die einfache Mehrheit. Die Abstimmung über einzelne Teile eines Schemas erlaubt nur die Möglichkeit einer Zustimmung (*Placet*) oder Ablehnung (*Non placet*), während die Abstimmung über den ganzen Text zusätzlich die Zustimmung unter Vorbehalt (*Placet iuxta modum*) kennt, also eine Zustimmung, die an einen Änderungswunsch gekoppelt ist.

Kommission. Zu einem guten Teil wird die eigentliche Arbeit vor und während des Konzils von K.en getan. Drei Gruppen sind zu unterscheiden: Am 17.5.1959 bildet Johannes XXIII. die *Commissio antepraeparatoria*, die *›vor-vorbereitende‹ K.* Sie koordiniert die Vorbereitungsarbeiten, insbesondere die Weiterleitung der aus der Weltkirche eingehenden 2821 »Postulate« (i.e.: die Vorschläge der vom Konzil zu behandelnden Themen) an die zuständigen *Vorbereitenden Kommissionen.* Diese (sie bilden die zweite Gruppe) werden am 5.6.1960 durch das Motu proprio *Superno Dei nutu* durch den Papst gebildet. Es werden zehn V.K.en gegründet, acht davon in enger Anlehnung an den kurialen Kongregationen (Fragen der Lehre, Bischöfe, Disziplin von Klerus und Laien, Sakramente, Studien und Schulen, Orden, Liturgie, Orientalische Kirchen, Mission). Nur die K. für das Laienapostolat hat keine Entsprechung in einer Kongregation. Die zehnte K. ist die Zentralk., Sie besteht aus den Vorsitzenden der Einzelk.en (die weitgehend mit den Präfekten der Kongregationen identisch sind) und den Vorsitzenden der Bischofskonferenzen. Das bedeutet, dass einerseits die Dominanz der Kurie groß ist, andererseits aber erstmals die Weltkirche (und spätere Väter) bereits in der Vorbereitung eines Konzils involviert sind. Die dritte Gruppe sind die Konziliaren K.en, die aus den eben genannten hervorgehen. Die Vorsitzenden bleiben in der Regel identisch, ihre Mitglieder werden jedoch zu zwei Dritteln vom Konzil selbst gewählt.

Konstitution. Eine alte Rechtsform kirchlicher Erlässe; im Mittelalter und auch noch im CIC (can. 884) ein Disziplinargesetz eines allgemeinen Konzils, des Papsts, der Kurie; aber auch seit dem Mittelalter ein Dokument, das eine dogmatische Entscheidung beinhaltet. Das Konzil von Trient und das I. Vatikanische Konzil verabschieden dogmatische Konstitutionen. Im II. Vatikanischen Konzil bezeichnet Konstitution »die besonders ausführliche, zusammenhängende Darlegung einer Stellungnahme der Kirche zu einem bestimmten Problem« der Lehre, der Disziplin oder der Pastoral (Pesch, Konzil, 79). Das Konzil verabschiedet vier Konstitutionen: über die Liturgie, über die Kirche, über die Offenbarung, über die Welt von heute.

Moderator. Von der Geschäftsordnung zunächst nicht vorgesehenes, dann aber aus Gründen der Praktikabilität eingeführtes Amt. Vier Moderatoren leiten reihum die Konzilssitzungen. Gemeinsam mit dem Präsidium bilden sie den Präsidialrat.

Motu proprio. Wörtl.: *Aus eigenem Antrieb*. Gesetzgebendes Dokument, das der Papst »aus eigenem Antrieb« und nicht aufgrund einer kurialen Verordnungsvorlage erlässt.

Ökumenisches Konzil. Der *Codex Iuris Canonici* (CIC) von 1917, er ist für das II. Vatikanum maßgeblich, die revidierte Fassung von 1983 ist ja erst spätes Ergebnis der Konzilspläne Johannes' XXIII. und des Konzils selbst, behandelt unter dem Titel *De suprema potestate* folgende Gegenstände in dieser Reihenfolge: der römische Bischof, das Ökumenische Konzil, die Kardinäle, die Kurie. Die Einzelbestimmungen des CIC zusammenziehend, kann diese Definition formuliert werden: »Das Ökumenische Konzil ist die Versammlung aller höchsten Jurisdiktionsträger der Kirche zu dem Zweck, zusammen mit und unter dem Papst die höchste Lehr- und Gesetzgebungsvollmacht auszuüben.« (Pesch, Konzil, 25; vgl. can. 228 § 1 CIC/1917). Nur vom Papst kann das Konzil einberufen werden; stimmberechtigt sind alle Patriarchen, Bischöfe, Äbte und Generaloberen. Die Dimension des Ökumenischen bezieht sich, wie ersichtlich, nurmehr noch auf die römisch-katholische Kirche.

Peritus. Ein durch den Papst eingeladener oder von einem Bischof seiner Ortskirche mitgebrachter Sachverständiger, der beratende Funktion hat und nicht stimmberechtigt ist. Die *periti* tragen unter Federführung der jeweiligen Kommissionen die Hauptlast der Textarbeit.

Relator. Berichterstatter. Er stellt der Konzilsversammlung im Auftrag der jeweiligen Kommission das von ihr erarbeitete Schema samt ihrer Arbeit vor. Die Tätigkeit des Relators ist oft entscheidend für die Aufnahme, die das Schema in der Aula findet.

Schema. Vorlage für Beratungen und Beschlussfassungen auf Konzilien. Ein Schema ist schon auf den Endtext hin formuliert und hat deswegen stets Entwurfscharakter.

Personen

Alfrink, Bernard Jan, 1900–87. Kardinal (1960); 1945–51 Prof. für Altes Testament an der Universität Nijmegen; Erzbischof von Utrecht (1955); 1951–60 Berater der Päpstlichen Bibelkommission; Mitglied der Zentralen Vorbereitungskommission des Vat. II (1960); Moderator.

Bea, Augustin, 1881–1968. SJ; Kardinal (1959); 1945–58 Beichtvater Pius' XII.; 1930–49 Rektor des Päpstlichen Bibelinstituts; Mitarbeit an der Bibelenzyklika *Divino afflante Spiritu* (1943); 1949 Ernennung zum Konsultator des Heiligen Offiziums; mit Erzbischof Lorenz Jaeger Hauptinitiator zur Schaffung des Sekretariats für die Förderung der Einheit der Christen (5.6.1960); als Leiter des Einheitssekretariats beteiligt an der Erarbeitung der Konzilsdokumente über den Ökumenismus (*Unitatis redintegratio*), die Offenbarung (*Dei Verbum*), die Religionsfreiheit (*Dignitatis humanae*) und das Verhältnis der Kirche zu den nichtchristlichen Religionen (*Nostra aetate*).

Cicognani, Amleto Giovanni, 1883–1973. Kardinal (1958); seit 1959 Leitung der Konzilskommission für die Ostkirchen; 1961–69 Kardinalstaatssekretär.

Congar, Yves, 1904–95. OP; 1931–54 Prof. für Fundamentaltheologie und Dogmatik an der Dominikanerhochschule Le Saulchoir bei Tournai (ab 1939 in Étiolles bei Paris); 1954 Entzug der Lehrerlaubnis; Rehabilitation unter Johannes XXIII.; 1962 Berufung zum Konzilsberater; Mitarbeit an den Konstitutionen über die Kirche, über die Offenbarung, an der Pastoralkonstitution, an den Dekreten über die Priester und die Missionstätigkeit der Kirche, an den Erklärungen über das Verhältnis der Kirche zu den nichtchristlichen Religionen und über die Religionsfreiheit.

Cullmann, Oskar, 1902–99. Evangelischer Theologe; Prof. für Neues Testament und Geschichte der Alten Kirche in Basel (seit 1938), Straßburg (1945–48) und Paris (seit 1945); durch Kardinal Bea Einladung zur Teilnahme am Konzil als Beobachter; Papst Paul VI. freundschaftlich verbunden.

Döpfner, Julius, 1913–76. Kardinal (1958); 1948 Ernennung zum Bischof von Würzburg; 1957 Ernennung zum Bischof von Berlin; 1961 Ernennung zum Erzbischof von München und Freising; 1961–62 Mitglied der Zentralen Vorbereitungskommission; 1963–65 einer der vier Moderatoren des Konzils; 1971–75 Präsident der Würzburger Synode.

Felici, Pericle, 1911–82. Kardinal (1967); Titular-Erzbischof von Samosata (1960); Generalsekretär des Konzils; hat die Befugnisse seines Amts stets zugunsten der konservativen Minorität strapaziert.

Frings, Josef, 1887–1978. Kardinal (1946); Erzbischof von Köln (1942); bedeutender Konzilsvater; reklamiert in einer Konzilsrede 1962 die Entscheidungskompetenz über die Zusammensetzung der Konzilskommissionen für das Konzil.

Jaeger, Lorenz, 1892–1975. Kardinal (1965); Erzbischof von Paderborn (1941); seit 1943 Leitung des »Referats für Fragen betreffend Wiedervereinigung im Glauben« der Fuldaer Bischofskonferenz; 1946 gemeinsam mit Landesbischof Wilhelm Stählin Gründung des »Ökumenischen Arbeitskreises evangelischer und katholischer Theologen«; 1957 Gründung des »Johann-Adam-Möhler Instituts für Ökumenik« in Paderborn; mit Augustin Bea Anregung der Errichtung des Einheitssekretariats; Mitglied desselben; sehr aktiver Konzilsvater, besonders in Fragen der Ökumene.

Johannes XXIII. (Angelo Giuseppe Roncalli), 1881–1963. Kardinal (1953); 1925–34 apostolischer Visitator und Delegat in Bulgarien; 1934–44 apostolischer Delegat in Ankara; 1944–53 Nuntius in Paris; Erzbischof von Venedig (1953); 28.10.1958 Wahl zum Papst; 25.1.1959 Konzilsankündigung; 1961 Enzyklika *Mater et magistra*; 11.10.1962 Eröffnung des Konzils; 1963 Enzyklika *Pacem in terris*.

Lercaro, Giacomo, 1891–1976. Kardinal (1953); 1923–37 Prof. für Exegese und Patrologie im Seminar von Genua; Erzbischof von Ravenna-Cervia (1947); Erzbischof von Bologna (1952); 1962 Berufung in die Liturgische Vorbereitungskommission; 1963 Ernennung zu einem der vier Moderatoren des Konzils; einer der Autoren der Liturgiekonstitution *Sacrosanctum Concilium*.

de Lubac, Henri, 1896–1991. SJ; Kardinal (1983); 1929–50 und 1953–60 Prof. für Fundamentaltheologie, Dogmatik und Religionsgeschichte am Institute Catholique in Lyon; seit 1950 vorübergehend Entzug der Lehrerlaubnis; ab 1941 mit Jean Danéliou Herausgabe der Sources Chrétiennes; Konzilsberater (Peritus).

Lyonnet, Stanislas, 1902–86. 1943–77 Prof. für Neues Testament am Päpstlichen Bibelinstitut; 1962–64 mit Lehrverbot belegt; maßgeblich beteiligt an der Vorbereitung der Dogmatischen Konstitution *Dei Verbum*.

Maximos IV. Saigh, 1878–1967. Kardinal (1965); melkitischer Metropolit von Tyros (1919) und von Beirut (1933); Patriarch von Antiochien der melkitischen Kirche (1947).

Oesterreicher, Johannes, 1904–93. Prälat; Direktor des Instituts für christlich-jüdische Studien der Seton-Hall-University, New Jersey (USA); Mitglied der Unterkommission für die *Quaestiones de Iudaeis*; federführender Autor der Religionserklärung.

Ottaviani, Alfredo, 1890–1979. Kardinal (1953); 1959–68 Präfekt des *Sanctum Officium*; Vorsitzender der Theologischen Vorbereitungskommission des Vat. II; gemeinsam mit Fernando Kardinal Cento Vorsitzender der Gemischten Kommission für das Schema XIII (später: *Gaudium et spes*).

Paul VI. (Giovanni Battista Montini), 1897–1978. Kardinal (1958); Erzbischof von Mailand (1954); 21.6.1963 Wahl zum Papst; unterstützt die Konzilspläne Johannes' XXIII.; führt nach dessen Tod das Konzil weiter; betont die Primatsautorität u. a. mit der *Nota praevia* vom

16.11.1964; 4.–6.1.1964 Pilgerreise ins Heilige Land; 2.–5.12.1964 Reise zum Eucharistischen Kongress nach Bombay, wo er eine Rede vor Vertretern nichtchristlicher Religionen hält; 3.–5.10.1965 Besuch der UNO in New York; 25.7.1967 Besuch beim Ökumenischen Patriarchen von Konstantinopel, Athenagoras; 10.6.1969 Besuch des Weltkirchenrats in Genf.

Pavan, Pietro, 1903–94. Kardinal (1985); 1948–69 Professor für Soziologie an der Lateranuniversität; maßgebliche Mitarbeit an der Enzyklika Johannes' XXIII. *Pacem in terris* (1963); Mitarbeit an der Pastoralkonstitution *Gaudium et spes.*

Philips, Gérard, 1898–1972. 1942–69 Prof. an der Katholischen Universität Löwen; 1963–65 Untersekretär der Theologischen Kommission des Vat. II.; Schlussredaktor der Kirchenkonstitution *Lumen Gentium.*

Rahner, Karl, 1904–84. SJ; 1945–48 Professor an der Jesuitenhochschule in Pullach; 1948–64 Professor für Dogmatik in Innsbruck; 1964–67 Guardini-Lehrstuhl in München; 1967–71 Professor für Dogmatik in Münster. Teilnahme am Konzil als theologischer Berater Kardinal Königs.

Ratzinger, Joseph, geb. 1927. Kardinal (1977). Professor für Fundamentaltheologie in Bonn (1959–63) und in Münster (1963–69); Professor für Dogmatik in Tübingen (1966–69) und Regensburg (1969–77); 1977–80 Erzbischof von München-Freising; seit 1980 Präfekt der Glaubenskongregation. Nimmt am Konzil als theologischer Berater von Kardinal Frings teil, Mitarbeit u. a. an der Offenbarungskonstitution *Dei Verbum.*

Suenens, Léon-Joseph, 1904–96. Kardinal (1962); Erzbischof von Mecheln-Brüssel (1961); hat entscheidenden Einfluß auf Vorbereitung und Verlauf des Konzils; Mitglied der Koordinierungskommission; 1963 Ernennung zu einem der vier Moderatoren des Konzils.

Tardini, Domenico, 1888–1961. Kardinal (1958); Sekretär für die Außerordentlichen Angelegenheiten (1937); Leitung der Vorbereitungskommission des Konzils; beteiligt an der Abfassung der Enzyklika *Mater et Magistra* (1961).

Tromp, Sebastian, 1889–1975. SJ; 1929–65 Professor für Fundamentaltheologie an der Gregoriana; Sekretär der Vorbereitungs- und der Theologischen Kommission des Konzils; gilt als Hauptautor der Enzyklika *Mystici Corporis* (1943).

Willebrands, Johannes G.M., geb. 1909. Kardinal (1969); 1960 Ernennung zum Sekretär des Sekretariats für die Förderung der Einheit der Christen; 1975–83 Erzbischof von Utrecht und Primas der katholischen Kirche in den Niederlanden.

Kommentiertes Literaturverzeichnis

Die Literatur zum Zweiten Vatikanischen Konzil ist, wie sollte es auch anders sein, überaus zahlreich. Die folgende Auswahl ist bewusst knapp gehalten.

Wer einen schnellen Zugang sucht und dennoch alle Texte zur Hand haben will, dem sein nach wie vor empfohlen:

RAHNER, Karl/VORGRIMLER, Herbert, *Kleines Konzilskompendium. Sämtliche Texte des Zweiten Vatikanums mit Einführungen und ausführlichem Sachregister*, Freiburg-Basel-Wien viele Auflagen.

Geschichtsdarstellungen

Die mit Abstand umfangreichste historiographische Darstellung entsteht in Bologna unter der Ägide von Giuseppe Alberigo. Sie soll am Ende fünf Bände umfassen. Drei sind bislang auf deutsch erschienen:

ALBERIGO, Giuseppe/WITTSTADT, Klaus (Hg.), *Geschichte des Zweiten Vatikanischen Konzils (1959–1965). Bd. I: Die katholische Kirche auf dem Weg in ein neues Zeitalter. Die Ankündigung und Vorbereitung des Zweiten Vatikanischen Konzils (Januar 1959 – Oktober 1962)*, Mainz 1997.

DERS./WITTSTADT, Klaus (Hg.), *Geschichte des Zweiten Vatikanischen Konzils (1959–1965). Bd. II: Das Konzil auf dem Weg zu sich selbst. Erste Sitzungsperiode und Intersessio (Oktober 1962–September 1963)*, Mainz 2000.

DERS./WITTSTADT, Klaus (Hg.), *Geschichte des Zweiten Vatikanischen Konzils (1959–1965). Bd. III: Das mündige Konzil. Zweite Sitzungsperiode und Intersessio (September 1963–September 1964)*, Mainz 2002.

Eine in diesem Vergleich kompakte, dennoch zuverlässig über Verlauf und theologische Bedeutung des Konzils informierende sowie ausgewählte Dokumente interpretierende Darstellung ist:

PESCH, Otto Hermann, *Das Zweite Vatikanische Konzil. Vorgeschichte – Verlauf – Ergebnisse – Nachgeschichte*, Würzburg 1993.

Kommentare

Trotz ihres Alters immer noch unbedingt zu benutzen sind die Einleitungen und Kommentare zu den Dokumenten des II. Vatikanums in den drei Ergänzungsbänden zum LThK^2. Sie stammen zum guten Teil von Autoren, die selber in die Arbeit an den Texten involviert waren und eine Binnensicht bieten können.

Neu im Entstehen begriffen und bis zum Herbst 2005 abgeschlossen ist folgendes Kommentarwerk, das auf vierzig Jahre Forschungsgeschichte zurückgreifen kann:

HÜNERMANN, Peter (Hg.), *Herders Theologischer Kommentar zum Zweiten Vatikanischen Konzil*, 5 Bde, Freiburg-Basel-Wien 2004f.

Tagebücher und Rückblicke

Für die Forschung wichtig, aber auch interessant, um einen unmittelbaren Eindruck aus dem Inneren des Konzilsgeschehens zu gewinnen, sind Tagebücher und Chroniken von Konzilsteilnehmern und -beobachtern. Manches wurde sukzessive während des Konzils veröffentlich, anderes kurz darauf, vieles ist bis heute unediert. Publizierte Tagebücher bedeutender Konzilsteilnehmer werden nicht ins Deutsche übersetzt. Die angegebenen Werke sind exemplarisch zu verstehen:

CONGAR, Yves, *Vatican II. Le concile au jour le jour*, Paris 1963.
DERS., *Le concile au jour le jour. Deuxième session*, Paris 1964.
DERS., *Le concile au jour le jour. Troisième session*, Paris 1965.
DERS., *Le concile au jour le jour. Quatrième session*, Paris 1966.
DERS., *Mon journal du concile.* Herausgegeben von Eric Mathieu, 2 Bde, Paris 2000.
VON GALLI, Mario/MOOSBRUGGER, Bernhard, *Das Konzil. Chronik der ersten Sessio*, Olten 1963.
DIES., *Das Konzil. Von Johannes XXIII. zu Paul VI. Chronik der zweiten Sessio. Die Pilgerfahrt ins Heilige Land*, Olten 1964.
DIES., *Das Konzil. Chronik der dritten Sessio. Dokumente: Reden am Konzil*, Olten 1965.
DIES., *Das Konzil. Chronik der vierten Sessio. Dokumente: Reden am Konzil*, Olten 1966.
RATZINGER, Joseph, *Die erste Sitzungsperiode des Zweiten Vatikanischen Konzils*, Köln 1963.
DERS., *Das Konzil auf dem Weg. Rückblick auf die zweite Sitzungsperiode*, Köln 1964.
DERS., *Ergebnisse und Probleme der dritten Konzilsperiode*, Köln 1965.
DERS., *Die letzte Sitzungsperiode des Konzils*, Köln 1966.

Zu Johannes XXIII.

Die umfangreichste, unverständlicherweise heute vergriffene Biographie, aus der immer noch alle schöpfen, die zu Johannes schreiben, stammt von dem inzwischen verstorbenen Journalisten und Theologen Peter Hebblethwaite:

HEBBLETHWAITE, Peter, *Johannes XXIII. Das Leben des Angelo Roncalli*, Zürich-Einsiedeln-Köln 1986.

Die Konzilsintention des Papsts, samt einer Kurzdarstellung seines Lebens und seiner theologischen Entwicklung, sowie der italienischen und der lateinischen Fassung und einer deutschen Übersetzung seiner Eröffnungsrede findet sich in:

KAUFMANN, Ludwig/KLEIN, Nikolaus, *Johannes XXIII. Prophetie im Vermächtnis*, Freiburg (CH) 1990.

Systematisch-historische Einzelstudien

Die folgenden Bände versammeln die Ergebnisse verschiedener, z.T. italienisch-deutscher Forschungsgruppen zur Geschichte, zum kirchen- und geistesgeschichtlichen Kontext, zur Rezeption und zur Hermeneutik der Interpretation des Konzils.

Fuchs, Gotthard/Lienkamp, Andreas (Hg.), *Visionen des Konzils. 30 Jahre Pastoralkonstitution »Die Kirche in der Welt von heute«*, Münster 1997.

Hünermann, Peter (Hg.), *Das II. Vatikanum – christlicher Glaube im Horizont globaler Verantwortung. Einleitungsfragen*, Paderborn u. a. 1998.

Kaufmann, Franz Xaver/Zingerle, Arnold (Hg.), *Vatikanum II und Modernisierung. Historische, theologische und soziologische Perspektiven*, Paderborn u. a. 1996.

Pottmeyer, Hermann Josef u. a. (Hg.), *Die Rezeption des Zweiten Vatikanischen Konzils*, Düsseldorf 1986.

Wassilowsky, Günther (Hg.), *Zweites Vatikanum – vergessene Anstöße, gegenwärtige Fortschreibungen*, Freiburg-Basel-Wien 2004 (= QD 207).

Es ist lohnenswert, wenigstens eine theologisch-systematische Perspektive auf das Konzil zu studieren (von der man sich auch absetzen kann): Karl Rahner ringt als zunächst reservierter Skeptiker, im Vorfeld des Konzils gerade einem Lehrzuchtverfahren Entgangener, dann in die Konzilsarbeit tief Involvierter, mit dem Konzil und der Art und Weise, wie sein Erbe gepflegt wird.

Rahner, Karl, *Das Konzil – ein neuer Beginn. Vortrag beim Festakt zum Abschluss des II. Vatikanischen Konzils im Herkulessaal der Residenz in München am 12.12.1965*, Freiburg-Basel-Wien 1966.

Ders., *Zur theologischen Problematik einer »Pastoralkonstitution«*, in: ders., Schriften zur Theologie VIII, Einsiedeln-Zürich-Köln 1967, 613–636.

Ders., *Theologische Grundinterpretation des II. Vatikanischen Konzils*, in: ders., Schriften zur Theologie XIV, Zürich-Einsiedeln-Köln 1980, 287–302.

Ders., *Die bleibende Bedeutung des II. Vatikanischen Konzils*, in: ders., Schriften zur Theologie XIV, Zürich-Einsiedeln-Köln 1980, 303–318.

Ders., *Vergessene Anstöße dogmatischer Art des II. Vatikanischen Konzils*, in: ders., Schriften zur Theologie XVI, Zürich-Einsiedeln-Köln 1984, 131–142.